キャラクター大全
ノンフィクション

証言！

仮面ライダー 平成

講談社編

KODANSHA

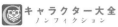

目次
Contents

第3章 仮面ライダーを撮る

第4章 『仮面ライダー響鬼』から『仮面ライダーディケイド』

第5章 ヒーローを演じる、アクションを撮る

第6章 『仮面ライダーW』から『仮面ライダー鎧武／ガイム』

『オーズ／OOO』の誕生　武部直美（東映）　258
メダルとストーリーの制約　小林靖子（脚本家）　260
アンクの頃　三浦涼介（俳優）　264
『フォーゼ』の世界とは　塚田英明（東映）　272
『フォーゼ』の脚本を担当して　中島かずき（脚本家）　274
ヒーローの極意!?　坂本浩一（監督）　278
ユウキの高校生活　清水富美加（女優）　284
魔法の仮面ライダー　宇都宮孝明（東映）　294
「平成仮面ライダー」の物語性　きだつよし（脚本家、俳優、絵本作家）　297
会えて嬉しかったわ、真由　中山絵梨奈（女優）　301
『鎧武／ガイム』、その物語　武部直美（東映）　308
シャルモンの憂鬱な日々　吉田メタル（俳優）　311
特別対談　斬月VS龍玄　渡辺 淳（俳優）×佐藤太輔（俳優）　318

＊本書は2014年から2015年にかけて刊行された講談社シリーズMOOK『仮面ライダー 平成』に
掲載されたインタビューを一部、加筆・修整のうえ収録したものです。

第1章

平成仮面ライダーとは

「平成仮面ライダー」の意図と意義と意味と

東映株式会社 取締役
テレビ第二営業部長

白倉 伸一郎

ロングインタビュー

Shinichiro Shirakura

1990年東映入社、テレビ部に配属。1991年『鳥人戦隊ジェットマン』のプロデューサー補を務め、『恐竜戦隊ジュウレンジャー』よりプロデューサーになる。『仮面ライダーアギト』以降、多くの「平成仮面ライダー」をヒットさせている。

「平成仮面ライダー」という意識

――「仮面ライダー」の復活は、鈴木（武幸）専務からは『仮面ライダークウガ』以前から頃合いを狙っていたと伺っています。『クウガ』が具体的に動き出す3年くらい前から企画案を練られていて、それから企画者として髙寺（成紀）さんが担当されることになっていろいろとあって、なんとか立ち上げられたということです。鈴木さんのお話ですと、当初から『クウガ』以降も「仮面ライダー」をシリーズとして続けていきたいということは、念頭におありだったようです。

白倉　そうですね。『クウガ』は「平成仮面ライダーシリーズ」の第1作になったわけですが、「仮面ライダー史」でいうと、当時テレビシリーズでは11年くらいのブランクがあったわけで、いまふり返ると、よく復活できたなと思いますね。でもそれは「仮面ライダー」というくくりからの見方であって、私は『クウガ』は基本的には日曜日の朝8時枠が迷走に迷走を重ねた挙げ句にたどり着いた、石ノ森（章

■2014年7月31日取材
■初出

太郎）先生のキャラクターのリメイク第2弾だと思っていたんです。

　この枠は、もともとは金曜日夜7時半の『宇宙刑事ギャバン』から始まったんです。この『ギャバン』において独自の位置づけのヒーローが確立されると、翌年以降の『宇宙刑事シャリバン』や『宇宙刑事シャイダー』は、『ギャバン』の続編ということでキャラをうっすらと変えて展開されました。続く『巨獣特捜ジャスピオン』は設定的にガラリと変わりましたが、次回作の『時空戦士スピルバン』における変更は、穏やかなものでした。その翌年の『超人機メタルダー』はまたガラッと変わるんですが、この枠を俯瞰してみますと、だいたい3年でイメージが切り替えられているんです。大きくネタを変える場合もあるし、マイナーチェンジの場合もあるんですが、なんとなく3年が1ブロックで固まるんですね。それで、『ビーロボ カブタック』『テツワン探偵ロボタック』ときて、『燃えろ!! ロボコン』でカワイイロボット路線は終わりにしたかったんです。でも終わりにする限りは、「じゃあ、その次をどうするの？」となりますよね。純粋なヒーローではない『ロボコン』をリメイクしたことで、関係者間に「リメイクというのも悪くないな」というムードが醸成され、違う路線のリメイクも試してみようということになったんです。これは同時に、この先どうしていけばいいのかわからなくなっている、つまりは新しいネタに行き詰まっているということでもあるわけなんです。ですので、ヒットするしないは別として『クウガ』の立ち上げ時期は、日曜日朝8時枠がどうなっていくのかというターニングポイントの時期だったと思います。

　だから現在、『クウガ』は「平成仮面ライダー」の祖みたいなイメージで捉えられていますけれど、『クウガ』で新たな「仮面ライダーシリーズ」を立ち上げたとは、当時の関係者は誰も思っていなかったんです。3作くくりの「石ノ森リメイクシリーズ」の2作目と認識し、次の作品はどうしようということばかりをものすごく考えていました。当時の私が「仮面ライダー」は『クウガ』だけだと言いきったりしたのも、『ロボコン』『クウガ』ときて、じゃあ

次は『人造人間キカイダー』なのか『イナズマン』なのかわかりませんが、日曜日の朝8時はまた別のネタをやるべきであって、「仮面ライダーシリーズ」が復活したとか、また新しいスタートを切ったとかいう認識はまったくなかったんです。「完全独走」とか、「英雄はただひとりでいい」とか、歌っちゃうわけなんですね（笑）。

『クウガ』をやっていたときは、本当に一発限りの打ち上げ花火という感覚だったんです。だから『クウガ』は、構造的には完全に『仮面ライダー』のリブートになっているんです。仮面ライダーのキャラクター設定を一からやり直し、ウルトラ警備隊の存在意義や人物配置を警察に置き換えるという作業を通じて『仮面ライダー』をリメイクしていくなんて、まさに一発芸の発想ですよね。良くも悪くも。空前絶後の一発限りの作品のはずだったのが、『クウガ』なんです。そこにはスタッフの強烈な覚悟と情熱と誇りがあり、「あとは知らないよ（?）」というある種の無責任さもあいまって作られていったんです。それをシリーズの中に組み入れて、ここから始まったということは歴史的には事実かもしれないんだけれども、それは結果論にすぎないんですね。間違いなく当時のスタッフには、シリーズをこの先どう展開していくかなどという感覚はゼロでした。なので『クウガ』は、完全に独立した作品だと思っているんです。

――で、次は『仮面ライダーアギト』ですね。初の、複数の仮面ライダーが登場する作品です。

白倉　『仮面ライダーアギト』も、番組枠をどう理解するかという問題と不可分でした。それまでの3年周期説によりますと、『ロボコン』『クウガ』『アギト』でひとかたまりになるんです。「石ノ森カタマリ」ですね（笑）。『クウガ』が当たったので、次も「仮面ライダー」でということになったんです。「仮面ライダー」はこの後、5年空くのか10年空くのかわからないけれど、２００１年は『仮面ライダー』の30周年という記念の年という事情もあり、「日曜日の朝8時枠でもう一回「仮面ライダー」をやってみようよ」となって、「じゃあ、その番組で後世に何を残せるのか」といったことを模索したんですよね。3人ライダーという見えざまは新しくていいかもしれないけれど、まあその、枠的には3大宇宙刑事じゃないけれども、やっぱり遡る感じがあるんです。でも一人一人が主役っていう宇宙刑事的な切り口は、「仮面ライダー」だからこそできることじゃないですか。『アギト』は、そう考えながら日曜日朝8時枠の新しいヒーローの作り方っていうものを目指していたんですね。当時もさまざまな取材で答えているんですけど、30周年を機会に「仮面ライダー」というものをどれだけ追いかけられるか、20周年でうっかり『真・仮面ライダー 序章』というものを担当してしまった手前もあって（笑）、もう「仮面ライダー」を成立させるために必要な考え方をほとんど飲んでしまいました。

――Vシネマだからなんですよね。『真』は、たいへんな異色作でした。

白倉　そうですね。結局、1992年になってしまい、21周年のときにリリースされたんです（笑）。当初の狙いのシリーズ化はなされず、その後仕切り直しということになって、劇場映画の『仮面ライダーZO』が作られることになります。ですから、私のなかで「仮面ライダー」をシリーズでやっているという感覚は全然ありませんでした。シリーズをやったといえるのは、やはり『アギト』からなんです。日曜日朝8時枠に脈々と伝わる伝統に則《のっと》ったうえで、「仮面ライダー」だけがもつ魅力をアピールしつつ新しいヒーロー像を追求する。仮面ライダーというキャラクターを真っ正面から取り上げつつも、どこまで新しいヒーローを開拓していけるかということを強力に試していった企画が、私にとっての『アギト』だったとも言えますね。『ロボコン』『クウガ』の視聴率は、非常に好調でした。特に『ロボコン』は、本当によかったんです。『クウガ』も『ロボコン』とそんなに差がない視聴率がとれていますよ。で、『アギト』もおかげさまで、最高で13・9％までいっていますね。

――当時、『アギト』に引っ張られて、『百獣戦隊ガオレンジャー』も、11％台をマークしています。

白倉　そうでした。すごく好調だった。日曜日朝7時半から8時半の平均が10％ほどで「仮面ライダー」

が12％くらいだと、なんとなく及第点みたいな、すごく贅沢なイメージがみなさんにありました。長石（多可男）監督も、「なんだ、今週は12％しかいかなかったのか」みたいな。なんと、12％でがっかりされるんですよ（笑）。で、テレビ朝日のプロデューサーは「15％にもとどいていないのに、なに威張ってるんだ」なんて、怒っているという（笑）。ある種、視聴率的にはバブルの時期でしたね。なんでしょう、「仮面ライダー」をシリーズとして意識することはまだなかったけれども、枠そのものが息を吹き返したということは感じましたね。それまでの「来年はもう枠がないかもしれない」という緊張のなかで番組を制作せざるを得ないという状況から、「この枠には着実にお客様がついてくれている」っていう感覚に変わりました。もう少し時間的にストロークをもってものを考えてもいいのではないか。3年周期説が要は終末論でしかなく、3年たったから終わりだって決めつけるのではなくて、次のステップへ進むカギなんだというポジティブ方向に切り替わったのも『アギト』のおかげでした。

――次の『仮面ライダー龍騎』は、「仮面ライダー」の企画ではなかったと聞いています。13人の戦士がバトルをするところも変わっていないのでしょうか。

白倉　13人のバトルは、「仮面ライダー」でいこうとなってからですね。『ロボコン』『クウガ』『アギト』と石ノ森ヒーローを3年やって、『アギト』で築くことができたものがあるわけです。30周年を経ても「仮面ライダー」は「スーパー戦隊」のように、ある種の完成されたフォーマットを築き上げてはいなかったんです。ということは、「仮面ライダー」には「スーパー戦隊」とは違うヒーローのフォーマットを作り上げる余地がまだあるんじゃないか、ということでもあります。その可能性が、『アギト』のなかで少し見えたんですね。その大きな要素が、3人の仮面ライダーでした。その3人ライダーのそれぞれが、ほぼ独立しているというありようが『アギト』の特徴なんですが、同時に失敗点であったようにも思っています。結局、なんだかんだいっても3人の「変身！」「変身！」「変身！」っていう揃い踏みが、一番盛り上がる（笑）。「みんな行くぞ！　オー！」というような「スーパー戦隊」フォーマットをみんなが求めているっていう状況があるなかで、「仮面ライダー」が次のステップに進むには、「結局、スーパー戦隊じゃん？」っていうようにしないために、3人なら3人の絶対的なヒーローの共闘、あるいはチームを組むことがゴールにならないことを前提とした作り方が必要でした。並列に存在する個々が強烈なヒーローの集団、チームじゃない集団というかたまりをどう作り上げていくのかということが重要になっていくんです。

『龍騎』の企画当初は、そんな新たな集団ヒーロー像の構築が主題となっていて、作品を「仮面ライダー」にするかどうかというところまで気持ちがまだたどり着いていませんでした。優先順位は、日曜日朝8時枠をどの方向へもっていくかということが一番だったんです。このときの私は、『ギャバン』以来のこの枠の最新作ではギャバンが魔空空間で繰り広げた亜空間バトルっていうんですかね、そんな要素も取り入れたかったんです。でも、そのような魔

空空間的なことは『重甲ビーファイター』でもやっていますし、『カブタック』でも対決スペースを伝統の亜空間にしているじゃないですか。結構やっているんですね。それでも、毎回登場するバトルフィールドをなにか別の形でやりたいという意識は強かったんです。そのことにプラスし、先ほど申しました『アギト』で試みた、それまでと違う集団ヒーローのありようを構築していくことが2大テーマでした。そう、『世界忍者戦ジライヤ』が試みたことに近いですよね。『ジライヤ』は世界忍者が並列しており、各々が個々の考えで動くというヒーローの集団が活躍していました。磁雷矢は、亜空間で戦うこともありましたしね。いま思うと、『ジライヤ』も現在の日曜日朝8時枠的なテーマを追っていたんですね。

諸事情により新ヒーローには「仮面ライダー」が冠せられることになり、さらにテレビ朝日さんからは「正義とは何か?」ということを教える番組にしてほしいというオーダーをいただきました。9・11という、とても大きくて重い出来事を受けてのことですね。「正義とは何か?」そんな巨大なテーマに挑戦することになったため、仮面ライダーを、いっそのこと13人に増やしてしまおうということになりました。

――で、内容はバトルロワイヤル的になっていくという。

白倉　ええ。だから結果的にシリーズ全体が腑に落ちる形になったというか、ドラマがうまいこと着地できた。関係者のみなさんからのいろんなオーダー、日曜日朝8時枠的なオーダーだったり、テレビ朝日からの９・11を受けての世情を踏まえたオーダーだったり。大人の事情的なものも含め、オーダーをすべて踏まえていたら、理屈には合っているけれども突拍子もないものになった（笑）。スタートで「仮面ライダー」と決めつけていなかったため、デザインにしても企画背景にしても「仮面ライダー」があまり意識されず、企画案としては「仮面ライダー」らしくない番組になってしまいました。でも不思議なことに「仮面ライダー」という冠を単に乗っけた以上に、完成した作品はしっかり『仮面ライダー龍騎』として成立していました。そして結果的に、『龍騎』がその後に「仮面ライダー」を生き残らせる原動力になったんですね。

――全然違うところから始まったのに、ちゃんと「仮面ライダー」になったよっていうことですよね。じゃあ、「何をやってもいいじゃん」っていうことになりますね。

白倉　「仮面ライダー」ってなんでもアリなの？っていう点ですよね。どうしてもここだけは守らなければいけないっていう、これを外したら本当に「仮面ライダー」じゃなくなってしまうといったような、ギリギリのところが『龍騎』を通じて、もう一回確認できたっていうことがありますね。「仮面ライダー」と決めつけない企画からスタートしたからこそ、「仮面ライダー」とはなんぞや？っていう根本を、もう一回企画陣に突きつけることになったんですね。そのことで、「仮面ライダーシリーズ」という認識、くくりを成立させるうえでの軸みたいなものが、『龍騎』を通じて作り上げられたということはあったかなと。

――じゃあ、それを踏まえての『仮面ライダー555《ファイズ》』ということで。以前、白倉さんは『555』のときは、特に「これをやりたい」ということはあまり考えなかった、「あえて言えば敵を磨くことかな」とおっしゃっていたんですが、やはりそこから入られたんでしょうか。

白倉　はい。ほかにやることないので、「仮面ライダー」でもやろうかっていう発想ですよね（笑）。まあ、開き直って「仮面ライダー」をやるっていうことです（笑）。この『555』からなんですよ、スタッフも含めて意識が変化しているのは。ここから日曜日朝8時枠をやるんじゃなくて、「仮面ライダー」をやるっていう感覚になっているんです。それは、『龍騎』を経ているからなんですね。『クウガ』と『アギト』には、日曜日朝8時枠のリメイクという要素が色濃いんです。警察ネタだったり、3人ヒーローだったり、集団劇であったり。「仮面ライダー」から想起されたというよりも、日曜日朝8時枠がもっていたものから導き出されている。でも『555』では日曜日朝8時枠作品ではなく、「仮面ライダーシリーズ」の一作という意識で番組が制作されているんです、スタート当初から。そのため、物語の構造やキャラクターの発想などのすごく濃い部分が、

『仮面ライダー』の重要要素の再構成になっているんです。それは、ショッカーのリメイクという側面ですね。本来はショッカーの怪人であったはずの仮面ライダーという感覚を、オルフェノクでもあるファイズに置き換えてみたりしているんです。ですから、やっぱり『５５５』は『仮面ライダー』のリメイクなんですよね。昭和のときはできなかった、怪人である仮面ライダーっていう部分を掘り下げていく。「俺は、改造人間になってしまったのだ」ってきちんと苦悩しているのは、第1話くらいじゃないですか。全話にわたってそういった点を描いていくためには、仮面ライダーも敵の怪人も、全部平等に並列に描くっていうスタイルにしないと、それがテーマにならない。単なる背景とか設定とかに終わってしまうんです。それで、そういったことをしっかり突きつめるために開き直って、こうなったら「仮面ライダー」やったるわって感じになったような気がします。

――井上（敏樹）さんが担当された脚本も、展開が非常に複雑ですね。人物やドラマ、ファイズギアなどの行ったり来たりが。いまだに、理解しきれていない部分があります。

白倉　あれは話があるような、ないような……。もちろん、あるんだけど。物語世界のなかに息づいている敵だ、味方だといった区別は関係なく、主人公たちや個々の怪人、ふつうの人間たちや社会の狭間で動く何者かなど、さまざまなキャラクターの瞬間瞬間を切り取るということが大切だっていう考えで構成されています。そういったことの積み重ねが、すさまじいドラマを構築していくんです。とりあえず開き直りに始まる企画なんで（笑）、もう開き直って「仮面ライダー」っていうものと真っ向勝負をしているんですよね。『５５５』は私にとっては後にも先にも、一番ストレートさを重視したシリーズなんです。人物配置やその変遷はややこしくて複雑で色々ひねり倒しているようにも見えますが、その構造はシンプルそのものです。ヒーローの顔にしても、「もういいよマルで、バツで、三角で」という具合に単純化を目指しました。非常にシンプルで、ストイックなシリーズができたと思います。あと

『555』で、一個だけ自慢を言わせていただきます。それは読めないタイトル、たぶん、空前絶後の読めるわけがない番組タイトルです。やりたい放題ですよね（笑）。

劇場版は、小細工なしでストレートにヒーローを描いています。小細工って、変な表現だけれども。劇場版は、『555』で3本目になりますかね。『アギト』と『龍騎』の劇場版は、テレビシリーズとの関係性や設定を重視した作りにしていますよね。『555』ではもう、完全にテレビシリーズもへったくれもなくて、もちろん作品としては『555』なんだけれども、独立した映画という意識で作ったんです。ですからファイズを仮面ライダーの中の仮面ライダーとして描き、より映画らしい映画として成立させることを狙いにしていました。

挑戦と状況、その成功と失敗

――続いて『仮面ライダー剣《ブレイド》』なんですが、これはどういう位置に置かれる作品になるんでしょうか。

白倉「平成仮面ライダー」という言葉が、いつどこから出てきたのかわからないんですけど、『剣』を立ち上げるときには『５５５』を含めて4本シリーズがあり、平成の「仮面ライダーシリーズ」っていうものの5作目なんだっていう意識は間違いなくありました。『クウガ』と『龍騎』といった初期の「平成仮面ライダーシリーズ」がうまく始動できたのは、視聴者が『仮面ライダー』に熱狂した世代の二世たちだからなんですよね。１９７１年の『仮面ライダー』からおよそ30年経って、当時子供だった人たちがパパになり、その子供たちと一緒に「仮面ライダー」を観るという状況になっていたからなんです。親子2代で楽しめるテレビシリーズとして「平成仮面ライダーシリーズ」は上手く立ち上がることができた反面、１９７１年からの実写ヒーロー番組が多い時代って、大サービスで見積もっても4年間くらいなんですよ。それも終わりの頃はきつかったので、「変身ブーム」と言ってもいいのはせいぜい3年間くらいですかね。仮面ライダーでいえば1号、2号、V３の時期ですよね。その後の子供たちの興味は、完全にスーパーロボットにいっちゃっているんですよ。さらに時が下ると『宇宙戦艦ヤマト』や『機動戦士ガンダム』などのＳＦアニメシリーズが大人気になっているわけで、ほんとに仮面ライダーに代表されるような変身ヒーローが一世を風靡したのは、たぶん3年弱くらい。で、その世代を親にもつ子供たちは、あっという間にいなくなるんですよね。「平成仮面ライダー」が、過去の「変身ブーム」二世という視聴者をあてにしてもすぐにいなくなるということが見えているなか、『剣』は「平成仮面ライダーシリーズ」そのものの勢いによる視聴者獲得に挑戦したシリーズだと言えるんじゃないでしょうか。

もう、お父さんが『仮面ライダー』を観ていましたっていう状況をあてにできないので、それまでの「平成仮面ライダー」がうまく確立していった方法

論、ドラマの作り方だったり、キャラクターの置き方だったりっていうもののみでやっていくことに挑戦し、微妙にそれに対する壁の厚さ、分厚さに苦しんだっていうのが『剣』だと思っているんですよね。いろいろな方面から『剣』が語られていますが、私は『剣』が一番「平成仮面ライダー」らしいと思っているんです。良くも悪くも、「平成仮面ライダー」のみがもつ構成要素を活かして真っ向勝負した作品が、『剣』なんですね。

――そうですね。いろいろな要素が、つまっているっていうことですよね。

白倉　ある意味、平成ライダーの集大成ですね。

――続きまして『仮面ライダー響鬼』。『変身忍者嵐』のリメイクという線でも企画が練られていたっていう話ですけれど……。

白倉　企画書を見て腰を抜かしました。『仮面ライダー響鬼』って書いてあって、「え、いつ仮面ライダーになったの」って。

――それでまあ、嵐のデザインではなくなり、実際の響鬼ということになったと思うんですけれども、いかがでしょう。やはり誕生の経緯から当然、異色作になるべくしてなったんでしょうけれども。

白倉　なんて言ったらいいんでしょう。『剣』っていう「平成仮面ライダー」の集大成ともいえる作品があって、それが一定の壁にぶつかっている。その壁というのは、ターゲットの視聴者にとって、もはや「仮面ライダー」というタイトルがかつてほどの神通力をもたなくなっていたということなんです。そんな状況下で「仮面ライダー」が枠の専属として生き残っていくためには、次のステップをどのように踏んで、どういうヒーロー像を構築していくのか。そういう強烈なお題が、我々に突きつけられていたと思うんです。『響鬼』は、そのお題に果敢に挑戦し、一定の成果と一定の限界を示したシリーズだと思うんです。やろうとしていることは正論だし、内容的にもそんなに難しいことはやっていないけれども、いろいろと設定したハードルが高かったんですよね。これはなんというか、結果論というか後からふり返ったらなんですけど、『龍騎』『響鬼』っていう2作で、「仮面ライダー」というものの振り幅とでもいうものが見えたんですね。どこまでが「仮面ライダー」なのかという「仮面ライダー論」のような。やはり日曜日朝8時枠の番組として、ということだと思うんですけれども。限界というか、境界というようなものを見せてくれたのが『響鬼』だったんじゃないでしょうか。

――白倉さんが『響鬼』の後半を引き継がれたときに、そのへんはいろいろと考えられたと思うんですが。

白倉　そうですね。引き継いだときに正直、思ったことは、引き継がざるを得なかった背景も含めてなんですけど、前任者が降りたその原因というのが、あまり不思議ではないんですよね。それとは関係ないんだけれど、引き継いだからにはああしてくれ、こうしてくれ。お前がやるんだったら、ああせい、こうせいっていう要望が、飛んでくるわけですよ。こうしてほしい、なぜならばっていう。この「なぜならば」が、結構致命的なんですよね。例えば「明日夢をこうしてくれ。なぜならば、明日夢のパートの視聴率がこんなにひどいからだ」っていう話を聞くと、そのひどさが半端なくひどいわけですよ。そんなこんなでシリーズはかなり危機的な状況にあって、まだ誰も「この番組は打ち切って、来年からはバラエティだね」とまでは言っていないんだけれども、その瀬戸際にいるっていうムードが半端ない。『剣』までは、かつての「仮面ライダー」の栄光の恩恵は受けることはできないけど、「平成仮面ライダー」という路線でこの枠は生き残っていけるねという、順風満帆とは言わないが、「これから始まる感」とでもいうものが『剣』にはあったんですよ。ところが、『響鬼』の途中というか1月に始まって3か月くらいたった4月頃には、かつてのような風前の灯状態に戻っているんですね。番組事情っていうか、番組に対する評価とでもいうものが。急降下っていうんですかね。それは実際には、『響鬼』が叩き落としたっていうよりも、その前から私たちが舐めていたということなんですよ。スタートダッシュが良かったので、てっきり「平成仮面ライダー」というシリーズそのものが成功したんだと思い込んでいた。そのしっぺ返しをくらっただけだと思うん

です。だから『響鬼』を通じて一同がふんどしを締め直し、もう一回、反撃を始めなければいけなくなりました。

『響鬼』は、劇場版がそこそこうまくいっているんです。内容ではなく、興行成績的にですけどね。観客動員が、かなり良かったんです。劇場版の公開時期は1回目の『アギト』が9月で、それが良かったので、次の『龍騎』は夏休み真っ盛りの8月の中旬くらいにもってきてもらうんですよね。もっといい環境じゃないですか。そして『555』もその時期で公開しまして、良すぎるというくらいの成績を残せたのに、『剣』はテレビシリーズが芳しくないという印象をもたれてしまい9月に追い出されるんですよ。それでも次の年の9月に、劇場版『響鬼』は反撃できた。劇場版だけじゃダメなんですけど、危機においてなんとか踏みとどまれた。自分たちの甘さ、舐めていた、あぐらかいていたということを突きつけられて、ギリギリのところで気がついたということなんです。そんなこともあり、結果論ですけど『響鬼』は、あって良かったシリーズだといまは言えます。当時は、「なんていうことをしてくれたんだ」と思っていたんですが。

反撃の時代

――続きまして『仮面ライダーカブト』ですよね。『カブト』は、反撃の第2弾という感じだと思うんですけれども。この時はキャスティングをだいぶしつこくやって、うまくいったと伺ったことがありますが。

白倉　『カブト』は、結構色がないんですよね。いまふり返ればですけれど。だから、ある種もっとも保守的だったシリーズなんですよね、『カブト』って。もう一回、（キャラや設定を）『仮面ライダー』に戻そうとしているフシがあるじゃないですか。「平成仮面ライダー」にはまず、クワガタをモチーフにしたクウガがいて、カブトムシのブレイドがいる。その間に挟まっているアギトは設定では竜となっているんですが、これもクワガタですよね。まあ、竜っちゃ竜なんですけれども。龍騎が西洋甲冑で、響鬼

に至っては何が何やらわからない。モチーフはいろいろありますけど、やはり仮面ライダーはデザイン的には昆虫ヒーローなんです。それで『カブト』では、キャラクターにもう一度アイデンティティを打ち込もうとしたんです。視聴者が昔の「仮面ライダー」を知らない世代に移りつつあるなかで、もう一回「仮面ライダーとはなんぞや？」という姿勢を明確に示さなければいけないと考えたんです。やりがいのある作業かもしれないけれど、これは非常に保守的なことでしたね。まあ、保守的だからこそ、うじうじ悩んでいる城戸真司とか、不愛想で非常にわかりにくい乾巧とか、ヒビキ役の細川（茂樹）さんで試された、人格的にも完成された大人のヒーロー像なんかを、再構築しようとしていたわけなんですけど。だから無理やり歴史のなかに居続ける必要はないんだけど、過去の「仮面ライダーシリーズ」を主張しようとしたんですね。そしてそのうえで違うアプローチも試みたんです。それは、かつて「昭和ライダー」を観ていたお母さん層もお客さんとして取り込むということでした。その結果、『カブト』は「平

成仮面ライダー」の流れとは別の出発点に位置するシリーズになったようです。それまでの「平成仮面ライダー」との差別化を特に考えていたわけではなかったんですが、意識を昭和期まで遡らせて、もう一回、「仮面ライダー」という作品を「リメイクするのではなく、立ち上げるんだ」というようなことを強烈に意識していたわけですね。『カブト』は結果オーライな作品になりましたが、きわめて反省の多いシリーズでもあります。

――でも、主人公役が水嶋ヒロさんであったためか、天道総司は非常に上から目線な人物なのに嫌味な感じはなかったような気がします。

白倉　そうですね。水嶋さんの配役は本当に良かったですよね。『カブト』はこのように、配役面では非常に恵まれたんですが、設定面には大いに反省するべきことがあるんです。『響鬼』から連なる、いま「平成仮面ライダー」に求められている主人公像、完成されたヒーロー像にするべきキャラクターが、ややどっちつかずになってしまったということです。天道総司物語として展開するのなら徹頭徹尾、天道総司物語でいくべきでした。いろいろな人物の生き様が描かれるのもいいけれど、やはり最終的には天道総司に収まる形でドラマを組むべきでした。天道の周辺の設定っていうか状況は、いろんな人がいますっていう、並列の群像劇を描くためなんです。やはり大きい反省点は、どんな物語でも最後に単独ヒーローに落とし込めるようなキャラクター配置をしていないところです。ライダーやワームについても、昆虫だからこうなんだっていう、サナギから脱皮する設定とか、いっぱい種類がいて群れているとか、いろんなことを考えすぎていて、なおかつそれらをしっかり盛っているんですよ。

『剣』『響鬼』『カブト』の3作は、たくさんのヒーローが登場して、その関係性が劇中で描かれていく構造をもっています。でもそのどれもが、ドラマが微妙にズレている感じがするんです。この時期、軸が微妙っていうシリーズが、3年も連続しちゃっているんですよね。『剣』と『響鬼』の前半は私はノータッチで、完成作品を観ていただけなんです。そんな観ていただけの自分が、『カブト』で前2作と同じことをやってしまっている。それは時代の流れというか、勢いというか、なんなんでしょうね。いまでも、ときどき寝ているときにうなされて飛び起きるくらい心に引っかかっているんですが、『カブト』には場面が始まった瞬間に「ここは下手を打った」ってわかるところがちょくちょくある。いまでも大反省です。

――じゃあ、『仮面ライダー電王』です。作風が、『カブト』からガラッと変わったようです。『カブト』で経験されたことが活きたのか、『電王』は新たな起爆点になったのかなという気がします。

白倉　『カブト』までの反省を含めてというかですね、でもやっぱり『響鬼』での経験からなんですよね、『電王』に至るうえで意味を成すのは。『響鬼』の後半を担当したときは、強烈に考えを巡らさなければならなかったんです。そもそも、私が立ち上げた企画じゃないですからね。で、『響鬼』の企画が何を意図したものなのかっていうことが、前任者に聞いてみてもよくわからないんです。こうなのかなって思っても、それが企画書みたいなものに書いてあるわけじゃないし、関係者に聞いてもそこはかとなくというか、はっきりした言葉で返ってこないんですよね。かつ、後半の展開を提案すると、スタッフが「それは、やめてくれ」って言うんですよ。やめてくれっていう気持ちはわかるんだけど、キャストを替えることは難しいですし、キャストに罪はないというか。これは、お人好しで言うわけではないんです。キャストをチェンジしても、「誰それが言ってるから」ではなくて、東映として、「これこれこういう判断で、あなたはここまでです」ということが明確に説明できなければいけないということなんです。だから、現状維持を貫くなら、なぜ現状維持なのかをズバリと提示する必要があるんです。「キャストがかわいそう」じゃなくて、現状維持でも大丈夫なんだっていう説明ができないといけない。もし周りの圧力に負けて、キャストを降板させたり展開をガラッと変えたりするにしても、キャストが納得できるように説明しなければならない。何をするにしても、しないにしても、説明できなければいけない。だから、ものすごい理論武装をしたわけなんで

す。ずっと屁理屈とでもいうか、説明装置としての「響鬼論」を構築し、その鎧を身につけたうえで仕事をするっていうことを半年間やっているんです。そんな『響鬼』のときに、悪い癖がついたんですね。理屈をこね倒すっていう。とにかく、なんにでも理屈をつけるんです。そして、その理屈に応じてやっていくっていう癖がついていて、『電王』のときもその悪い癖が顔を出すんですね。「仮面ライダーってなんだろう」という前に、「仮面ってなんだろう」とか、「ライダーとはなんぞや」なんていうところまで、考え始めちゃう。「なんで仮面ライダーは、仮面ライダーっていう名前なんだっけ」とか、「変身するって言っておきながら、あれ仮面だよね」とか、「変身なのか仮面なのか、はっきりせいや」とか、「仮面ライダーっていうと自動的にバイクになっちゃうけど、1971年当時におけるオートバイの社会的位置づけはどうだったのか」とか。なんでも解体しないと気がすまないという、厄介なことになっていたんです。ものすごく理屈っぽく、社会的状況がどうであるかとか、オートバイと自転車の関係はどのようになっていったのかという、そんなようなことを掘って掘って掘り倒して、社会学みたいな話をずっとしているうちに出てきたものが、あんなもんっていう（笑）。企画作業もいままでで一番きつかったのが、『電王』なんですね。クソ真面目な話しかしていないから、「こうすると楽しいんじゃね？」とか、「こういうのが好き」とかいうことは、一切話してないですね。最初から最後まで、理屈だけ。誰もしたくもない話ばかりが議題になるので、打ち合わせがまったく和気あいあいとしない。みんな、クソ真面目な顔をしていました。あんなにきつかった企画作業はないっていうくらいきつかったんだけど、だいたいの可能性はほぼ全部、網羅して検討できているはずなんですよね。企画っていうものは、これ以上の答えはないっていう要素ばかりをピックアップし、それらを組み合わせて作っていくことが常なんです。そんな作業のなかですさまじい真面目な議論ばかりを戦わせ、いろんな可能性を検討しまくった結果、唯一残った企画が『電王』なんですよ。企画内容の意味がわからなくても、もう後には引けませんよね。あのときは、「ものすごく変な企画が、でき上がってしまったな」という気はしていたんです。複雑怪奇な内容ですし。でも、ほかの選択肢がないんです。いくらなんでも、これはありえないとは思うんだけど、「じゃあ、代わりはどうする？」っていうものがまったくないわけで。理屈をいろいろこねたことで設定が複雑になったとしても、それでいくしかなかったんです。

「能ある鷹は爪隠す」じゃないですけど、『電王』においては「ドラマを成立させている理屈を、視聴者に感づかれたら負けだよね」という意識があって、いかにシリーズを貫く理屈を隠していくかということを追求したんです。理屈を隠すために、モモタロスたちをあえてスーツにしたりしました。彼らは設定では生身なんだけど、設定の隠ぺい役ですから、「スーツでいいよ」ということになったんです。イマジンはただの記号なので、本来的に愛着をもってもらうためのマスコットじゃありません。なるべくマスコットにならないよう、愛着をもたれないキャラにしようとしているんです。ですから、いかに怖くするかということを重視しました。顔が半分骸骨だったりとか、いかにもお面状になっていて、お面が取れると多分ドクロなんだろうなと想起させるようなキャラクターを目指したんです。でも、でき上がったイマジンのスーツは、あれだったんです（笑）。全然、キャラ設定を考慮して計算していない（笑）。図面通りに作られてはいるんですけどね。できてきたものは、どうやってもスーツが電車の中でコントをしているようにしか見えないものでした（笑）。

――それが、勢いというものの不思議さなんでしょうね。脚本もしかり、声優さんが良かったとか、演じた高岩成二さんがうまかったとか、いろんな要因が重なったんでしょうね。

白倉　そうですね。設定とは別の次元で、各ストーリーでは、ちょっと笑って楽しめて、軽く泣きもあって、という流れは意識しています。でも「泣かせました、いい話です」だけじゃ終わらなくて、必ずビターな要素もあらかじめ計算して加えているんです。シリーズの根幹とは考えてはいない各エピソードの構造とイマジンが視聴者の方に受け入れられた

ことで、受け手が感じる見心地っていうものは送り手の意図とはまた違うものなんだということを知りました。『電王』は、こちらの意図とは別の方向にも大きく育ったシリーズなわけで、もう1シリーズ、『電王』みたいなやつをやれって言われても、多分できないですね。

ターニングポイント

――で、『電王』に続いたのが、武部（直美）さんが作った『仮面ライダーキバ』です。武部さんは『剣』のとき、日笠（淳）さんの応援でプロデューサーをやられていますね。で、武部さんは今度はチーフとしておやりになったわけですけれども、『キバ』に関してはいかがでしょうか。

白倉　ものすごく意欲的だったと思うんですよね。特にシリーズの縦糸の組み方、時間軸そのものをドラマに使うこと。『電王』の場合は時間旅行っていうネタが、単にネタとして機能しているにすぎないんですが、『キバ』は時間軸を番組構造そのものに持ち込むっていう企画じゃないですか。それがなければ、『キバ』は『555』以来の吸血鬼をベースにした作品ということと、非常によく練られた仮面ライダー像が堪能できるという超ストレート球であるという作品評に落ち着いたと思います。そこに1980年代の人たちを登場させ、縦軸番組としても観せるというものすごい挑戦をしたことにより、とてもハイブロウなシリーズになったと思います。それがなかったら、ただの「怪物くん」ですね（笑）。わかりやすくいうと。

――時間軸を置いたことによって、主人公の母親だったり第2のクイーンだとか、世代間の新旧交代とか葛藤とか、斬新なキャラクターの相関ができたんでしょうね。

白倉　『キバ』はいまのところ、最後の意欲作だと思いますね。すごい冒険ですよ。冒険できているのは、残念ながら『キバ』までです。それ以降の作品は、まったく冒険なんてしていない。

――そうですか。そこで『キバ』の制作がある程度進んだ段階で、番組の放送開始時期を9月にずら

すことにされましたよね。「スーパー戦隊」は2月開始で「仮面ライダー」は9月開始というように。白倉さんは8月いっぱいで終了させるシリーズとして『ディケイド』をおやりになりましたけれど、それについてはいまふり返るとどうでしょうか。

白倉　『ディケイド』の企画も、理屈っぽいんですよね。理屈っぽい企画の立て方の集大成みたいなもので、それは番組にミッションがあったからなんです。使命というか。番組の放送サイクルを変えることもそうだし。結果論なんだけど、「スーパー戦隊」のような勝利の方程式、ヒーロー番組としてのフォーマットが「仮面ライダー」では確立されないままずっときていて、視聴者の世代も移り変わるなかで、やっぱり仮面ライダーって何かわからない。まあ『龍騎』だ『響鬼』だ『電王』だっていう、イレギュラーな作品の比重も大きいので、何が正統で何がそうでないのか全然わからないという、へんてこな状態になっているときに、じゃあ「仮面ライダーシリーズ」ってなんなの？　という問いが再び浮かんだんです。『カブト』のときに仮面ライダーを昆虫からひもといたり、『電王』では憑依による人格転換を表現する仮面にしてみたり、電車もアリにしたり、どんどん解体して作品を作ってきた後で「仮面ライダーシリーズ」そのものが、よくわからなくなっている。そこで、10周年というアニバーサリーを利用して、「仮面ライダーシリーズ」をもう一回ブランディングさせる。幸い、これだけ多くシリーズをやっていれば、カタログができるなということに思いあたったんです。「仮面ライダー」をカタログ化するようなシリーズをひとつ制作することによって、もう一度「仮面ライダー」のブランド価値を内外に知らしめることができるんじゃないかと考えたわけですね。どのシリーズにもミッションはあるんですけど、こうして立ち上がった『仮面ライダーディケイド』には「仮面ライダーシリーズ」そのものをアピールするという使命はあったんですが、逆にどういうドラマにしていきたいかとか、どういう主人公像にしたいのかといった独自な意図はなかった作品でしたね。

――登場する昭和の仮面ライダーが1号や2号ではなく、アマゾン、BLACKになったのは、なぜなんですか。

白倉　1号とかにする理由は特になかったんですよね。「仮面ライダー」のブランド化を目指してるっていうことを考慮すれば、2009年あたりから視聴者の父親が『仮面ライダーBLACK』の世代になっていることを考慮すべきなんですよ。「昭和ライダー」っていうと、やっぱりなんだかんだいって1号、2号にものすごくスポットが当たる。で、映画なんかでもズラッと並ぶときにいい位置にくるんですよ、何があっても。それは読んで字のごとく1号の宿命だと思うんですけど、一方で昭和ライダーっていうのは正統派で、平成ライダーには『龍騎』だ『響鬼』だ『電王』だと、異端が多いっていうイメージがあるけれど、「昭和だって負けてねえぜ」ということなんです（笑）。「強くてハダカで速い奴！」でしたっけ？『アマゾン』って、4作目じゃないですか。4作目でいきなりきてるわけですよ、こんなすごいのが。第1話で、まず密入国ですからね。こんなにすごいのに、『アマゾン』は世間的にはさほど成功した作品とは見なされていないじゃないですか。いまふり返ってみると、「すごくね!?」っていうシリーズなのに。アマゾンを選んだのは、「仮面ライダー」ってこんなにすごいんだよっていうことを世に知らしめたかったからなんですね。

――だからこそ、10年目でバトンタッチをやった塚田（英明）さんは、たいへんだったのではないかと。いかがでしたか、『仮面ライダーW《ダブル》』という作品は。

白倉　『W』からは「平成仮面ライダー」の流れが変わっていますよね。『ディケイド』が断ち切ったとも言えるんでしょうけど。単純に言うと、「スーパー戦隊シリーズ」のテイストで作っている「仮面ライダー」なんです。それはそれで、アリなんだろうなとは思いますが。

「スーパー戦隊」って侍戦隊とか列車戦隊って言われると、「ああ、なるほどね」っていう感じで、そのモチーフからありようを想起しやすい。つまり「スーパー戦隊」はフォーマット感が漠然とですがみんなの中にあって、モチーフが変わったときに……、

我々はお色直しって言うんですけど、見なくてもイメージがつかめるっていうのが番組としてすごく重要なんですよね。「平成仮面ライダー」は、それができていなかった。『サザエさん』や『ドラえもん』は、みんな、おおよそどんなものかわかっているじゃないですか。共有されているイメージがある。本当に超研究しているマニアから見れば間違いだらけの理解であっても、一般の人々が、だいたいわかっているつもりになっています。そういった、「なんとなく知っているつもり」っていうのが、長寿番組の一番いいところなんですよね。かつての『水戸黄門』のように。「スーパー戦隊シリーズ」もそうで、みんな名前を聞けばだいたいわかったような気になる。それで、『W』は探偵戦隊と言ったんです。「探偵ドラマ」からモチーフや場面フォーマット、ジャンル感などを導入することにより、ものすごく視聴に対する敷居が低くなったんです。そういった点からは「スーパー戦隊」に近づいたとは言えるんですが、同時に作品を構築する際のハードルも下げてくれた。『ディケイド』以降のコレクターズアイテム

の流れも、『W』によって確立されたんじゃないですか。USBメモリって……、当たったからいいんですけどね。でも、変ですよね。しかも、人に差すしね（笑）。

――確かに塚田さんは、再構築がお好きな面がありますね。「スーパー戦隊」では、刑事ドラマやファミリードラマ、カンフーアクション映画などのエッセンスを多角的、重層的に再構成されています。

白倉　彼は「ジャンル作品」が、好きなんですよ。だから、特定ジャンルの諸要素を活かしてリブートするっていう感じの作り方になるんです。で、もともと箱庭好きだし（笑）。

――そうですか。アメリカなどのドラマに見られる設定ですよね。架空の町を舞台にして、徹底して描く。それで『W』はバディドラマとしてもドラマは成功して。あの年、夏休み時期に地元でバスに乗ったら中学生の女の子の集団が乗ってきて……。日曜日だったんですよ。「翔太郎とフィリップが今日、合体したよ」って。そういう話題を中学生の女の子がしていて、「あ、時代は変わったのね」と思いましたね。

白倉　『W』は特に、女の子のファンが多かったんですよね。

――そのようですね。で、『W』の後を受けた作品は『オーズ／OOO』ですね。これもある意味ではバディドラマとして機能したという感じですが、単純な内容じゃありませんでしたよね。いかがでしたか、このシリーズをご覧になって。

白倉　『オーズ／OOO』というシリーズは、『W』と比べてジャンル感は希薄になっていますね。でもカード、そしてメモリに続くアイテム、オーメダルを番組の敵味方として事件に取り込むことで、視聴者に対する敷居は高くしませんでした。オーズ自身もそうかもしれませんが、火野映司っていう役は、ものすごく難しいキャラクターだなと、見ていて思ったんですよね。激しく挑戦的といいますか。一方にアンクっていう、わかりやすい、かつ魅力的なキャラクターがいるから、番組の敷居を高くせずに成立してはいるんだけれども、映司単体だけを切り取ると、あんな難しい主人公もいないですよ。一見、人がいいから口当たりはいい。だけど、人間として

ものすごい暗黒面を秘めているっていうんですかね。単純な見方だと、ヒーローから一番遠い考え方をもっている。「でもしか」ヒーローとでもいうか。世界を救いたいと思ってはいるんだけど、救えるわけがないっていう確信も感じているなんて、ものすごいアンチヒーローじゃないですか。あれは、本当にすごい挑戦だなと思って見ていましたね。もちろん映司とアンクはすごく面白い組み合わせなんだけど、その状況でやっていけるっていうのが一番挑戦的な主人公だったかもしれないですね。

——誰よりも強い欲望があるっていう意味は、「そういうことだったのね」みたいな。ちゃんと伏線は散らされていましたよね、あちこちに。逆に言うと、だからうまく風呂敷がたためたということですね。

白倉　いつの間にか、そういう設定になっているっていう。制作側が、やる気満々なんですよね。「なんという領域に手を出そうとしているんだ！」と、すごくびっくりして。「これを1年間やる気なの!?」って。作り手がもっとも苦労したシリーズだろうと思います。よくまあ、この期に及んでやれるものだと（笑）。

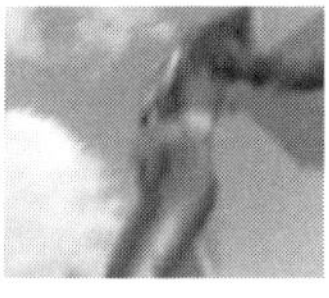

――だからやっぱり最後は、アンクは消滅しないと終われない。

白倉　まあ、ドラマの展開的には、ろくな結果にはならんだろうということだけは読めるわけですよね。いやあ、すごかったですね。

フォーマット不在のシリーズ

――『オーズ／OOO』は1年間、ドラマが緊張しつつもなんとかバランスが取れて、よかったなという感じではあったと思うんですけど。で、続きまして『仮面ライダーフォーゼ』です。これは、ベースは学園ドラマで、宇宙がストーリーに大きく絡んでくるという流れです。

白倉　学園ドラマと宇宙開発。2大ジャンルを、同時にやる。「宇宙学園ドラマ」とでも言うべき作品が絶対に成立するわけがないとは言いませんが、宇宙開発と学園ドラマってそれほど食い合わせがいいとは思えないですよね。でも、『ふたつのスピカ』や『トップをねらえ！』など、過去の漫画やアニメにないわけではない。ある意味、とんでもないシリーズでした（笑）。

――主人公も、非常に単純明快な人物で。そしてこれ、『W』も共通なんですけど、いわゆる宿敵たる我望光明が1年間、「一筋縄ではいかない感」を盛大に漂わせながら、最後はすごく一筋縄な人だったりする。いい人じゃないですか。よくわからない財団Xのほうがよっぽど悪い気がしますよね。でもああいう明るいムードを徹底させる作品っていうのも、またいいのではないかと。

白倉　高寺と塚田は、考え方が似ているところがあるんですよ。あの2人に似ていると言いますと、2人とも怒るんですけど（笑）。2人の思想は違うんだけど、人間性に対する強い信念があって、それがストレートに作品に出ています。高寺の場合は、世の中には生まれながらにしていい人と悪い人がいるという強固な発想なんです。たとえば、自分はいい人であると設定する。そして、自分と意見が違う人がいるとする。すると、その人は悪い人だから意見が違うんだって理解する。それで、世の中にはいい人と悪い人がいるんだよっていう、すごく強い信念が作品に反映されるんです。で、塚田のほうは、世の中の人間はみんないい人だっていう考えなんです。どんなに悪い奴でも状況やなんらかの理由で悪いのであって、根っこの部分ではいい人なんだっていうことなんです。その思想を体現するヒーローが、『フォーゼ』においては如月弦太朗っていう人物なんですね。「敵だって友達だ！」っていう。彼はたまたまフォーゼに変身するんだけど、そんな強烈な思想の持ち主なので、みんなが一等賞をとって仮面ライダー部、7人のスーパー戦隊ができ上がっちゃうんですよね。でもそこは作品の特徴でありながらも、一方では塚田の思想の限界点でもあるんです。スーパー戦隊作りをしちゃうという癖も含めて、仮面ライダー部が個性的ゆえにヒーローとしてのフォーゼくんが立たない。部員が個性的であればあるほど、弦太朗が目立たなくなってしまうんですね。あの世界では、己の腹のうちを明かさない朔田流星のほうがヒーローっぽいんですよ。

――仮面ライダーメテオは、最初は正体を隠して動いていますしね。

白倉　ここまで思想が明確に主張されることは珍しいなってくらい、『フォーゼ』は世間的な成功云々は別として、もっとも塚田らしい作品という気がします。だから、やりきったとまでは言わないけど、あそこまで個人の思想が前面に出てしまうと、良くも悪くも危険なんです。自己実現のためにある番組ではないのですから。

――それで、『フォーゼ』の次が『仮面ライダーウィザード』。指輪の魔法使いですね。西洋とは歴史も文化も違うので、日本においては魔法使いというのは難しいお題だと思うんですけど、特に男の子にとっては。

白倉　そうですね、漫画やアニメはいろいろあるけど。東映でも「魔女っ子シリーズ」はありますけど、それを除くとストレートに魔法使いをやっているのは『魔法戦隊マジレンジャー』くらい……。いや、魔法っていう題材そのものは、アリだと思うんですよね。指輪って5本指にはめられるし、5をモチーフに活かすこともできるし。あとは、異空間バトル

っていうワンダーランドも久々なので。その咀嚼《そしゃく》がうまくいっているかというと、うまくはいっていないですね。なんだろう、たぶん一般的な意味で成功したと認識されている『W』以来言われている、「○○ドラマ」「○○作品」っていうジャンル感。それが一番強いのは無論、塚田が作った「仮面ライダー」なんですけど、その『W』以降の「平成仮面ライダー」の作られ方が、ある強烈なモチーフとそれに基づくアイテムを軸にして内容が組まれていくという作業になっているんです。おそらく『W』以前の作品と以後の作品で何が違うのかというと、ここが一番大きいですね。「このシステムでうまくいけばいいな」「このドラマだとわかりやすいぞ」そんな風に作られているんですね。私は魔法と指輪は、そんなに食い合わせが悪いとは思わない。ただ、「魔法ドラマ」を打ち出されたときに、魔法を使うんだってところまではいいけれども、視聴者がそれに何を期待するのかっていう発想が欠落しているように思えるんです。「魔法戦隊」の場合は「スーパー戦隊」という概念をお客さんにも共有していただいているので、お色直しでいいんです。

『W』のときは探偵という行為そのものがドラマの構築と密接に結びつく性質のものですから、ジャンルをシリーズ全体で掘り込めた。『フォーゼ』だと学園が舞台なので、善し悪しはともかく、部活動としての仮面ライダーというものもできる。そこをウリにできちゃう。「今度のライダーは、学園で活躍しているよ」っていう、特徴を付加することができるんです。で、魔法っていうファクターはどうでしょう。「魔法ジャンル」と言われても、魔法そのものはドラマの題材を作らないんですね。そのため、ドラマを成立させるために主人公周りを主軸にし、アンダーワールドを作っていかなきゃいけない。魔法とアンダーワールドは、直接結びつくものじゃないんですよね。うまくアイテムを使ってストーリーが展開するんですが、魔法がストーリーを産んでいるわけではない。「心を救う」とか「俺が最後の希望」だというテーマを掘り下げるとき、魔法という題材で良かったのか悪かったのか。そこが「仮面ライダー」の限界点なんでしょうか。「スーパー戦隊」では可能だけど、「仮面ライダー」はポンとモチーフだけもってきても、作れるわけではないんですね。

反対に『仮面ライダー鎧武／ガイム』ですが、こちらは「フルーツ」と「鎧武者」、そして「錠前」っていう、食い合わせがいいんだか悪いんだかわからないものが同じお盆に載って、どう食べていいのかさっぱりわからないっていう状況はすごくチャレンジングでした。『ウィザード』の反省なのか、ひとつのネタ、魔法だけでは作れないという反省を踏まえて、3つほど軸を作ってみるという（笑）。非常に苦し紛れというか、異色のモチーフの組み合わせという形で何ができるかっていうことを試みたんですね。

——で、首都圏からあまり遠くないある都市を舞台にして、最初はダンスチームをもってきたり。これは、風都と同じでひとつの町を設定して、設定したのには意味があって、ということですよね。

白倉　ヘルヘイムの森という異空間の設定があって、『龍騎』的なライダーバトルがあったり、風都的な舞台設定だったり、わりと「平成仮面ライダー」のエッセンスを踏まえつつ、『フォーゼ』的な若者たちの集いっていうのも大切にする。各作品のいいとこ取りをきちんとしながら（笑）、フルーツ武者っていうよくわからないヒーローを設定し、ドラマは「仮面ライダー」だからこそ斜め上を狙うという、ものすごい挑戦的なシリーズですよね。作品の出来がその挑戦に足るものになっているかどうかは、また別なんですけどね。これは本当に個人的な感想なんですが、「あれもこれも」ってたくさんのことを盛るっていう発想でできた『鎧武／ガイム』って、ある種器がでかいんですよね。いろいろなことを飲み込める。風都なら風都っていうひとつの世界を作り上げてしまうと、箱庭の決まりっていうのができ上がって、なかなかそこから飛び出せないっていう弱点をもちやすいじゃないですか。葛葉紘汰という主人公のキャラクター性由来かもしれませんが、舞台にがんじがらめという感じがあまりしないんですよね。とても懐が深い『鎧武／ガイム』ですけど、ここからまた「平成仮面ライダー」はどこへ行くんでしょうね。

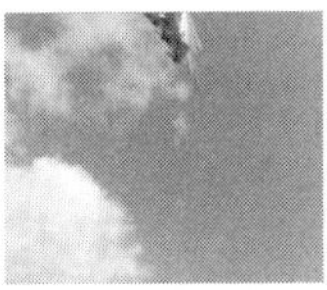

生き残るために

白倉　『鎧武／ガイム』には作り手、脚本家や監督で、「平成ライダー二世というわけではありませんが、「平成仮面ライダー」を「観ていました」っていう人たちが参加されているんです。『W』からの三条（陸）さんも長谷川（圭一）さんも、ニトロプラスの人たちも。『ディケイド』の會川（昇）さんあたりから、始まった流れですかね。本当にこう、良くも悪くも「仮面ライダー」に「スーパー戦隊」的なモチーフが導入され始めたのと同時に、ドラマやシリーズの展開が二次創作の色を帯びてきているんです。小林靖子さんや井上敏樹さんを代表とする「立ち上げてきました」っていう人たちとは、どこか発想が違うのかなあっていう気がしています。「ヒーロードラマ」のお約束以上に強い「平成仮面ライダー」のお約束というものが、どうもあるらしく、そこをけっしてはみ出してくれないんですよね。それを壊すのが「平成仮面ライダー」のテーマだ、なんて言うつもりは全然ないんですけど（笑）。ただ若干、閉塞感を感じているのは事実ですね。お約束はお約束として、視聴者と共有できるお約束。『W』におけるお約束はアリのような気がするんです。「平成仮面ライダー」だからではなく、「探偵ドラマ」というジャンルだから、あるいは「ジャンルのパロディ」だからこうなんですと示し、お客さんと一緒に楽しめるようなお約束。視聴者に対する、わかりやすさというかたちで働くお約束は大いにアリでしょう。『響鬼』のように、お客さんと共有できないお約束はしてはいけないんだけど。おそらく『仮面ライダードライブ』は、『W』方向なんだろうなと思います。今後の「仮面ライダー」は、日曜日朝8時の仮面ライダー枠でまた「仮面ライダーとはなんぞや」と探っていくのか、さまざまなジャンルに挑戦していくのか。おそらく、このどちらかしか道はないと思います。「刑事ドラマ」と決めたなら「刑事ドラマ」というスタイルで、たとえパロディであってもそう展開できるのは、「仮面ライダー」が「スーパー戦隊」とは違う性格を備えているからなんですよね。「仮面ライダー」はそれ自身がジャンルにはなり得ていないんですが、「スーパー戦隊」はそのものがジャンルとして確立しています。ならば「仮面ライダー」はジャンルにはなれない反面、既存のジャンルをもってくることができるんです。それが、仮面ライダー枠なんでしょうね。いいも悪いもなく、いつの間にかそうなってしまった「仮面ライダー」の特性がそれなんです。ですから、ジャンルを活かして生き残っていくという方法論が、一番勝算が高いんじゃないかと考えているんです。

――そうですよね、『ドライブ』は東映さんの刑事ドラマのノウハウが活かされていますね。

白倉「『刑事ドラマ』ってこういうものだよね」という作り方ができちゃうし、そういう作り方のほうがお客さんにもわかりやすい。それを成立させるためのハードルも、そんなに高くはない。「刑事ドラマ」という既存の引き出しを開けても、きちんとした姿勢で取り組みさえすれば、新規のお話としてお客さんは受け取ってくれるんですよ。「よくできているよ」って捉えていただける。じつは過去に評価されたエピソードがベースになっているから、よくできてるように見えるんでしょうが（笑）。でも、テレビ番組は連作という宿命とは不可分な面があり、『サザエさん』とか『ドラえもん』のように長期にわたって生き残っていくシリーズは、「ここでのび太がドラえもんに泣きつくよね」という毎度毎度の黄金パターンがあるんです。「平成仮面ライダー」は、ずっとそれを探してさまざまな模索をしてきたわけで、日曜日朝8時枠はそんな模索の歴史なのかもしれないですね。

――そうですね。もしものび太がドラえもんに「頼らないんだ」なんて言ってしまったら、もう最終回ですもんね。

白倉『サザエさん』や『ドラえもん』のようなアニメーションを筆頭に、同じネタをさまざまに組み合わせて続いている、同一主人公に同一世界で展開されている番組がいくつかありますよね。同じフォーマットで続いているなんて、まさに正しい「○○シリーズ」じゃないですか。でも『仮面ライダー』という番組が、1971年に半ば偶然にですがある発明をしてしまったんです。それが、主人公を変更さ

せて同じ冠でプラスアルファだけ変えるという、『仮面ライダー○○』という手法でした。以上のことからも「仮面ライダー」は、世にも稀有なシリーズとして生まれてきたんだと思うんですね。それが幸いにして『クウガ』以降、「平成仮面ライダーシリーズ」と言われるほどに回を重ねて長期シリーズ化というところまできていますよね。『仮面ライダー』的な方法論で、強烈なフォーマットを模索しながら作り上げられた「スーパー戦隊シリーズ」があるなかで、そこまでフォーマット色が強くない、アニメーションや「スーパー戦隊シリーズ」とは違うフォーマットを確立できない状態のままで制作が進められているという、極めて珍しいスタイルで継続しているのが「平成仮面ライダーシリーズ」だと思っているんですね。ここが、巨大ヒーローというわかりやすい特性がある「ウルトラマン」とも違うところだと思うんです。でもそこは正直、いまだに苦しんでいる部分でもあるんですね。どうしたら「仮面ライダー」にもフォーマットを与えられるのかっていうことをいまだに模索している状況にあるわけなんです。なんだけれども、結局『クウガ』以来の一作一作をすべて全力勝負で取り組んだ結果、いまでも「平成仮面ライダー」というのが作られ続けています。そういう意味では一作一作が全力投球だし、常に大きな賭けでもあるし、いろいろな評価はあるだろうけど、成果も大きいです。これは手前味噌でもなんでもなくて、本当にテレビ史における空前絶後と言っても過言ではないくらいの実験が行われていると思っているので。

第2章

『仮面ライダークウガ』から『仮面ライダー剣《ブレイド》』

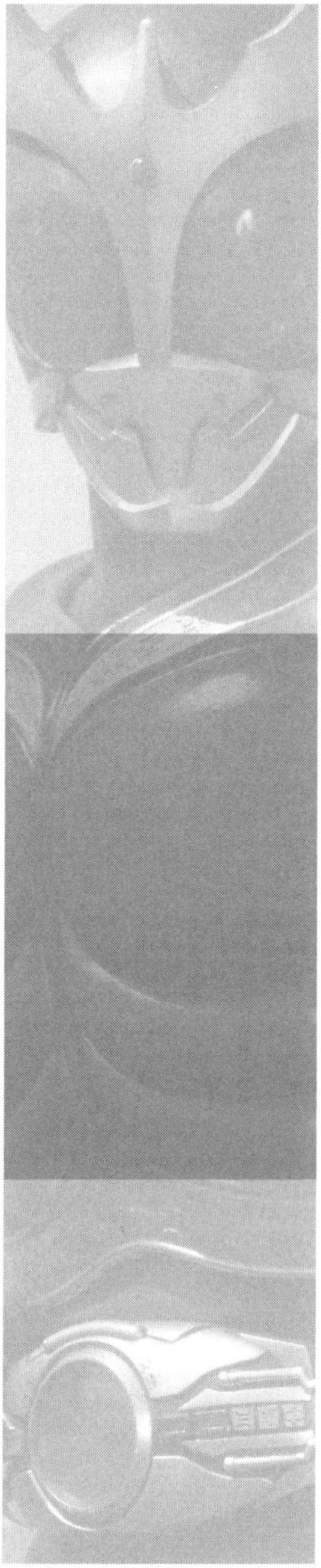

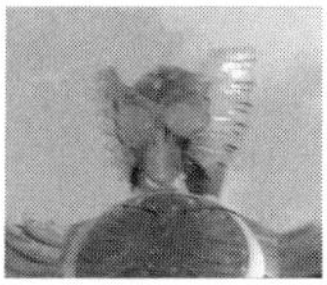

仮面ライダークウガ

2000年1月30日～2001年1月21日放送
全49話＋特番1話

仮面ライダーの再生

東映株式会社
顧問
テレビ事業部門
エグゼグティブ・プロデューサー

鈴木武幸

Takeyuki Suzuki

1968年東映入社、テレビ部に配属。1974年『がんばれ!!ロボコン』を初プロデュース。『アクマイザー3』『超神ビビューン』などを担当し、『未来ロボ ダルタニアス』『闘将ダイモス』『サイボーグ009』などのアニメも企画。『太陽戦隊サンバルカン』から『超力戦隊オーレンジャー』まで、「スーパー戦隊」を15年にわたって牽引している。元専務取締役。

1971年4月にスタートした『仮面ライダー』ですが、じつは4年9か月しか放送していないんですね。4年間休んでスカイライダーが登場しますが、シリーズの放送は2年間で、今度は6年間休むことになります。そして『BLACK』で2年間続けてまた休み、10年4か月で「平成仮面ライダー」になります。こうして見ると、けっこうインターバルがあるんですよ。誕生して45年の歴史をもつ『仮面ライダー』ですが、そのうち20年4か月は中断している時期なんです。

2000年に「仮面ライダー」を再開する相当以前からスポンサーさんなどから、「『ライダー』やりたいですね」というお話を何度も頂いていたんですが、待ってもらっていました。それは、「仮面ライダー」が2世代キャラクターになっていなかったからなんです。『RX』が終わった時点でも、最初の1号を観ていた子供たちはまだ20代前半くらいなんですよ。その頃から、「仮面ライダー」を作る際は、親子で観てもらえるようにもっていきたいと思っていました。それと同時に、「ライダー」はなぜやっ

■2014年7月31日取材
■仮面ライダー平成vol.1掲載

ては休むのか。そのうえ、中断期間がだんだん長くなっている、という点に問題を感じました。僕なりに分析して一番強く感じたことは、最初の成功例から脱却できなくなっているということです。ヒーローは時代の生き物ですから、本来は時代が変わればヒーローも変わるはずなんですが、成功例が大きすぎたんですね。誰にもあることなんですけど、なかなか変えられない、捨てきれない。危険だなあと思いました。

　そんなこともありまして、せっかく「ライダー」をやってもすぐ終わっては視聴者にも失礼ですし、こっちも辛いんです。さまざまな関係者に我慢していただいて、1号を観ていた子供たちがお父さんになる頃を見計らっていたんです。休みたくて休むんじゃなくて、程よい時機を必死で見定めているような感覚でした。映画などは作られましたけど、やはり単発ではきついですね。そうするうちに時機が近付いてきたということで、『クウガ』の3年半くらい前から企画を練り始めました。そして企画がだいぶ固まった時期に、講談社の「テレビマガジン」さんにお願いして、「仮面ライダー」の特集を毎月組んでいただいたんです。そうしたら子供たちの反応が良く、手紙がずいぶん来ました。子供がヒーローを期待している「証拠」を手に入れたなと（笑）。

　新『仮面ライダー』を企画する際に、僕がスタッフに求めたことは3つだけでした。それはまず、敵にヒエラルキー、序列を付けないということです。大げさなボスなんか、見たくもないと。そして、キーキー言う兵隊もいらない。同じことをやっていると思われちゃうから。そして最後に、これが一番重要なんですが、怪奇ものじゃないので手術はしないようにしてもらいました。手術をすると、どうしても以前の「匂い」がしてしまいますから。それらを踏まえて、リアリティのある作品作りを目指したんです。『クウガ』が始まって間もなく、JAC（現・JAE）の方の結婚式に出席したときです。かつて「ライダー」を作っていらした先輩方から、「あんなのライダーじゃない」ときついお叱りを受けたんです。そのときに、「成功した」と思いましたね（笑）。かつての「ライダー」と変えることが狙いだったんですから。

メインライターの覚悟

脚本家

荒川稔久

Naruhisa Arakawa

1964年生まれ。 愛知県名古屋市出身。小山高生主宰の「アニメシナリオハウス」第1期生で、企画集団「ぶらざあのっぽ」の創立に参加。アニメ作品が多数で、東映作品には『仮面ライダーＢＬＡＣＫ』より参加、『鳥人戦隊ジェットマン』以降多くの「スーパー戦隊シリーズ」で脚本を担当、『仮面ライダークウガ』では40話分執筆している。

僕の「仮面ライダー」体験は、小学校2年生のときに姉から「ちょっと怖いのが始まったよ」と教えられて観始めたのが最初ですね。子供心に、ちょっと大人向けな作品というイメージがありました。最初の本郷ライダーのときですよね。その後、明朗快活な一文字が出てきて爆発的な人気につながるわけですが、導入としては「大人っぽくて、ちょっと怖いけど観てみたい」という思いが、東映作品よりは円谷プロ作品派だった僕を「仮面ライダー」にいざなったんだと思います。

『クウガ』のプロデューサーの髙寺（成紀）さんとは『（忍者戦隊）カクレンジャー』のときからご一緒させてもらっていて、どのタイミングかはわかりませんが、僕をメインライターに推してくれたこともあったようなんです。でも僕は筆が遅いので、鈴木（武幸）さんが難色を示されたらしく（笑）。だから僕を『クウガ』のメインライターにするというのは、かなりの勇気が必要だったと思いますよ。打ち合わせの初期の頃、髙寺さんは「いままでとは完全に変えたいんだ」とおっしゃっていたんですが、僕はかなり懐疑的で（笑）。だっていきなり「ハリウッドテイストでいきたい」とか言うんですよ？　だから「……あの、でもここ大泉ですよね」という感じで（笑）。不覚にも東映を侮っていたというか、「結局は、この辺に落ち着くんじゃないですか」という気分で企画書に対する質疑をしていったものですから、後ろ向きだと解釈されてしまったようで……。後から聞いた話では、「もう荒川さんはあきらめて、（小林）靖子さんに振ろうか」って時期もあったようです（笑）。ある段階で僕も髙寺さんの本気度を認識したので、腹を括《くく》って『クウガ』という作品に立ち向かえるようになったんですけど。

　制作に入ってからも、髙寺さんのなかにある「それまでの東映っぽさ」をすべて変えたい、という強い想いはひしひしと感じられましたね。撮影技法から録音からすべてをリセットして、まさに「時代を0から始めよう」です。とてもやりがいのある作品だと思いました。

『クウガ』についてはよくドラマ性をその特徴として取り上げていただいていますが、書いていたときの狙いは、昭和ライダーの平成的シミュレーションだったんですよ。「いま風にリアルにやったら面白いんじゃないか」というのが原点で、それを突き詰めていったらああいうドラマがついてきてくれた、という感じでしょうか。でも第11～12話の雄介の先生のエピソードとか第25～26話の拓くんのエピソードとかは書いていて楽しかったです。なんか「仮面ライダー」らしからぬストーリーのなかに、ちゃんと主人公のヒーローとしての存在感が出せた気がして。第7～8話の実加ちゃんのエピソードなんかもそうかな。僕のなかでは、このあたりは変化球の面白さだったんですよ。ただこの方向性に勢いがついてしまい、後半はそちらに舵を切りすぎたかなあと思います。もっとエンターテインメント性を追求しながら、じわじわさりげなく人間を描くこともできたんじゃないかなと。いろんな意味で、力量不足を反省するばかりです。

　全体的には「人間のなかにある暴力性」をテーマにするという、アクションヒーローものとしてはかなり大胆な切り口で、しかも途中からは敵も「怪人」

ではなく、殺人を楽しむ変身可能な「人間」であることを定着させています。当初は、だからこそ人殺しを続けてしまった雄介が最後に自らの命を封印してすべてを終わらせる、という結末を想定していたんです。ところが1年間という長丁場のなかで、「やはり、それじゃああんまりだ」ということになり、最終回では旅に出た雄介が子供たちに癒やされるという描写に落ち着きます。この点については、ずっと悩んでいました。ホッとできて良かったような気もするし、テーマを貫けなかったという面もあるし。そのあたりを自分なりに解決しようと思って書いたのが、2013年に出した「小説版クウガ」です。執筆を依頼されて改めて『クウガ』という作品に向き合ったときに再認識したのは、この作品は雄介のドラマではないということでした。『クウガ』とは、雄介と知り合った人々の物語なんですね。だから、視聴者の一人一人も「五代君の知り合い」という体《てい》でドラマの一部になってもらうという構造なんじゃないかと。小説は、このことを念頭に置いて書きました。未読の方はぜひ！　とさりげなく宣伝(笑)。

思い返すと、打ち合わせで髙寺さんは「最近、世の中的にいやなことが多いですよね」と語ることが多かったような気がします。具体的な事件もさることながら、それらが醸し出す漠然とした不安感……。そんななかで生きる子供たちに前に進むための何かが見せられないか……。そんな想いがあったと思います。その後も髙寺さんとは何度かご一緒させていただきましたが、やはりそういった想いが強いというか、そのあたりを中心に据えて作品を生み出そうというベクトルを感じました。個人的には、『(激走戦隊)カーレンジャー』みたいなおバカで楽しいことだらけの作品も作っていただきたいんですけど(笑)。以前もどこかで言ったかもしれないんですが、僕は井上(敏樹)さんがおっしゃった、「『クウガ』は美しく、『アギト』は面白い」という言葉を「くそう、悔しいけど言い得て妙かも！」と思ってまして、そのリベンジではないですけど痛快な作品を髙寺さんと作りたいなあと夢想しているんです。髙寺さんなら、予想もつかない凄いものが作れると思うんですよね。もちろん、『クウガ』が面白

くないということではないですよ。でも『アギト』には、いい意味で無責任な東映的ダイナミズムに溢れる面白さが詰まっているでしょう？　それこそ紙芝居的な。『クウガ』の後にはああいう作品をやるべきだと思っていましたし、つい、ちまちまと考えてしまう自分にとっては、ひとつの憧れでもあるんですよ。

伊東四朗さんがご自分のお芝居の目標として、「何もないけど面白かった」ということを挙げられているんですが、そういう感じ。たいしたテーマとか感動とかはなくても、観ている間はただただ楽しくて、終わったらちょっとだけ元気になれて、おかげで「明日またがんばってみるか」と思えるような。そんなヒーローを生み出せたらいいですね。東映でも角川でも、円谷プロでもいいので……。よろしくお願いします（笑）。

「メタルヒーロー」から「仮面ライダー」へ

監督

鈴村展弘

Nobuhiro Suzumura

1970年6月18日生まれ。東京都出身。『特捜エクシードラフト』より、サード助監督として参加。『テツワン探偵ロボタック』でチーフとなり、『仮面ライダークウガ』第17話にて監督デビュー。以降『555』まで「仮面ライダー」を担当するが、『美少女戦士セーラームーン』を経て『特捜戦隊デカレンジャー』より「スーパー戦隊」も監督。近年は、一般ドラマや舞台の演出も手掛ける。

ヒーロー番組がたくさん放送されている時代に育ちましたので、そういった作品が大好きになり、初めて観た劇場映画、『スター・ウォーズ』の洗礼を受けてSF全般が好きになりました。それがあるとき東映の平山亨プロデューサーと知り合い、東映撮影所を見学させていただいたことにより、作品そのものより制作のほうに興味が移っていったんです。制作現場で仕事がしたいと平山さんに何度か申し出たんですが、そのつど「よしたほうがいい」ということでした（笑）。でも映画学校に進学しちゃいまして、卒業時期を迎えますと、平山さんも「しょうがないなあ」とおっしゃって、『（特捜）エクシードラフト』の現場を紹介してくださったんです。

うまく現場に空きがあることは珍しく、通常は制作部で事務などをしながら空きを待つんですが、たまたまサード助監督が地元のテレビ局に就職が決まったということで、空きがすぐできたという状態だったんです。ラッキーでしたね。でも、やってみるととても厳しい世界で、最初はやめたくてしょうがありませんでした（笑）。特撮ドラマは特殊な世界

■2015年4月取材
■仮面ライダー平成vol.5掲載

で火薬などもありますし、アクションの方に次のシーンの準備を始めてもらう頃合いを読むことひとつをとっても難しいんです。メタルヒーローはスーツをピンで固定したりするので準備に時間がかかりますし、スーツは暑かったり寒かったりしますから、こちらが時間を読み違えてスーツ姿で待たせすぎたりすると凄くご迷惑なんですよね。

僕がセカンド助監督のころは加藤（弘之）さんがチーフで、『(テツワン探偵) ロボタック』からは加藤さんがチーフをできないときに僕がチーフを務めていました。『燃えろ!!　ロボコン』で加藤さんは監督デビューをされ、以降は助監督と兼任でやられています。東映では通常、チーフ助監督が監督の苦労とか立場を理解して作業を円滑化するために、数年間、ときどき監督をしながらチーフ助監督を務めるんです。その『ロボコン』のときに次は「仮面ライダー」だと聞いて、僕は「仮面ライダー」をやりたかったんですが、会社からは「仮面ライダー」か『(未来戦隊) タイムレンジャー』のどちらかのチーフが加藤さんで、もう一方を僕にやらせるからと言われたんです。そんなとき、師匠である石田（秀範）監督が、僕を「仮面ライダー」のチーフに推薦してくださいました。とてもありがたく、嬉しかったですね。まさか「宇宙刑事」以来のこの枠が「仮面ライダー」になるとは思ってもいませんでしたし、CGなどの映像技術もかなり進歩していた時期に新しい映像手法で「仮面ライダー」を制作できることも嬉しかったんです。

『クウガ』はハイビジョン撮影で、それまでのフィルム撮影とは違う技術で制作されることになりました。照明から何からが一変し、それまで馴染みだった『ロボコン』までを担っていたスタッフはわずかになりました。そこでチーフ助監督に課せられた使命は、新しい編成のスタッフをなるべく早く息の合う一枚岩にすることでした。制作期間はそれまでと同じですから、一刻も早く阿吽《あうん》の呼吸で撮影を進められる状態を作り出す必要があったんです。シンクロ（同時録音）も初めてで、「音待ち」ということを初めてやりました。アフレコのときはヘリが飛んでいても平気で撮影ができましたけど、シンクロだ

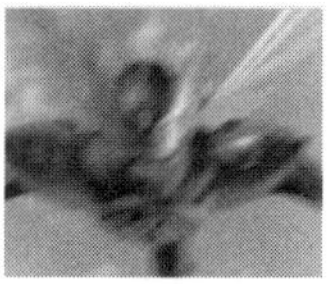

と遠くへ行ってしまうまで撮影ができないんですね。『クウガ』では髙寺（成紀）プロデューサーの意向もあり、美術部さんと綿密な相談をしつつ、ハイビジョンでも通用する、リアルな装飾などに力を入れています。壊し壁でも、そう見えないものをといったようなことですね。それと、出演される俳優さんへの気遣いの徹底ということも言われていました。あとは、作品全体のクオリティを上げるために、組んだセットを実際に燃やしてしまうとか、映像的な驚きを作ることですね。予算もあるのでやたらにはできませんが、あらゆる工夫をして脚本の描写をできるだけ実現させることに努めました。第1話の長野県警のエントランスと第2話の教会のセットを飾り替えで対応できないかとか、会社やスタッフと相談していろいろと工夫しています。

『アギト』『龍騎』『５５５《ファイズ》』と作品を重ねるごとに、スタッフの呼吸も合ってきました。そうなると作業も効率的になり、それまでとは違う部分に気を回すこともできますし、作品全体のクオリティも上がり続けていたと思います。僕は『クウガ』で監督デビューさせていただいたんですが、『５５５』の劇場版が終わるときまでは助監督兼任でした。ローテーション監督に入れていただいたのは、『５５５』の後半です。助監督と監督というのは、まったく違う職種ですね。監督は基本的には、孤独です。アイディアなどをスタッフから出していただくようなことは当然あるんですが、ＮＧもＯＫも出すのは自分ですし、責任は全部自分にある。作品を観ていただいて「つまんない」と言われたら、すべては自分が悪いんですから。

　シリーズによって演出手法は、努めて変えるようにしています。例えば内容にもよるんですけど『５５５』でしたらオルフェノクは人間の進化形ですから、だれでもなる可能性がある。その辺にもいるかもしれないんですね。ですから、サスペンスタッチで撮ったりしています。『剣《ブレイド》』のときは職業ライダーですから、カチッとした刑事ドラマを撮るイメージでやっていますね。僕は、『５５５』と『剣』の間に『（美少女戦士）セーラームーン』をやっているんです。「仮面ライダー」では自分の子供のころの体験からカッコいい表現を導き出せたんですが、女の子がかわいいと思うことは皆目わかりませんでした。ですから、『セーラームーン』で担当した4話では、映像表現や合成でいろいろなことを試しています。それを経て『剣』へ行ったので、『剣』では『セーラームーン』とは逆に女の子のカットでも陰影を強調して撮影したり（キャメラの）長回しをしたり、よりスタイリッシュな画《え》作りに注力しました。僕は「仮面ライダー」はそのキャラクターの性質上フィクション感が弱いため、身近な恐怖を常にまとっていると思っていますので、アンデッドはどこかで暗躍しているかもしれないというイメージも大切にしています。

『剣』『セーラームーン』『（特捜戦隊）デカレンジャー』を行ったり来たりして、翌年は『（魔法戦隊）マジレンジャー』の監督をやるんですが、白倉（伸一郎）さんから言われて『響鬼』の後期オープニングを撮ることになりました。すると『響鬼』を2本やってくれということで、そのまま『カブト』もやっています。その後は、『（轟轟戦隊）ボウケンジャー』や『（炎神戦隊）ゴーオンジャー』を担当しました。そして他社ですが『大魔神カノン』などを経て、鈴木（武幸）さんから『パワーレンジャー・サムライ』を撮ってほしいと言われ、半年弱ニュージーランドに渡りました。その後は再び「仮面ライダー」に戻り、２０１４年は『ドライブ』をやらせていただいています。

『W』以降の第2期の「平成仮面ライダー」は陽と陰で言えば陽ですよね。みなさん、以前と同様にスタイリッシュな優れた画を撮っていらっしゃるんですが、ドラマ色よりキャラクター色が強くなっているような気がします。第1期では関係者全員の創意工夫で各シリーズが作られていったわけですが、「平成仮面ライダー」のクオリティを確立できたことで、さらなる高みを目指して関係者それぞれがいろいろとやりたいことを広げているんじゃないかと思います。僕も若い頃は面白いアングルとかを狙ったし今でも面白い画は好きなんですが、最近はドラマに重きを置き、観た後に何か残る作品、人の記憶に残る作品を目指せればいいなと思っています。

緊張感の溢れる撮影現場

俳優

葛山信吾

Shingo Katsurayama

1972年4月7日生まれ。三重県出身。1990年にジュノン・スーパーボーイ・コンテストでグランプリを受賞、翌年にテレビドラマ『ヴァンサンカン・結婚』(フジテレビ)にて俳優デビュー。以降多くのテレビドラマでキャリアを積み、『仮面ライダークウガ』の一条 薫役で母親層にも人気を広げた。劇場映画や舞台の出演も多数。

■2014年9月3日取材
■仮面ライダー平成vol.1掲載

俳優となり『クウガ』に出会う

　高校３年生のときにタレント雑誌の「ジュノン」の読者投票でグランプリをいただきまして、それをきっかけに事務所にスカウトされてこの業界に入りました。僕は「ジュノン」を知らなかったんですが、知らぬ間に姉が応募していたんです。高校卒業後に19歳で上京し、テレビドラマを中心に俳優として活動するようになりまして、並行して音楽をやらせてもらっていた時期もあります。俳優になって８年目ですかね、『仮面ライダークウガ』に出会ったのは。『クウガ』にインしたときは27歳で、それから間もなく28歳になって、29歳になる少し前に終わったという感じですね。撮影期間が１年以上でしたので、『クウガ』とはずいぶんと長い付き合いになりました。

　『クウガ』に出演させていただいたきっかけは、東映さんのオファーですね。「仮面ライダー」をやるので、僕に主役のオーディションを受けてみないかという事務所への連絡でした。それで銀座の東映さんに伺いまして、プロデューサーさんたちとお話をしまして、イメージする変身ポーズをやったりしたんです（笑）。そして数日後に、東映さんから返事がありました。僕は、主人公のイメージとはちょっと違うと。でも、主人公とともに戦う刑事がぴったりなので、そちらをおやりになりませんか。そんなお話でした。僕は、もともと『西部警察』などの刑事ドラマが大好きだったんです。でも、それまで刑事役にあまり縁がなかったものですから、いいお話だと思いまして、「ぜひやらせてください」とお答えしたんです。

　僕が子供の頃はアニメが主流の時代だったため「仮面ライダー」を観たことがなくて、ビジュアルとしては知っていたんですが、シリーズの具体的な内容や作品のカラーについては何も知らなかったんです。なのでオーディションの際は、内心とまどってもいたんです。けれど、刑事ならば大丈夫かなという思いも当時はありました。でも、いま観ると、とても恥ずかしい演技をしていますね（笑）。

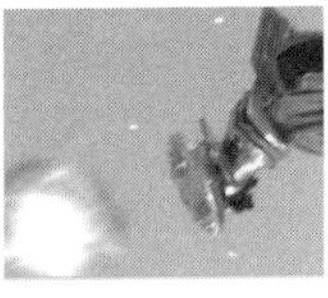

一条という刑事はやりがいがある役

一条は、とてもやりがいのある役でしたし、楽しくやれた役でもありました。1年以上も演じ続けられる役というのは、いまはNHKの大河ドラマか子供向けの番組くらいにしかないんですね。プロデューサーや監督の意見などを取り入れながら長期間にわたって役を組み立てていける。長期間勉強できるということは、やはり貴重な体験です。毎日毎日みんなで東映撮影所に集まってロケに行くわけですから、スタッフの方たちとも長い間にさまざまな関係性が生まれ、すごく心地いい空気感が醸成されていくんです。過酷なこともじつにたくさんあったはずなんですが、楽しかった印象しかいまはありません。東映のみなさんはそれまでも多くの作品を作っていらして、そこから生まれた独特のスタイルに突然飛び込むわけですから、初めはとまどいました。でも、スタッフのみなさんの熱意がそれは凄くて。キャメラのいのくま（まさお）さんをはじめとするみなさんの「姿勢」はすばらしかったですね。

刑事もの好きですから、最初は通常の刑事ドラマの雰囲気で演じていました。コルトとか、銃をカッコ良く持てることも楽しかったです。ライフルを持って怪人と対決したこともあります。最初はふつうの銃でしたが、だんだんそれが特殊なものになっていきました。ライフルを撃つときの反動とかは、自然にやっていた感じです。そこをキャメラで、いい構図で拾っていただくんです。あと、覆面パトカーのパトランプがせり出してくる画《え》が個人的に好きなんですが、現場で「ランプが出るシーンを入れないんですか？」なんて言っていたら、いつの間にかそういうカットが加えられていました（笑）。ちょっとしたカットでも、男の子が観て「カッコいい」と思えるものは、どんどん取り入れたんじゃないですかね。

スタッフや監督たち、そして共演者

先ほど申しましたいのくまさんをはじめとして、スタッフの方はみな情熱をおもちでした。監督も個性的で。石田（秀範）監督はクールだけど熱い、長石（多可男）監督、渡辺（勝也）監督もそれぞれ面白い方たちでした。みなさんお芝居をたいへん大切にして撮影してくださいました。思わぬ画を撮っていただいていたこともありましたし、思い出深いです。

オダギリ（ジョー）君と初めて会ったのは、顔合わせの場だったと思います。次がおそらくスチール撮影会で、続いて「ホン読み」ですかね。テレビシリーズは2話分を一組にして撮影しますが、『クウガ』はひとつの組の撮影に入るたびに、主な出演者が集まって脚本を深く読み込む「ホン読み」をけっこうやっていたんです。最初に彼と一緒に撮影をしたのは、遺跡の前だったと思います。それからは2人一緒の撮影が多かったので、自然と親しくなりました。

朝5時、6時には撮影所に行って、そこからロケ地に行ってずっとですからね。特に最初の頃は、夜中まで撮影していましたから余計です。それが週に5日くらい。当時、僕は車で撮影所に通っていまし

た。帰り道の近くにオダギリ君の家があったので、しょっちゅう彼を乗っけて帰りました。次に多かったのは刑事部屋での撮影ですけど、刑事仲間では松山（鷹志）さんと絡むことがいちばん多かったように思います。ロケでご一緒したことも何度かありましたし。刑事部屋のシーンはいろいろな説明をしなくてはいけないので、台詞がたいへんだったんです（笑）。「未確認生命体第○号」とか次々と開発される爆弾の名前とか、真面目な会議などの設定ですので台詞回しも堅めでしたし。難しい台詞が多くて、覚えるのにけっこう苦労しました。

撮影の思い出と番組の反響

僕は変身をしませんので、当然ピンチになることが多いんです。そこに間一髪で助けにくるのがオダギリ君なんですが、第2話の燃える教会で怪人と戦うシーンでは2人とも髪の毛がチリチリになったりしましてね（笑）。セットに何度も火をつけたり消したりしていた、緊張感の溢れる撮影現場でした。

あのときですね、襲いくるコウモリ怪人の主観撮影でキャメラを持ったいのくまさんがワイヤーで吊されて僕に迫ってきたんです。そのときのいのくまさんは、勢い余ってでんぐり返っても撮影を続けているんです。「すごいなぁ」と、その意気込みに驚きました。雨で増水した荒川で、ボートに乗って撮影をしたこともありました。ピラニアの怪人を血の匂いでおびき出すというくだりです。そこでまた僕は怪人に襲われて川に投げ出されて、そこにまたオダギリ君が駆けつける（笑）。川の中ではＪＡＣ（現・ＪＡＥ）の方がスタンバイしていまして、すぐ僕を助けてくれるわけです。自動車に押しつぶされそうになるシーンとかもありましたし、シリーズの終わりの頃になると、セメント工場の鉄塔の上からぶら下がったこともあります。金田（治）監督のときですね。「葛山、お前いけるよな？」って。こっちは思わず「……はい」って言ってしまった（笑）。死角に体に巻いたザイルを1本張ってぶら下がるんですが、なかなか一般のドラマでは経験できないことでしたので楽しんだものの、一方ではものすごく怖

かったです。画で見ると一瞬なんですけど、ＪＡＣの方が9人くらいでザイルを引っ張ってくださって、僕は腕一本で体を預けていました。冬の雨で、ずぶぬれになった撮影もありました。あのときは、僕に撃たれたバラの怪人の女性が海に落ちていくシーンもありましたね。ラスト近くでは、オダギリ君と2人で寒い雪山での撮影がありました。

こういった番組じゃないと経験できないこととして、絵本などに僕が載っていることも嬉しかったですね。『クウガ』のオンエアが始まってからは、ロケ先なんかで子供たちやお母様方、僕より年上の「仮面ライダー」世代の男性とかが「わあっ」と集まってくるようになりました。反響というものを肌で感じたのは、そういうときでしたね。こんなにも子供たちに影響を与えるものなんだということを実感しまして、「すごい作品に出させてもらってるんだ」ということに改めて感謝しました。

クウガを演じて

俳優

富永研司

Kenji Tominaga

ジャパンアクションエンタープライズ所属。『仮面ライダークウガ』で初めてヒーローを演じ、以降は舞台、テレビドラマで活動していた。2009年に『劇場版 仮面ライダーディケイド オールライダー対大ショッカー』にて再びクウガを演じ、『鎧武/ガイム』では仮面ライダーデューク役。

僕はＪＡＣ（現・ＪＡＥ）の養成所の頃に東映さんに少し来たことがあったくらいで、「スーパー戦隊シリーズ」の戦闘員などをやった後に日光江戸村へ行って仕事をしながら地方巡業などもこなしていました。東京に戻ってイベントの仕事をすることになったんですが、今度は京都に飛ばされて（笑）。1年くらい京都での仕事をしまして、東京に戻ったら今度は台湾でパワーレンジャーショーだと。その次くらいが『クウガ』です。

ある日銀座の東映本社へ行けと言われまして、行ったら髙寺（成紀）さんたちがおられて、「裸になれ」と。なんだろうと思いながら上半身裸になったんですが、そこで「こんど『仮面ライダー』が始まるから、そのオーディションだ」と初めて聞かされたんです。多分、最初はぴったりした衣裳にするつもりだったんじゃないでしょうか。だから、体を確認したんじゃないですかね。

『クウガ』の撮影が始まってまず困ったことは、アップ用のマスクに視界がほぼないことでした。アクション用はそうでもないんですが、それでも逆光だったりすると見えなくなるんです。走っている姿の上半身だけを映したいからアップ用でやってくれということもありまして、そのときは何も見えないなかで走りました。衣裳も、夏だと暑くて冬だと寒いんですよ。でも最初のクウガはボディパーツの下がウエットスーツでしたので、とにかく冬でもものすごく暑いんです。そこで薄いゴムのスーツに変えていただいて、少し楽になりました。それでも、夏場にはブーツの中に汗が大量にたまってしまうありさまですよ。最初のウエットスーツですが、シリーズのラストの雪山で戦うシーンでは使いました。とてつもなく寒い現場でしたから、防寒によかったんです。

『クウガ』は戦うシーンがわりと少ない番組でしたから、クウガのアクションは2話分をだいたい1日で撮影していましたよ。戦いも1対1がほとんどでしたので撮影も少人数で、ロケバスはガラガラでした。ロケ場所も新宿だったりして、ふつうあまりやらないところでのアクションが多かったことも印象的ですね。リアリティ重視ゆえの場所選定なんでしょうか。

あとは、ビデオでの撮影になったことは大きかったです。アクション監督から「迫力なかったよ」とか言われるとすぐにモニターを観て「ありゃ」となるんですが、あの頃は「戦隊」はフィルムでの撮影でしたから、確認ができなかったんです。確認できるとすぐに修正できますから、ありがたいですね。

監督はみなさん、本心は優しいんですが言うことは厳しくて（笑）。とはいえ石田（秀範）監督はとても愛がある方ですし、長石（多可男）監督はうるさくはおっしゃらないんですけど的確な演出をされていました。みんなすごい監督だと思います。アクション監督は、ウチの事務所の金田（治）社長と山田（一善）さんでした。金田さんの説明は擬音ばかりで、何を言っているのかわかりませんでした(笑)。それで「わかるだろう?」って言われるんですが、わかりません。最近は擬音も減ってきたので、だいぶわかるようになりましたが（笑）。

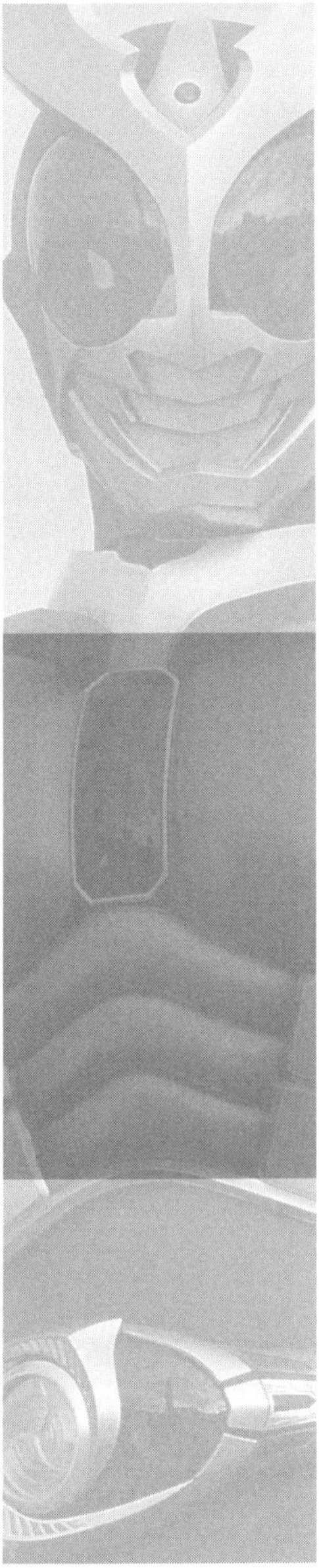

仮面ライダーアギト

2001年1月28日～2002年1月27日放送
全51話

『アギト』の成立

東映株式会社
取締役
テレビ第二営業部長

白倉伸一郎

Shinichiro Shirakura

1990年東映入社、テレビ部に配属。1991年『鳥人戦隊ジェットマン』のプロデューサー補を務め、『恐竜戦隊ジュウレンジャー』よりプロデューサーになる。『仮面ライダーアギト』以降、多くの「平成仮面ライダー」をヒットさせている。

日曜朝8時枠は、かつての金曜夜7時30分の『宇宙刑事ギャバン』に始まる放送枠でして、さまざまな実験の果てに方向性に行き詰まって『燃えろ!! ロボコン』に、そして他局発のコンテンツのリメイクである「仮面ライダー」に手を出したわけなんです。「仮面ライダーシリーズ」というより、日曜朝8時枠という番組枠の方向性を模索していた当時は、『クウガ』に続く作品が「仮面ライダー」ではなく、リメイクではないオリジナル企画を立ち上げるのが、番組枠としては本筋だという空気でした。そして、次をどうしようかと、スタッフ一同が考えあぐねていたんです。でも『クウガ』が当たりましたので、2001年は「仮面ライダー」30周年でもあるし、続けて「仮面ライダー」で行こうということになりました。『ロボコン』『クウガ』ときてまた「仮面ライダー」ですから、そのときは「宇宙刑事」以来の3年周期説に基づき、石ノ森（章太郎）原作シリーズは「この『仮面ライダー』で終わりかな」とも思っていました。だから、日曜朝8時枠としての「仮面ライダー」の決定版ができないかと考えたんです。

■2014年7月31日取材
■仮面ライダー平成vol.2掲載

それが3人の仮面ライダーの登場で、その3人をセットにしてシリーズを描いていくことでした。3大宇宙刑事に見られる3人が並び立つような、3人ともが主役という切り口で、日曜朝8時枠の伝統を踏まえつつ、新しい切り口を目指しました。それが、『アギト』なんです。

20周年のときにうっかりと（笑）、『真・仮面ライダー』をやっていたこともあり、個人的に「仮面ライダー」については他の作品よりも真剣に考えないといけない事情もありました。けれども石ノ森先生はもうご存命ではなく、相談もさせていただけないので、相当考え込んでしまいました。「仮面ライダー」を現在に再生させるにはどうするかと、日曜朝8時枠を再生するにはどうするか。この番組枠は「来年はないかもしれない」と、ずっと風前の灯のような状況に置かれてきました。『ロボコン』『クウガ』は視聴率も高く、作品としても高い評価をいただきましたけれども、リメイクはリメイクです。リメイク路線頼みというのは、番組枠としては末期的症状であって、「もう新しいものはこの枠からは生み出せ

ません」と自ら白旗を掲げているようなものです。だから、「仮面ライダー」をやるならやるで、石ノ森先生の遺志を継ぐのはもちろん、どうしても「日曜朝8時枠だからこれができる」という番組枠の強みみたいなものを見せていかないといけない。そうでないと、番組枠が終わってしまいます。

最初の『仮面ライダー』は、事故によって仮面ライダー2号が誕生したことで、結果的に同一の番組の中に2人も主人公がいる奇跡の番組になりました。コンビやグループではなく単体ヒーローなのに、同格の主人公が複数いる。この「仮面ライダー」の特性を、日曜朝8時枠の特性として取り込むことができれば、たとえ「仮面ライダー」が終わっても次の企画を生み出せる番組枠の強みになるのではないかと考えました。幸いなことに「仮面ライダー」はその後も続いて「平成仮面ライダーシリーズ」と呼ばれ、2014年には16作を数えるまでになりました。もう、長期シリーズと言ってもいいと思います。フォーマットが確立できていないことも手伝って、一作一作がそれこそ全力投球で制作され続けています。作品ごとの振り幅がかなり大きく、みなさんにはいろいろなご意見や評価があるとは思いますが、『ギャバン』以来もともともっていた日曜朝8時枠の特徴が、「仮面ライダー」の旗印のもとで、強く表に出せるようになった結果だと思っています。「平成仮面ライダーシリーズ」が長期シリーズ化できたのは、「仮面ライダー」と番組枠の幸福な出会いのおかげなのかもしれません。

G3-UNIT&警視庁捜査一課
特別座談会

■2015年3月20日取材
■仮面ライダー平成vol.2掲載

俳優 山崎 潤 × 俳優 要 潤 × 女優 藤田瞳子

Jun Yamasaki

1973年5月8日生まれ。福岡県出身。音楽活動と並行して、1999年に劇場映画『英二』にて俳優デビュー。テレビドラマは『アギト』の北條 透役がデビュー作で、以降コンスタントに各局のテレビドラマや劇場映画で活躍中。

Jun Kaname

1981年2月21日生まれ。香川県出身。『仮面ライダーアギト』の氷川 誠役で、俳優デビュー。以降、NHKの連続テレビ小説や各局の連続テレビドラマ、スペシャルドラマ、劇場映画に数多く出演。ドラマ、映画、CMなど多方面で活躍中。

Touko Fujita

1978年6月13日生まれ。北海道出身。1995年にTBS『3年B組金八先生』の蓑田紀美役にて女優デビューし、『アギト』ではG3ユニットの責任者、小沢澄子管理官を演じている。近年は、CX『浅見光彦シリーズ』にて吉田須美子役でレギュラー出演している。

『アギト』に出演するまで

要　『アギト』に出演したきっかけは、3人ともオーディションですよね。
山崎　そうですね。
要　受けたときは、どの役になるかはわかりませんでした。3次審査まであったんです。
山崎　僕は、3次しか受けていません。
藤田　あれ？　エスカレーター式？
山崎　じつは『クウガ』のオーディションで白倉（伸一郎）さんにはお会いしていて、そのときに「来年の作品に出てもらうから」と言われていたんです。
要　受かったときは嬉しかったですね。この業界へ入ったばっかりで、受かるとは思っていなかったので。仮面ライダー役と聞いて、さらに嬉しかったんです。
山崎　撮影所でのリハーサルが、初顔合わせだよね。
要　そのときの山崎さんが怖くて……、圧をかけられるんです（笑）。
藤田　話しかけないでくれ、みたいなオーラが。

山崎　人見知りなんです。どう接していいのかわからないので、とりあえず台本を読む（笑）。

藤田　時間がかかったよね。

山崎　打ち解けるのに、10か月くらいかかった。終わっちゃうじゃないか（笑）。

要　クランクインしたときは、台本というもの自体に感動して。おふたりと違ってド素人で、撮影でもテイクを重ねて。ご迷惑をおかけしました。

山崎　そんなに多かったっけ？　柴田（明良）君が多かったのは、覚えている（笑）。

台詞が難しかった

山崎　劇中、警視庁の比重は高かったですね。僕は出番が多くはないんですが、出たらむちゃくちゃ台詞が多い。ふたりは聞いていて、僕がひたすら話す。

要　山崎さんは台詞を書いてからレコーダーに録音して、それを聞きながら覚えていましたよね。

山崎　聞いたこともない単語ばかりが出てくるし、捜査会議でも「間《ま》を空けるな」と言われて。「もっとすらすら言え」とか。頭の中で台詞を探すことができない役だったから、難しかった印象があります。

要　藤田さんが、一番すんなりやっていましたよね。

山崎　一番余裕だったよね。

要　トチることは、ほとんどなかった。

藤田　台詞が、言いやすかったの。難しい単語も、そんなになかったし。

要　いっぱいありましたよねえ。

藤田　山崎さんの台詞がすごく長くてたいへんそうなのに、その台詞を受けた私が、一言、二言の台詞でトチるわけにはいかないじゃない。そういった、緊張感はありましたね。

山崎　その緊張感がなかったのが、柴田君（笑）。

藤田　要君は、賀集（利樹）君とのシーンが多かったよね。

要　氷川は多かったです。賀集君は役そのままに人当たりもソフトで、年齢も近かったし、たまにですけど会って、学生ノリで遊んでいました。

お芝居と撮影現場

要　氷川はだんだんコメディも多くなるんですが、笑いのお芝居は一番たいへんですから、間合いなどを練習しました。井上（敏樹）さんの面白い脚本を、もっと面白くしなきゃと考えながらやっていました。

藤田　でも、コメディシーンでは楽しそうだったよ。

要　後半は、マスクが取れても戦うというシーンも増えるんです。

山崎　ふつう、なかなかないことだよね。

要　アクションシーンだけの撮影にも、呼ばれて。アクションの方の演技を見られたし、とても勉強になりました。スーツで演技をすることも、ほかではあまりできないことですから。

山崎　アクションの方は、みんなすごく真面目だね。アクションシーンでも、そのキャラクターの台詞を覚えてきてちゃんとお芝居もする。休み時間には、若い人に稽古をつけるし。すごいですよ。

要　現場ではアクションの方に勉強させていただきましたし、演技についてもざっくばらんにお話しさせていただきました。

山崎　撮影環境は、辛かったです（笑）。第1話で僕と河野刑事がジャガーロードに銃を撃つシーンがあるんですが、とてつもなく寒かったのを覚えています。

要　ナイトシーンで、僕が初めて戦った相手ですね。銃を撃つのも初めてで、扱い方を指導してもらいました。

藤田　小沢澄子のキャラは、柴田さんの尾室を含め、台本通りにやっていればちゃんとキャラクターができ上がっていく感じでした。だから、こちらから役作りをああしようとか考えたことはあまりなかったですね。

要　僕は役作り以前に（笑）、自分の演技だけでいっぱいいっぱいで。毎日、必死でみなさんについていくだけでした。それが、G3ユニット内のバランス感を生んだんじゃないですかね。

藤田　G3ユニットといえば焼き肉屋ですが、いろいろなところへ行きました。朝の8時くらいから、焼き肉を食べています（笑）。

要　あれは、僕らがプライベートで焼き肉をよく食べていたことから、脚本に取り入れられたみたいです。
藤田　それで番組が、食肉協会から表彰されたんだよ。
山崎　あの頃は牛肉の需要が落ち込んでいたからだよね。
藤田　要君と2人で、賞状をもらいに行ったんだよ（笑）。
要　番組に、影響力があったんですね。

スタッフやゲストの思い出

山崎　3か月の作品の場合は、突出して仲良くなるスタッフさんやキャストがいるものだけど、1年間一緒にいると、みんなと仲良くなっちゃいますね。
要　僕が印象的なのは、やはり石田（秀範）監督ですね。いい意味で厳しく、愛があったんです。
山崎　優しい人だったよね。
要　初期の頃ですけど僕の演技が拙くて、あるシーンがなしになったことがあったんです。それまでは、テイクを重ねてもなんとか監督のＯＫはもらえていたので、自分のなかで納得感があったんです。それが初めて消化不良のシーンができ、自分の芝居に対する姿勢や考え方を見つめ直すいい機会でした。その次のシーンは、それこそ必死でやったんです。すると、終わったときに石田監督が肩をポンと叩いてにっこりされて……。ＯＫということでした。北條に思い入れのあった方といえば、長石（多可男）監督でしたね。
山崎　長石監督は経験が凄い方なので、撮影に入るにあたり台本のカット割りから何からが、頭の中ですべて完成しているんです。それが完璧すぎて、全シーンを撮り終えてみたら、尺が足りないという事件があった（笑）。
藤田　（爆笑）
山崎　長石監督は、演技をさせてくれないんです。「もっとふつうにやって」って、何度も言われて（笑）。
要　キャラについてなんですが、最初に白倉さんに言われました。アギトは仮面ライダーになった男で、

ギルスはなってしまった男、それでG3はなろうとする男だと。葛藤するんだと。それで、氷川については、一生懸命に何かに向かう姿を隠さず、恥ずかしがらずに表現することを第一にしていました。

山崎　北條って脚本によって違うことをするし、彼のことを当時理解しきれていたのかは疑問です。いまになってあの台詞はこういうことだったのかなと、ふと考えたりします。ただ、悪そうに話すことはしませんでした。イヤミな台詞でも、ふつうに話すようにしました。井上さんって、1年の間に役と演技者をだんだん近づけていくような脚本作りをされるんですね。そのさじ加減を理解しきれないときは監督が補ってくれ、ときには白倉さんが豊かなボキャブラリーで説明してくださるんです。この経験は、長期の作品をやった利点ですね。

藤田　私は、ゲストの方と絡むことがあまりなくて。印象的なのは、やはり澄子の先生役の清水紘治さん。澄子は先生を憎からず思っていたのに、先生は頭の良すぎる澄子を内心疎んじていた。それがわかったとき、「私もいまから嫌いになります」って言うんですね。誰に対しても強い澄子が、初めて人間的な面を見せたんです。

要　僕は、劇場版の唐渡（亮）さんが印象深いです。役についてはもちろん、役者としての姿勢ですとか、いろいろなことを話してくださいました。敵対してぶつかる役でしたけど「アドリブとか、かまわないよ」とおっしゃってくれ、田﨑（竜太）監督を含めて話し合える、役を突き詰めることのできる環境を作ってくださいました。

山崎　あの時期、北條はあまり出番がなく、映画が終わった頃にしばらくぶりに要君と会うと、凄く男っぽくなっていた。日焼けしたのかなあ。

要　夏なんだから、そうでしょう（笑）。

山崎　いや、あの時期で、芝居が激変したよ。

藤田　映画の最後のほうの氷川の台詞、「もういいだろう」は、アドリブなんだよね。

要　最初は無言で（すでにこと切れているG4を）撃つということだったんですが、何か一言欲しいと思ったんです。悲しみなのか、むなしさなのか、氷川誠の心の叫びを。むろん、監督と相談させていただいたうえですが。
藤田　劇場版では小沢真珠さんが演じた深海理沙と激しく敵対するシーンがあって、そこが一番気になってしまったんです。早く終わらせたいのに、撮影が最後のほうになって（笑）。撮影の前に監督と小沢さんと私で話をして、「どちらが悪ということじゃないんだ」ということを伺い、どちらにもその立場での理があるという風にやって、意外とすんなり終わりました。

自分にとっての『アギト』

山崎　第19話かな、司刑事とのくだりで北條がほろりと泣くという卜書きがあって、泣く練習をして行ったんです。でも石田監督は「泣かなくていいから」ということで、そうかと思って本番に臨んだら、悲しくてつい泣いちゃったんです。そうしたら「オッッケー──ッ！」という石田監督のいいときのＯＫが出て、「キターッ」って思ったら、音声さんから「もう１回」となったんです（笑）。電車の音を拾っていたの。そうしたら、監督が、「電車のシーン、足しとけ」って。
要　へー。
山崎　監督は、あの頃の僕はメソメソする泣きしかできないと思っていたから、泣かなくていいと言ったんだって。我慢の感じが出ればいいと思ったと。すると、僕がこらえ泣きをしたから、ＯＫになったんだそうです。
藤田　シリーズのラストで私がロンドンで教授になっていて、そこに北條が来るんです。互いにイヤミの応酬をして、最後にすれ違って「にやり」みたいな。
山崎　そうそう。
藤田　あそこがクランクアップで、要君はもうクランクアップしていたんです。でも、そこにいるはずのない要君が現れて、花束を渡してくれたんです。
要　そうだったね。
山崎　北條は、かまって欲しかったんだよね。でも、そんな北條をやっていたときは、『アギト』が十何年もたってから語られる作品になるとは思いません

でした。新人に厳しい現場でしたから、『アギト』がなければ、いま頃甘えた役者になっていたかもしれません（笑）。

要　出発点が、『アギト』で良かったですね。これほど語られる作品って数えるほどしかありませんし、これからも誇りにしていけます。「デビューって何？」ってよく聞かれるんですが、「仮面ライダー」って言うとすぐわかってもらえるし、子供たちも過去の「仮面ライダー」を観ることがあるみたいで、子供から仮面ライダーの人だと言われることも幸せですね。

藤田　もう全部言われましたが（笑）、まさにその通りです。最初、澄子はきれいなお姉さんキャラだったんですが、私が選ばれたことで我の強いキャラになったようなんです。それまではキャラ設定がしっかり決まった役をやっていたのが、澄子は井上さんの脚本が澄子を私に近づけてくださるためか、やりやすく、1年間が楽しかったです。周りの役者さんにも恵まれ、いまでも笑って当時を語れることは幸せです。

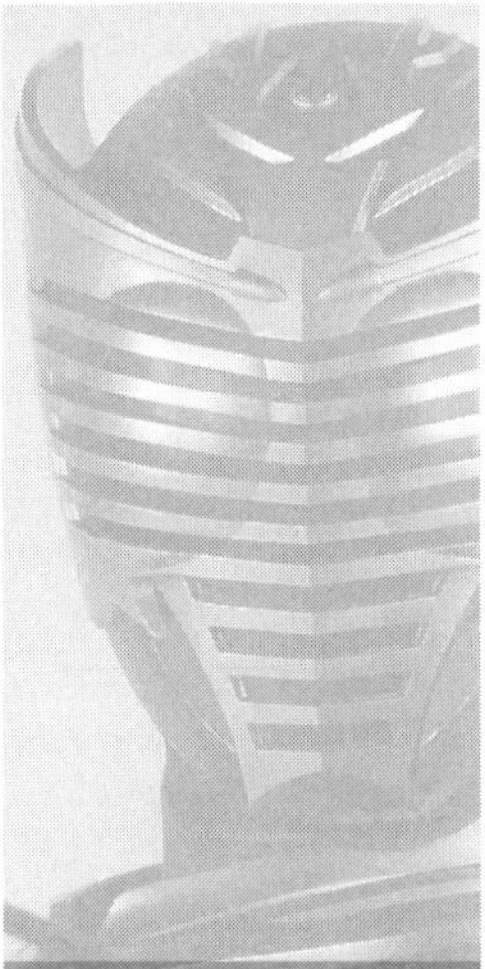
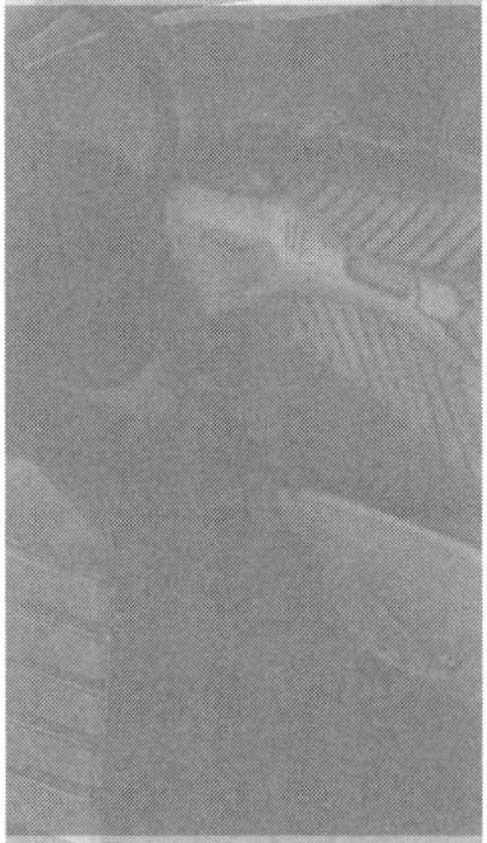

仮面ライダー龍騎

2002年2月3日〜2003年1月19日放送
全50話

『龍騎』その真実

東映株式会社
取締役
テレビ第二営業部長

白倉伸一郎

Shinichiro Shirakura

1990年東映入社、テレビ部に配属。1991年『鳥人戦隊ジェットマン』のプロデューサー補を務め、『恐竜戦隊ジュウレンジャー』よりプロデューサーになる。『仮面ライダー龍騎』でもプロデューサーを務めている。

放送枠が「メタルヒーロー」と呼ばれていた時代の3年周期説の影響か、『仮面ライダーアギト』の後番組は次のステップへといった思いから、初めは「仮面ライダー」じゃありませんでした。主人公のデザインも、後の龍騎とは違っていました。そのときの僕には『アギト』をやって築き上げられたことがあったという思いがあり、ヒーロー作品のひとつのフォーマットを完成させていた「スーパー戦隊」とは違う方向性で、ヒーロー作品のフォーマットを成立させることができるのではないかという可能性が見え始めていたんです。

そして『アギト』に続く作品では、「スーパー戦隊」とは違う3人のヒーローのあり方と異空間での戦いを2大テーマにしました。あるところまでは、ほぼ独立して行動していた3人のヒーローが並んで、敵の前で「いくぞ、変身だ！」という展開になれば、それが一番盛り上がるに決まっていますし、視聴者も望んでいます。でもそれは「スーパー戦隊」のフォーマットですから、その展開では「スーパー戦隊」と変わらないんです。そこで、新番組ではヒーロー

■2014年7月31日取材
■仮面ライダー平成vol.3掲載

たちが共闘をしても、その共闘、チームを組むことをゴールにはしないということが前提のヒーロー作品の組み立てが必要となりました。

『(世界忍者戦)ジライヤ』のような複数の同格に近くて独立したヒーローが並列に活動し、かたまりになって戦うわけじゃない。そのことを考えていたときに日曜の朝８時枠的に思いあたったことが、「宇宙刑事」や『(重甲)ビーファイター』『(ビーロボ)カブタック』のキャプテントンボーグなどに見られるバトルフィールドとしての異空間だったんです。その異空間を、別の形で『アギト』で試みた集団ヒーローに活かせないだろうかということになっていきました。

そんなある日、諸般の事情で新番組を「仮面ライダー」とすることになったんですが、さらにテレビ朝日さんから「正義とは何かを教える番組にしたい」というオーダーをいただいたんです。これは９・11への対応ですね。これらの要因により、３人ヒーローでいくつもりが、結果的には13人になってしまいました（笑）。石ノ森章太郎先生の漫画の「13人の仮面ライダー」の刷り込みも、そこにはあります。

そして、テレビ朝日さんのオーダーを始めとする諸事情をクリアしていったら、内容的には理にかなっているんですが、突拍子もない作品ができ上がりました。でも、それでも、「仮面ライダー」として成立させることができた。このことは重要です。「それまでの『仮面ライダー』では思いもしなかったことだけど、やってもいいんだ」という流れが生まれて、その後も「仮面ライダー」を連作する原動力になったように思います。それと同時に、ここまでやったら、これをなくしたら「仮面ライダー」にはならないんだというギリギリのラインも『龍騎』は示してくれています。「仮面ライダー」ではないところから出発した作品だからこそ、逆に「仮面ライダー」とは何かという部分をあぶり出してしまった。『仮面ライダー龍騎』とは、ほんとうに不思議な作品です。

何稿も書いています

脚本家

小林靖子

Yasuko Kobayashi

1965年４月７日生まれ。 東京都出身。1993年、『特捜ロボジャンパーソン』第40話でデビュー。以降『ブルースワット』『重甲ビーファイター』『電磁戦隊メガレンジャー』などを担当し、『星獣戦隊ギンガマン』にて初めてメインライターを務める。以降『仮面ライダー龍騎』『仮面ライダー電王』『仮面ライダーオーズ／OOO』、『侍戦隊シンケンジャー』などを担当。アニメ作品も多数。

私はOLだったんですが『(特捜)エクシードラフト』を偶然観て触発され、テレビ朝日に脚本を送った縁で東映の堀(長文)さんらにお世話になって、『(特捜ロボ)ジャンパーソン』の第40話でデビューさせていただいたのが、この仕事についたそもそもなんです。それから『ブルースワット』などで何作かをやらせていただいてから髙寺(成紀)さんに引っ張っていただいて「スーパー戦隊」のサブライターをやり、その後『(星獣戦隊)ギンガマン』で初めてメインライターをやらせていただきました。

「仮面ライダー」は『仮面ライダーアギト』で雑誌の全員サービスビデオをやらせていただいたのが最初で、その後にお試しみたいに1本だけ(第28話を)やらせてもらいました。そのときが白倉(伸一郎)さんとは初めてで、お付き合いどころか、それまでお会いしたこともありませんでした。それでいきなり翌年に『仮面ライダー龍騎』で企画時から参加するメインライターをやらせていただいたわけですから、白倉さんもずいぶん思い切ったことをされましたね(笑)。ある日突然、「やりませんか」って白倉

■2014年10月8日取材
■仮面ライダー平成vol.3、vol.12掲載

さんから電話があったんです。メインでというふうには、おっしゃっていませんでしたけど。いずれにせよ、『龍騎』のときは初めてのことも多く、わき目も振らずにひたすら作業をやっていた感じです。とはいえ、いまでも脚本の作業をしているときは苦しいことばかりで、夢中でやっているだけなんですけど。

『仮面ライダー龍騎』の企画に私が呼ばれたときには、もう田﨑（竜太）監督はいらっしゃいましたね。白倉さんによる企画書が、同時進行で作成されているような時期でした。テレビ朝日さんから『クウガ』『アギト』を踏まえたうえで今回は「正義とは何か？」というようなオーダーがあったんですが、それを白倉さんなりに咀嚼《そしゃく》したものが、ライダーが戦い合うという方向性だったんです。ミラーワールドも、「宇宙刑事」の魔空空間などからの発想だということでした。とはいえ、いつも黒バックで戦うわけにもいかないので、外でロケができるような設定にしたというようなことでしたね。

脚本の作業が始まりますと、もうたいへんです。

第1話〜2話を書くときはどのあたりあとまでを想定して作業をしているのかと言いますと、あとのことはまったく考えていません。そんな余裕は、全然ないんですね。目の前の1話、2話のことだけで手いっぱいなんです。もちろん何話でゾルダが出てくるとかいう、大きな流れだけはほぼ決まっていたんですが。あのときは「仮面ライダー」は初めてで、「スーパー戦隊」に代表される1話完結方式の脚本しか経験していなかったために、『クウガ』や『アギト』のような連続ドラマの書き方がまったくわからなかったんです。そのため余計にプロデューサーたちからオーケーをもらえる脚本を上げるということだけを必死にやっていて、どんな作品にしようかなんていうことを考えられる状況にはまったくなかったんです。白倉さんは脚本にはたいへん厳しい方で、1話、2話は案外すんなりといっちゃったんですが、3話、4話がキツかったですね。やり直しやり直しで、何稿も書いています。それで「こいつはもうダメだ」ということで井上（敏樹）さんが呼ばれて脚本家が2人の体制になって、7話〜10話を井上さんが書かれているんです。そのあとにまた私が11話以降を書かせていただいているんですが、井上さんが4話分進める時間で仕事をしっかりできたかというと、結局9話、10話の脚本が上がらないと続きが書けませんので、あまり仕込みとかはできなかったような気がします。でも井上さんのお仕事なども見て、浅倉（威）が登場するあたりでは連続ドラマの作り方がだいたいつかめていたのかなと思います。

『龍騎』はストーリーの連続性が強い独特なシリーズですから、各エピソードで怪人を倒すというノルマは達成しつつも、何人もの仮面ライダーのお話が常に点描のように続いていくんですね。「スーパー戦隊」方式の、こういう敵が出て、ゲストがこんなひどい目にあって、こうやって解決しました、といった図式では成立しないんです。ですので、「スーパー戦隊」方式の要素には頼らないお話作りが必要になり、そこがたいへんでした。劇中のキャラクターを創り込むうえでは全員に力を入れたつもりですが、あえて言うならば一番力を入れたのは、やはり（城戸）真司ですね。主役ですから。でも第1話で、

ちゃんと「こいつは単純です」ということは表現できていますね。『龍騎』における連続性はバトルのストーリーで、イベントつなぎなんです。真司という人物像を追っていく物語ではないので、そのへんはそんなにたいへんじゃなかったんです。1年間やってみて辛かったのは初期の手探りの時期とラストですね。先ほど話した苦しさと、最後に真司がどんな答えを出すのかというところです。

最終回直前に真司は死んで蓮が生き残り、物語は蓮が解決させた面もありますが、この流れが決まったのはだいぶ終盤だったように思います。一度、井上さんも同席された席でみんなで話し合いました。みなさんなんとなく、「やっぱり真司は死ぬよなぁ」というムードでしたね。井上さんが脚本を担当された『龍騎』の劇場版における、最終回を先にやるという触れ込みはインパクトを狙ったんじゃないですか。私がやっているテレビシリーズの最終回への映画からのフィードバックとか、そういうことは考えなくていいと最初から言われていたんです。「台本も、読まなくていいですよ」というくらいの勢いでしたね。その井上さんですが、『龍騎』以前にアニメ作品でお仕事をご一緒していましたので気心も知れていて、『龍騎』ではリレー小説を書くかのような作業になって、井上さんの脚本を読まなければならないので「めんどうくさいなあ」なんて言っちゃったり、あちらも「お前の書くもの、わかんねぇんだよ」なんて言われたり（笑）。いま思えば面白かったですね。当時は、必死なだけなんですけど。

悪役にあこがれて

俳優

萩野 崇

Takashi Hagino

1973年5月27日生まれ。東京都出身。1991年にＴＢＳ系ドラマ『ルージュの伝言』で俳優デビューし、『超光戦士シャンゼリオン』にて主人公の涼村 暁役を演じる。『仮面ライダー龍騎』では、最凶の仮面ライダー王蛇に変身する浅倉威を担当し、新たな表情を見せている。映画、舞台の出演も多数。

■2014年11月18日取材
■仮面ライダー平成vol.3掲載

『シャンゼリオン』に出会い涼村 暁になる

深夜の30分ドラマでデビューしたんですが、そのころはまったくの素人で、全然芝居ができなかったんです。悔しいし、申し訳ない思いでした。もっとちゃんと取り組みたいと思いまして、ＴＢＳの連続ドラマ『キライじゃないぜ』では不良学園ものの生徒役をやったんです。でも、そのころの僕には、ほんとうにやりたいこととは何かが違うという思いもありました。その後の僕は、松田優作さんの『探偵物語』や萩原健一さんの『傷だらけの天使』に代表される、１９７０年代後半のドラマや映画にどっぷり浸かっていました。こんなのをやりたいなぁって。いま思えば、自分のできることや、やりたいことを模索していたのかもしれません。そんなときですね、『シャンゼリオン』のお話をいただいたのは。

いまでは考えられないことなんですが、まだあのころのヒーローものでは主人公はロン毛ではいけないし、デニムをはいちゃいけない。伝統的なヒーロー然とした世界観が、主流だったんですね。そんな時代に、『シャンゼリオン』の涼村 暁はいいかげんで能天気な探偵じゃないですか。当時の常識ではあり得ない主人公で、非常に冒険をした作品だと思います。『探偵物語』的な、笑いを交えながら当たり前と思われていることに、「ちょっと違うんじゃない」というアンチテーゼを投げかける。そんな作品だと受け取り、「ぜひやってみたい」とオーディションを受けました。『シャンゼリオン』のオーディションの前にプロデューサーの白倉（伸一郎）さんにお会いしてご挨拶したんですが、目が合った瞬間に、勝手に凄く好感をもたれたように感じまして、「大丈夫じゃないか」って一方的に安心していました（笑）。オーディションでは白倉さんと吉川（進）さん、監督の長石（多可男）さんがいらして。あとで知ったんですが、オーディションは1人20分〜30分のところ、僕だけ1時間くらいお話をしていたんです。長石監督からも、好感をもたれた感がありました（笑）。後日もう一度オーディションがありまして、そのときは候補が4人いて台本を読むんですが、僕が一番下手くそでしたね（爆笑）。

『シャンゼリオン』での思い出

井上敏樹先生の脚本が、抜群に面白かったですよね。涼村 暁って、悪気なく借金まみれで女の子を見るたびにナンパする能天気。準備稿では助手の女の子にもけっこうひどいことを言っていて、子供番組じゃないみたいでした。当時としては圧倒的に変身前のドラマ部分の尺が長いですし、ストーリーの展開にもお決まり感がなくて新しさを感じられて、素直に役に入り込めました。

相棒の速水（克彦）役の相澤（一成）君とは、その後もずっと仲良くさせていただいていますし、宗方（猛）チーフ役だった市山 登（現・市山貴章）さんには現場でよくフォローしていただきました。

シャンゼリオンが怪人に「ヒーローはこうあるべきだ」って説教されるというお話もありましたし、印象的なエピソードが多いんですが、ファンの方はよく「サバじゃねぇ！」を挙げられますね。バッカサ王国とかいう国から王女が来て、常に数か国語を介して日本語がバッカサ語に翻訳されるので、僕が変身アイテムの「シャンバイザーをとってくれ」と言うとサバを渡されて、「サバじゃねぇ！」って叫ぶ（笑）。あとは最初のころの「ごめんね、ジロウ」ですか。あれは怪人と恋に落ちる話なんですけど、僕個人はあのエピソードが好きですね。

あの頃の東映の撮影現場は、とても怖かったんです。昔からいらっしゃる職人気質のスタッフさんが多く、「お前、なんでこんなことができないんだ」って怒られてばかりでした。そんなときです。「ごめんね、ジロウ」のときの相手役の方（太田有美）が、「私がもっと上手だったら、萩野さんも自然に演技ができるのに」とおっしゃって。追いつめられている身としては、「いいなぁ」って、舞い上がりました（笑）。でも、あのとき現場で怒鳴られたことで、いろいろなことが学べたんだと思います。スタッフの方との生身の付き合いだったんですよ。キツイ言葉にも、ちゃんと愛がありました。いま当時のスタッフの方とお会いすると、みなさん、懐かしいとおっしゃってくださいます。

浅倉 威のオファーがきて

『シャンゼリオン』のプロデューサー補で武部（直美）さんがいらしたんですが、その武部さんが『龍騎』の浅倉には僕がいいんじゃないかと推してくださったらしいです。それで、オファーがきたんです。そのときマネージャーから聞いたことは、仮面ライダーに変身する役で、ほかにも仮面ライダーがたくさん出るということでした。で、「紫の仮面ライダーで悪い役みたいだよ」と。悪役は『シャンゼリオン』のときの軽い暁とは真逆の役どころですから、どんな役でもきちんと演じることが使命である俳優としてはたいへんありがたいお話でした。軽い性格の役でもそれなりに楽しんでやったとは思いますが、まさか朝の8時の番組で殺人犯役ができるとは思ってもいませんでしたし、僕の好きなように思いっきりやらせていただいたので、とても感謝しています。

　思春期のころから、悪役にあこがれていました。映画を観ても、悪い人に惹かれるんですよね。主人

公よりも、主人公のカウンター的な人物に興味が湧くんです。浅倉の役作りについては、監督からの注文はほとんどありませんでした。小林靖子さんの脚本が、とても浅倉をイメージしやすかったんです。女性である小林さんが書かれたヒーローものの世界観というものがまた独特なんですが、構造がしっかりしていて、その場所に浅倉がどういるべきかが自然と理解できたんです。それもあって、撮影に臨む際には、浅倉をどう表現するかは決めていました。あのときの僕には、あの浅倉が演じやすかったんでしょうね。まだ29歳でしたから。いま現在ならもっと役柄を細かく調整することもできるんでしょうけど、浅倉はあの時期の僕の心情でもあったんだと思います。自分の強い思いが出ちゃっていますよね。とはいえ、シリーズを通して浅倉の演技がブレることはありませんでした。

悪役の演技について

『龍騎』で仮面ライダーになる人物って、みんなそれなりにバックグラウンドがあるんです。でも浅倉って過去に自分の両親の命を奪い、実の弟が生きていたら呼びつけて微笑みながら怪物の餌食にしたりするような奴なんですけど、なんでそんなにひどい奴なのかはきちんと語られていません。でもなぜか、当時の僕は浅倉の幼少時代とかについて、それほど気にならなかったんですよ。物語に必要な悪だと理解していたんでしょう。実際の世の中に悪が必要な部分があるように、悪がきっかけとなって時代の変革がなされるように、『龍騎』の世界に浅倉のような悪が求められていたんだと思います。

浅倉が登場して間もなくのころは、あまりにも凶悪な人物なので東映やテレビ局に苦情が殺到していたらしいんです（笑）。撮影現場でも演技を「もうちょっと抑えようか」などと言われたりもしたんですが、白倉さんが「好きなようにやっていいですから」とおっしゃってくださいました。長石監督も、「いいねぇ」と褒めてくださるんです。それで、自分が考えている演技の方向性は間違っていないんだと自信がもてました。（視聴者に）嫌われても、この浅

倉でいこうって。もっとも、衣裳合わせの段階から好かれるとは思っていませんでしたけど（笑）。素肌にヘビ革のジャケットで鎖をいっぱいつけて、ズボンもヘビ革じゃないですか。これが、人様に好かれるはずがない。衣裳合わせの時点で、人気とかはあきらめていました（笑）。

浅倉の反響は、肌で感じましたよ。現場の体制も『シャンゼリオン』のときとは違って撮影のときに取材があったり、撮影の合間に雑誌の撮影をしたり、劇場版もテレビシリーズと並行して撮影したり。劇場版が終わるとイベントがあって、写真集が発売され、時代が変わってきたんだなぁと思いました。浅倉は髪の毛も金髪に近くて目立つので、電車なんかに乗るとたいへんでした。ファンレターも、たくさんいただきました。まだ、レターの時代だったんですね。街などでは、たいていお子さんは僕を見て泣き叫び、若いお母さんが「一緒に写真を撮ってください」という感じでしたね（笑）。

撮影の苦労と共演者たち

浅倉がトカゲを食べるというシーンがあるんですが、あのトカゲはゴムで作ってあったんです。そのなかに小道具さんが肉をつめてくださってそれを食

べるんですが、焚き火にあぶって食べるという体《てい》ですので、そうするとゴムが溶けてくるんです。だから、食べてもまずいしゴム臭かったです（笑）。北岡（秀二）弁護士と会っているときに北岡のパスタを勝手に盗って食べるという場面では、田﨑（竜太）監督が「浅倉なら、ムール貝を殻ごと噛み砕くんじゃないですかねえ」っておっしゃるんでやってみるんですけど、噛んで割れるわけがないんですね。浅倉のキャラクターのおかげで、軽いいじめが多かったです（笑）。生卵を呑むというのは、自分で言っちゃったんですけどね（笑）。ヘビっぽくていいんじゃないかって。すると、「じゃあ、3つくらい呑んでみて」となったんです。面白かったですけどね。小林さんにお聞きしたんですが、浅倉がものを食べるシーンが多かったのは、実在感が薄くなりがちな突飛なキャラクターに現実味や親近感をもたせるための手段だったようです。どこかで、人間臭さを出そうということだったのかもしれませんね。

　共演したなかでも須賀（貴匡）君、松田（悟志）君、涼平君、弓削（智久）君は印象が深く、みんな精一杯頑張っていることがよく伝わってきました。とくに弓削っちとは空気感が似ていて、いまでもときどき連絡を取り合っています。「龍騎会」というのがありまして、弓削っち、須賀っちや涼平君、女性キャストに鈴村（展弘）監督、スタッフの方々と年に2回くらいは会っているんです。浅倉はひとりでいることが多いので、劇中でからんでいることは意外と少ないんですけどね。『シャンゼリオン』も『龍騎』も、出させていただいて、ほんとうに良かったです。マイナスになる点は、ひとつもありません。僕が俳優としていまでもやっていられるベースには、この2作品が間違いなくあると思っています。

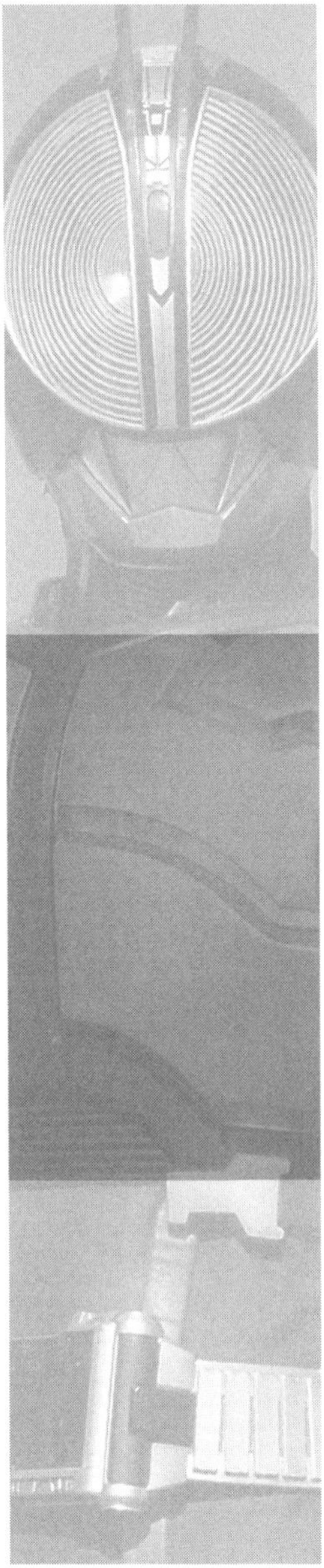

仮面ライダー555《ファイズ》

2003年1月26日〜2004年1月18日放送
全50話

『555《ファイズ》』の制作に関わって

東映株式会社
映像本部
テレビ企画制作部プロデューサー

宇都宮 孝明

Takaaki Utsunomiya

1970年10月７日生まれ。愛知県出身。1993年に東映に入社してテレビ商品化権営業部に配属、2001年にテレビ企画制作部に異動して『忍風戦隊ハリケンジャー』のプロデューサー補となる。以降『仮面ライダー555』にてプロデューサーとなり、『侍戦隊シンケンジャー』ではチーフプロデューサーを務めている。

「スーパー戦隊」の企画から「仮面ライダー」に移って、ニュアンスの問題なんですけど、いろいろと違うんだなあということは感じていました。まだアシスタントプロデューサーでしたから企画の中心にガシッと噛んでいたわけではなく、お手伝いをした感じです。『555』をやって残った印象は、やはり井上（敏樹）さんと田﨑（竜太）監督の作品だということですね。僕が打ち合わせに出始めた時期には、白倉（伸一郎）と井上さん、田﨑監督の入念なやりとりなどが終わった後で、もうプロットはできていたと思います。脚本を読みまして、ベタではないなということは思いました。

　当時、白倉は『（美少女戦士）セーラームーン』を仕込んでいましたし、武部（直美）も『仮面ライダー龍騎』の終盤の進行があったものですから、スケジュール管理については僕がやっていました。主役級のオーディションには、もちろん白倉と武部が加わっていましたよ。そこで半田（健人）さんを決めたのは、白倉なんです。当時の半田さんはまだ地方の高校生で、撮影のスケジュールが極めて取りづ

■2014年12月2日取材
■仮面ライダー平成vol.4掲載

らい状況だったんです。でも白倉は、「それでもいい」って言って決めたんですね。

『555』は「スーパー戦隊」とはカラーも違うので新鮮で、スケジュール管理をやっていても楽しかったですね。まだ経験が浅かったので、ほかのスタッフのみなさんに迷惑をかけていたのではないかと心配になりますが（笑）。スタッフのみなさんも『アギト』で固まったチームが3年目に突入して脂が乗ってきたという感じで、そこも活気の一因ではなかったかと思います。朝早くから、深夜まで、スタッフの働きぶりを間近で感じていました。いま思うと、僕も体力があったんですね（笑）。出演者が比較的若いのも『555』の特徴で、そこも楽しかった部分でしょうね。監督は田﨑さんに長石（多可男）さん、石田（秀範）さん、田村（直己）さん、鈴村（展弘）さんで、みなさん個性があって、監督ごとに全然違う画《え》が撮れてきて凄かったですね。テレビ朝日の田村さんとは年齢が一番近いこともあって、仲良くしていただきました。田村さんは局制作のドラマではやらない爆発などができるので、楽しんで丁寧な仕事をされていましたよ。以前から、「仮面ライダー」をやりたかったんだとおっしゃっていました。キャスティングは、『龍騎』の制作が終わってから武部と一緒にやっています。武部は常日頃からちゃんと劇場などに足を運んで、舞台などをよく観ているんです。それで、若い俳優さんのことなんかもよく調べていて、さすがだなあと思いますよ。

当時「仮面ライダー」は、毎回「このシリーズで最後だ」と言われてやっていて、『555』もそうでしたし、『龍騎』もそうだったはずです。そんな『555』のドラマの特徴のひとつは、さまざまな人間が次から次へと登場しては退場していくという点にありますが、あれは井上さんがやってみたかったことだと思います。主役はベルトだとおっしゃっていましたから。あと、思い出深いのは劇場版ですね。競技場ロケの視聴者参加は白倉の、エンディングにその方々の名前が出てくるのはテレビ朝日の濱田（千佳）さんのアイディアで、白倉がテロップを作っていました。あんなにたくさんの方がロケに参加されるとは思っていなかったので、驚きました。

「仮面ライダー」をやってみたかったんです

監督

田村直己

Naoki Tamura

1995年にテレビ朝日に入社。制作２部ディレクター、アシスタントディレクターを経て2000年に『ＯＬヴィジュアル系』で監督デビュー。『サトラレ』『恋は戦い! LOVE&FIGHT』などを監督後、東映にて『仮面ライダー555』『響鬼』『カブト』『電王』『ディケイド』を監督する。テレビ朝日での近作は、『信長のシェフ』『ドクターＸ～外科医・大門未知子～』など。

『５５５《ファイズ》』は、僕にとってとても思い入れの深い作品です。なぜ『５５５』を監督するようになったかと言いますと、白倉（伸一郎）さんに呼ばれたからなんです。白倉さんはテレビ朝日にアシスタントプロデューサーとして出向されていた時期があって、そのときに知り合っていたんですね。当時のテレビ朝日はちょうど局制作のドラマが少ない時期で、僕も『５５５』以前にもいくつかの制作会社でドラマの助監督などをやっていたんです。僕には、小学生のときに『スター・ウォーズ』や『インディ・ジョーンズ』にはまってSF好きになり、漠然とですが監督業への志向に目覚め、後にテレビ朝日に入ることになったという流れがあるんです。映画のほうが好きなもので「映画をやりたいなあ」と思いながらドラマの仕事をやっていたら、東映さんからチャンスが舞い込んできたという感じですね。

「仮面ライダー」は僕の志向にマッチしていたんですかね、とても楽しかったです。東映さんで仕事をしてみて驚いたことは、自分が担当する2話分を落ち着いて撮影し、その後にしっかりと仕上げができ

■2014年12月1日取材
■仮面ライダー平成vol.4掲載

るということでした。局制作のテレビドラマは話数に関係なく、担当の監督複数が入り乱れて、できるところから撮影していくんですが、東映ではその２話だけに傾注できるんですね。スタッフも、場面場面で監督が替わるわけじゃないので、やりやすいと思います。東映という会社の映画制作のノウハウもしっかりしていましたので、そのシステムにはまることは簡単でしたし、プロデューサーの白倉さんも腹のある人で、ドラマのつながりが破綻しなければ好きにやってくれということだったんです。むしろ、各監督のカラーを思いっきり出してくれという要望でした。

僕が、テレビドラマのノウハウを活かした部分もありました。細かい芝居が弱いと思ったんです。そこで芝居やキャラクター作りについていろいろ指示させてもらいましたが、白倉さんにも気に入っていただけたようです。逆にＣＧの感覚や人の（効率よい手間の）かけかた、アクションの段取りの良さなどについては、助監督やキャメラマンにいろいろ教えていただいて、僕にとっての財産を築くことができました。

『５５５』においては、井上敏樹さんという脚本家と出会えたことが大きかったです。井上さんとはいまでも仲がいいんですが、彼の紡ぎ出すストーリーは大人っぽいですし、台本としても秀逸です。ストーリーも２話完結のようでいて、そうではない。井上さんと感性が合ったというのはおこがましいんですが、合いました。僕の作る世界観を、井上さんも喜んでくださいました。カイザは井上さんが推していたキャラですけど、僕も意図してカイザのキャラクターを面白く膨らませることができたんじゃないかと自負しています。ふつうのドラマでは、あんなに面白いキャラクターにはそうそう出会えませんからね。悪役だけどそうとも言い切れず、心中複雑な人物なんです。演じた村上（幸平）君は当時は芝居がまだまだで、そのへんの機微の表現が難しかったですね。彼も最初は不安がっていて、作品の上がりを観て井上さんともディスカッションして、カイザは膨らんでいったんです。

『５５５』は人の最期もきちんと描いていますし、

人間の影の部分も見せ、なかなか踏み込めない領域を描いたシリーズだと思います。ただ怪人が出てきて、それを倒すだけじゃない。そこには常に怪人を含め、登場人物の葛藤がある。だから、僕もやりがいがあったんですね。綾野剛君も、いまだに演じた澤田についての印象が深いようです。当時はまだ、爆発などもぎりぎりＣＧに頼らずに実際にやっていた時代ですので、自動車を本当に爆発させるなどの骨太な映像を作ることができた点も良かったですね。キャメラのいのくま（まさお）さんには、ずいぶん助けられました。僕の方向性に理解を示してくれたうえで、僕が想像する画《え》とは違う画を撮ってくださるんです。

東映には、魅力的な監督が多いですね。京都で『信長のシェフ』を撮影しているときに『科捜研の女』の撮影をされていた田﨑（竜太）さんに会ったんですが、彼は本当に器用な監督だと思います。それで本音を言うと、個人的には石田（秀範）さんの演出が好きなんです。台詞を言っているときに役者をずっと背中からキャメラに収めるとか、テレビドラマではやらないようなことばかりをおやりになる。いい演出だなあと、ほんとうに感心するんです（笑）。テレビ局の監督とは、みなさんカラーが違いますね。マニア的であり、映画オタクの匂いがするんです。僕もそっち寄りの人間ですから、居ても心地が良かったです。演技陣も若い俳優ばかりなので、気を遣いつつなんですが、芝居などについて打てば響いてくる。僕は男、それも変わったやつが好きなんで、綾野君とか唐橋（充）君、村上君にはいろいろとやらせました。村上君と芳賀優里亜ちゃんとのラブシーンのときは、村上君には「もっと寄って、もっと」なんて指示しましたし（笑）。唐橋君には、地のままでやってもらっていました。彼には芸術的な才能もありますから、あまり考えすぎないで演じたほうがいいタイプなんです。

『響鬼』では、米村（正二）さんが初めて脚本を担当された回の監督をしました。白倉さんも、初めての脚本家なので、あまり色の付いていない監督がいいと考えたんじゃないですか。『カブト』は、『響鬼』と比べると正統派路線で真面目で荘厳、『５５５』

に近いのでやりやすかったです。僕は、佐藤（祐基）君のエピソードの回が多かったですね。最初に苦労したのはクロックアップの表現で、そのイメージが固まるまでは手探りでした。雨を止めるときに、CGでどこまで処理できるかとか。苦労もありましたけど、楽しかったです。このときですね、米村さんには感動的な話にしてくれと注文を出していました。その後に2組分担して、ほかの仕事で抜けることになったんですが、『カブト』はもっとやりたかったんで残念です。『電王』の監督をしたのは4話分だけでしたけど、また毛色が違うシリーズですので面白かったです。最初にやったのが肝試しの話で、コメディは経験していましたので楽しくできました。（佐藤）健君も芝居がうまかったですし。前後編じゃなかったので、1話にすべてを凝縮するのはたいへんでしたけど。次の花火の話はちょっと感動的で、そちらも良かったです。『キバ』は武部（直美）さんから誘われたんですが、井上さんの脚本なのでやらせていただきました。そして、以前から知り合いの神保（悟志）さんに怪人役をお願いしたんです。神保さん、「ライダーはやったことあるけど、怪人は初めてだ」とおっしゃっていました（笑）。

真理と深央と

女優

芳賀優里亜

Yuria Haga

1987年11月27日生まれ。東京都出身。劇場映画『どこまでもいこう』で女優デビュー。テレビドラマに出演後、『仮面ライダー555』の園田真理役に。その後も『仮面ライダーキバ』の鈴木深央役や『新・いのちの現場から』『美しい罠』などのテレビドラマ、劇場映画、舞台、テレビCMなどに多く出演して活躍中。

■2014年12月17日取材
■仮面ライダー平成vol.4掲載

オーディションで緊張はありませんでした

いまの仕事についたのは事務所の方に上野動物園でスカウトされたのがきっかけで、デビューは、小学5年生のときの劇場映画になります。それから子役を何年かやって、『仮面ライダー555《ファイズ》』に至ります。あのときは、東映さんでオーディションを受けました。オーディションのときはまだ14歳で、クランクイン前に15歳になったんです。史上最年少ヒロインだったんですよね。秋山莉奈ちゃんが『アギト』の（風谷）真魚をやったときと、同じ年齢ですね。オーディションのときは白倉（伸一郎）さんと武部（直美）さん、田﨑（竜太）さんがいらして、好きな食べ物、ラーメンの話なんかをしただけだったんです（笑）。

　子供だったんですね。「仮面ライダー」を観たことがなくてどういうものかがピンとこず、オーディション会場には大人の方ばかりで自分だけが中学生。場違いな感じがして、とくに緊張もなく、自然にオーディションに臨んだという感じでした。それでオーディションに合格したんですが、そのときはあまり実感がなかったんです。ただ1年間も続く番組ですので、長丁場への覚悟はありました。『ドレミソラ』というお昼の連続ドラマを経験していましたので、ドラマ撮影の段取りなんかはわかっていたつもりです。

　クランクイン直前に、メインキャストの顔合わせがあったと思います。九州にロケに行く前に撮影所で、私たちのチームとオルフェノクチームで大事なシーンのリハーサルをやったんです。オルフェノクチームと一緒になるシーンはないのですが、同じ日に集まってやっています。その第1話、2話の脚本を読んだとき、素直に物語に入り込めました。ほかのドラマではあり得ないような内容なのに、なんの疑問もためらいもなく入り込んだんです。若かったことが、一番大きかったですね。最初に脚本を読んで、直球で感じたことだけを胸に撮影現場にいた、という感じでした。

　クランクインは九州のシーンからで、スタッフ、キャスト一同が船で移動したんです。とくに紹介と

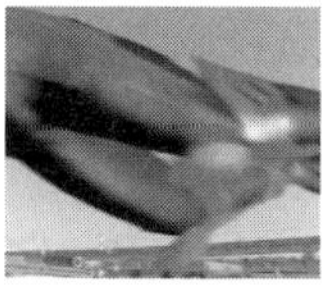

かもなかったので、誰がスタッフさんで誰が乗客の方なのかわからないままに何日かすごし、九州に着いて「クランクインです」となって、ようやく誰がどういった方なのかがわかっていった感じでした。

私はしゃべりも得意なほうではなく、人見知り全開になっていたので、田﨑さんがたいへん気遣ってくださいました。とても寒かった撮影初日には暖かいところに椅子を置いてくださったり、呼んでモニターを見せてくださったりしましたね。半田（健人）さんは、普段から巧のまんまの人でした（笑）。彼も18歳くらいだったんですけど、クール、スマートな感じで。撮影が進んでいくにつれて、いろいろな面が見えてきたんですけど。啓太郎が加わり、東京に戻って洗濯屋さんを開くあたりになりますと、私もみんなと馴染んできました。

溝呂木（賢）さんは啓太郎に通じる部分も多いんですが、啓太郎よりも男らしい方でしたね。もしかすると、３人のなかで一番しっかりしていたかもしれません。後に登場する草加君、村上幸平さんは草加君とはまったく逆で、すごく楽しくていい人でした。温厚ですし。草加君、カイザってドラマではすごく嫌な人じゃないですか。洗濯屋の食卓のシーンも、最初は楽しい雰囲気の場面だったんですが、草加君が加わることで重苦しい展開ばかりになってしまって。精神的に重圧になってきたんです。だから私、最初は村上さんのことを本気で嫌っていたんです（笑）。子供ですよね（笑）。もちろん、途中で「いい人なんだ」って気づきまして（笑）。一番年上で面倒見もいい方でしたので、劇場版に入るころにはすっかり仲良しになっていました。

オルフェノクチームの３人とはちょこちょこと共演していますが、しっかりと一緒にやったのは劇場版からなんですね。洗濯屋のセットと木場さんのマンションは同じスタジオに作られているんですが、撮影の日や時間帯が別なので、すれ違いになるんです。それでもロケがあるとバスは同じですから、後半はイベントなどが増えたこともあり話数が進むにつれて打ちとけていきました。『５５５』の出演者はみな自由人で、ロケバスの中では寝ていたりしゃべったり、みなさん好きにしている感じでしたが、仲はすごく良かったです。

スタッフさんとはいまでも付き合っています

スタッフの方には、いまでもお付き合いいただいている方が多いです。監督の鈴村（展弘）さんや、当時は助監督で現在は監督の柴崎（貴行）さんとは、いまでもよくお会いします。助監督さんって、役柄キャストに寄り添うので、とくに仲良くなるんです。まだ若かったこともあって、とくに私はいろいろとフォローしていただきましたし。田崎さんとも、定期的にお仕事をご一緒しています。『555』のあとも『Sh15uya』ですとか、田崎さんが演出された舞台も2回ほどやらせていただいています。武部さんともですね。『KAMEN RIDER DRAGON KNIGHT』の吹き替えがそうです。キャメラマンのいのくま（まさお）さんは現場でもいつもにこにこされていて、優しい方で印象に残っています。どんな現場でもスチールカメラマンはひとりなのに、『555』は各社のカメラマンさんが常に何人もいらっしゃるのも珍しいことでした。撮影の合間にも、いろいろ撮影していらっしゃって。知らないうちに、「あ、あの写真がカードになっている」なんていうことも何度かありました（笑）。

「仮面ライダー」は社会に影響力があるんだということも、強く感じました。街を歩いていても、お母さんから声をかけられたりするんです。いまでも、『555』のことを一番聞かれますね。今日も、ここへ来る途中で女性に声をかけられたんです。『555』が大好きで、ブルーレイも持っていらっしゃるということでした。ムック本が出ることも知っていらっしゃって。『555』ってすごいなあと、改めて認識しました。『555』は、ストーリーが好きだとおっしゃる方が多いですね。

真理はストレートに

劇場版は、スケジュールがたいへんでした。テレビシリーズも巧と真理だけは全話出ているんですが、そのなかにあって映画でも真理の出番がすごく

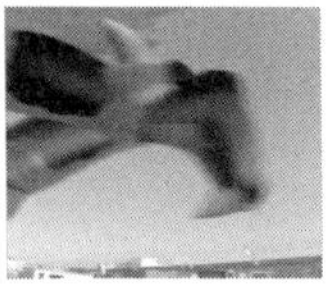

多いんです。ちょうどテレビでも真理の出番が多いあたりで、すべてが被っていたんです。一日のうちに、テレビと映画の現場を行ったり来たりしたこともありました（笑）。そんな真理のキャラクター作りなんですが、『555』のドラマってすごく複雑でしたので、真理を演じるにあたっては、そのときのストレートな感情を拾い集めて組み立てていたような印象があります。監督の指示などを含め、そのとき大事にしなくてはならないものだけを守って、あとは現場での直感に従う。みんな葛藤を抱えている役ですので、雰囲気は重くなっていきましたね。後半になって最初の頃の言葉がつながってきたり、劇場版とのつながりがあったり。あとの展開がまったく読めないままやっていくのはたいへんでしたが、次々と発見があるので楽しくもありました。

5年たって鈴木深央になる

　何年かして『キバ』で武部さんからオファーをいただきましたが、そのときは「また出ていいんだ」って思いました（笑）。真理の印象が、まだ残っているんじゃないかということです。ドジでふつうの女の子が主人公と恋仲になるということは、最初から聞いていました。それが（ファンガイアの）次期クイーンとして選ばれてしまい、自分の思いとは裏腹に使命を遂行しなくてはならないという状況になっていくんですね。『555』と同じく『キバ』も重さに寄ったドラマ作りで、私としてもそういう傾向の作品のほうが、演じていてやりがいがありました。難しい役どころをご指名いただいたのも嬉しいですし、成長したところをお見せしたいなという思いがありました。以前のままの懐かしい現場も初心に戻るというか、いい意味でドキドキしましたね。

　チェックメイトフォーのみなさんは役とは違ってとても明るい方ばかりで、楽しかったです。深央は真理とは正反対なキャラクターでしたが、渡を思うあまり最後には女の怖い部分が見えてくるんです。『555』から5年たったからできた役かもしれませんね。

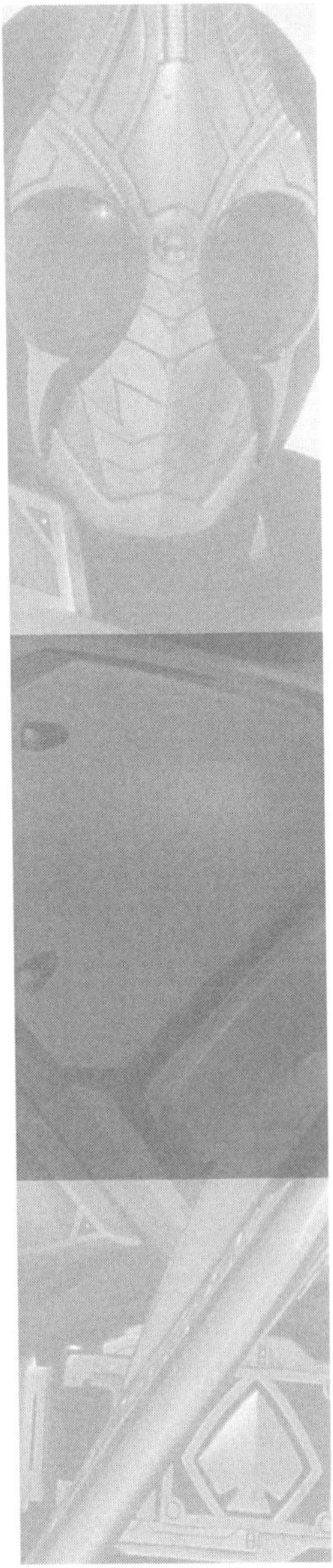

仮面ライダー剣《ブレイド》

2004年1月25日〜2005年1月23日放送
全49話

『剣《ブレイド》』の成立とその展開

株式会社 東映テレビ・プロダクション
代表取締役社長

日笠 淳

Jun Hikasa

1958年８月８日生まれ。岡山県出身。1982年に東映に入社。テレビ事業部にて一般ドラマのアシスタントプロデューサーを経て『星雲仮面マシンマン』よりヒーロードラマを担当。『超人機メタルダー』よりプロデューサーとなり、『魔法少女ちゅうかなぱいぱい！』よりチーフプロデューサーに。「スーパー戦隊シリーズ」でのプロデュース作品も多い。『仮面ライダー剣』でもプロデューサーを務める。

当時はどのあたりで「仮面ライダー」に区切りをつけようかというムードで、「仮面ライダー」じゃない企画を考えろということで俺が呼ばれたんです。でも決め手がなかなか見つからないうちに諸事情から、やっぱり「仮面ライダー」でいこうということになりました。そうなると次の企画にあたり、『555《ファイズ》』までの4作を踏まえることが必要になります。こちらは「仮面ライダー」を研究していたわけではなかったので、それまでの「仮面ライダー」をわかっている武部（直美）に「手伝ってくれ」ということになり（笑）、彼女と相談しながら内容を決めていきました。

カードというアイディアは早くに出ていて、マジック：ザ・ギャザリングなどをかじりかけたこともあったので自分的にもカードには惹かれるものがあり、それでいこうということは即決しました。仮面ライダーの戦いのシステムは、カードを中心にして組めるだろうと見込んだということでもあります。そうなると次は、お話をどういう方向にもっていくのがいいのかを探り始めました。そんなとき、脚本

■2015年4月取材
■仮面ライダー平成vol.5掲載

家の今井（詔二）さんの名が、武部から出てきたんです。俺としても、キャラクター番組に入れ込んでいない人が提示してくれるドラマに期待感があったので、今井さんに脚本をお願いすることにしたんです。

「職業、仮面ライダー」というキャラクター像は、こちらと今井さんが一番早くに見つけた落としどころで、カードという仕掛けから組織が存在するだろうということになって、導き出されたことだったと思います。職業というキーがストーリー的にも、よりどころになるんじゃないかという目論見もありました。アンデッド属性のライダーを出すことも、職業ライダーと並行して決まっていったような気がします。『剣』は仮面ライダー同士の価値観のぶつかり合い的な部分に重きは置かず、なるべくアンデッドを倒す話にしたいと思っていました。その結果、各話のバトルは多めになっています。アクションや絵柄は、石田（秀範）監督と宮崎（剛）アクション監督が作ってくれました。石田さんはときどきこちらが考えもしなかった画《え》作り、シーン作りをされる監督で、そこを期待してお願いした面もあります。第1話や劇場版では、バランスよりも一部の突き抜け感を重視する演出手法を見せる石田さんの力が、存分に発揮されていると思います。パイロット（第1、2話）のキャメラマンを倉田（幸治）さんでいってみたいとおっしゃったのも石田さんで、『剣』は、時に不安定に揺らぐ画面や意図されたハレーションなど、いまの「仮面ライダー」の画作りの出発点になった作品なのかもしれません。登場人物のキャラ立てについては、こちらと今井さんでかなり試行錯誤をした記憶がありますね。橘における小夜子さんの在り方とかハカランダの母娘の置き方なんかは、今井さんがこだわられた部分だったような気がします。最終的にはスペードとハートの話に集約されていくんだろうなという予感は、頭からありました。物語を動かすキーが、設定的に始のところにあったんです。

今井さんは怪物がしゃべることに違和感を残していらっしゃって、人間の姿の者に台詞をしゃべらせるほうが思い入れしやすかったようです。そのため

に人間に化けられる上級アンデッドという設定が生まれるんですが、武部が探してきた数週間のドラマを支えられる芝居ができる役者さんにお願いすることになりました。このようにシリーズの序盤では、さまざまな意味で手探りをしていたんです。そのぬぐいきれなかった手探り感が視聴者にも伝わって、戸惑いを呼んだのかもしれませんね。

そのうちに、今井さんがかなり忙しくなってきたんです。そこで、宮下（隼一）さんや井上（敏樹）さんにも脚本をお願いするようになりました。夏の劇場版はテレビシリーズの後のエピソードということで井上さんに書いていただき、その時期から會川（昇）さんに入っていただいています。テレビシリーズが上級アンデッドと絡む話ばかりになっていたところを基本設定に沿った形に引き戻してくれたのが會川さんで、そのおかげで一本筋が通ったシリーズの決着にもっていけたんだと思っています。

念願の仮面ライダーを演じて

俳優

天野浩成

Kousei Amano

1978年４月９日生まれ。愛知県出身。1995年に俳優としてデビュー。各局のテレビドラマやテレビCM、ミュージカル舞台などの出演を経て『仮面ライダー剣』の橘 朔也役になる。その後、『仮面ライダーフォーゼ』でも速水公平役で再びレギュラー出演している。

■2015年4月取材
■仮面ライダー平成vol.5掲載

仮面ライダーになれる

『剣《ブレイド》』で橘 朔也の役をやらせていただいたのは25～26歳のときで、それまで3度ほど「仮面ライダー」のオーディションを受けていたこともあり、ようやく役をいただけたという感じでした。正直、当時の「仮面ライダー」の流れからすると25歳というのは結構お兄さんで、オーディションでも若い人が多かったんです。『555《ファイズ》』の半田（健人）さんも、18歳くらいでしたからね。事務所から「オーディションに受かったよ」という連絡をもらったときも、仮面ライダーの役だとは思っていませんでした。もっと若い方が仮面ライダーで、「僕は敵かな？」くらいに思っていたんですが、「仮面ライダーの役だよ」ということで主人公の先輩ライダーでした。思ってもいなかったので、仮面ライダーになれて嬉しかったですね。

僕が子供の頃はあいにくと「仮面ライダー」が放送されていない時期で、僕のヒーロー体験は「スーパー戦隊」と「宇宙刑事」でした。男の子が通る道として宇宙刑事ごっことかはしていたので、東映さんのヒーロー番組がどういうものかという認識はしっかりありました。でも小さい頃の写真を見ると、仮面ライダーの自転車に乗っているんですよ。誰かにもらったんですかね。

撮影開始

『剣』は特撮ドラマですので、撮影のやり方なども それまで経験してきたドラマとは違いましたし、最初は戸惑うことも多かったです。でも「仮面ライダー」はたくさんの新人をデビューさせてきた現場でもありますのでスタッフの方も親切で、丁寧にいろいろと教えていただきました。1年間も同じ役ができるということは、ほかのドラマではあまりないことです。そこが楽しみでもあったんですが、最初は体調管理なども含め、1年の長丁場をちゃんと乗り越えられるのかということがプレッシャーになっていました。でも撮影が始まりますと、楽しかったですね。がむしゃらにやってもいましたし、プレッシ

ャーを感じている余裕もなくなりました。撮影は朝早くから始まるんですが、それもさほど苦ではありませんでした。

当時はいまと違って「スーパー戦隊」と「仮面ライダー」は、ほぼ同時期に放送が開始されていました。都市伝説みたいなものなんですけど、「スーパー戦隊」が大自然で戦うことが多い年は「仮面ライダー」は都市で戦うことが多く、「スーパー戦隊」が都市だと「仮面ライダー」は大自然になるって言われていたんです。『剣』のときの「スーパー戦隊」は『(特捜戦隊)デカレンジャー』で、刑事ドラマですから都市が多く、こちらは山とかでのロケが多かったですね。ロケの日は早朝に撮影所に集まってみんなでバスに乗って出かけるんですが、バスの中ではよく眠っていました。それでロケ地に近づくと起きるんですけど、そのときに周りの車のナンバープレートを見て、自分がいまどこにいるのかを把握していたんです(笑)。やはり、都心から遠い所が多かったですね。

設定も調べる

脚本を読み始めたころは、劇中の専門用語とかバイクや武器の仕様、システムなどがピンときていませんでした。それで僕たちは「テレビマガジン」などを読んで、そのへんの予備知識を得ていたんですよ（笑）。「俺のバイクは時速何百キロも出るんだ」といった感じで。そういったことも知ったうえで演じるほうが、絶対いいですからね。

ほかのシリーズもそうなんですが、「仮面ライダー」って、出演者は自分が演じるキャラクターがこれからどうなっていくのかをまったく知らないままに演じているんです。それで、「ここでこの演技をすると、過去の場面と齟齬《そご》が出るんじゃないか?」と思うようなこともあったんですが、そういったときは監督に相談しました。すると監督は、丁寧に嚙み砕いて、意図などを説明してくださるんです。そのうえで納得して、できる限り一生懸命にお芝居をしていました。なので、役柄がむずかしいなどということはあまり感じずにできていました。みんなの

先輩である橘 朔也は自分では落ち着いているつもりでも、いつも誰かに騙されていたりします（笑）。本宮泰風さんや春田純一さんに騙されていますが、騙されている雰囲気の演技はしていません。『剣』には仮面ライダーが4人出てきて、ぶつかるじゃないですか。劇中キャラはみんな自分が正義だと思っているはずですから、演じるほうもみんな最初の信念を貫いていくという方向性で演じていこうという空気がありました。僕は僕で騙されながらも「これが真実なんだ」と思うように努め、心から椿（隆之）君たちと対立したんです。それも、楽しかったですね。

『剣』の出演者はみんな仲が良く、椿君とはいまでも付き合いがあります。椿君は、まさに剣崎一真そのものの男ですね。あまりにも剣崎すぎて、橘と仲が悪い時期にはアフレコのときに僕を本気で叩いてくるんです。なりきって、本当に怒っているんですね（笑）。彼のなかでは、剣崎の存在はいまでもとても大きいみたいですよ。相川 始とは共演シーンがほとんどなく、僕には森本亮治君と力を合わせて

何かをやったという印象があまりないんです。橘の不信感を引きずってしまい、カリスはあまり好きじゃなかったというイメージが残るばかりです（笑）。睦月役の北条隆博君は、一緒にいることが多かったですね。彼は、僕と同じ名古屋の出身なんです。それもあって、プライベートでもお兄ちゃんと弟といった感じで付き合えました。困ったことは、本番前に2人でおしゃべりしすぎると、本番で名古屋弁のイントネーションが出ちゃうことでした（笑）。それで、本番前は2人とも標準語で会話するように心がけましたね。

ドラマチック

仮面ライダー役以外で思い出深い方は、先ほど話に出た本宮泰風さんと窪寺 昭君ですね。どちらも上級アンデッドの役ですが、本宮さんとのやり取りが『剣』前半における橘の大きな見せ場で、窪寺君とのやり取りが終盤での見せ場だと思っているからでもあります。本宮さんはふだんは優しい方なんですが、ベテランだけあって、いざ演技になったときには凄い圧を出されるんです。本当に、パワーのある役者さんです。橘って騙されやすいだけあって精神的に弱い部分もあり、人間らしい人物だと思うんです。栗田 麗さんが演じられた橘の恋人の小夜子さんは亡くなりますが、橘はそのことで第一の殻を破ることができて本宮さんを倒すことができるんですね。『剣』って僕だけにじゃなくて、一人一人にドラマがあったなあって感じます。剣崎は基本的には明るくて『剣』の中心でしたが、始にも睦月にも立ちはだかる壁があって、それを乗り越えて強くなっていくんですね。最終回の頃になると、みんなちゃんと強くなっている。本当に、素敵な脚本でやらせていただいたんだなあと思います。

ハカランダチームは、楽しそうでしたよ。(竹財)輝之助君はイキイキ演じていましたし、天音ちゃんやお母さんの山口(香緒里)さんもいい感じでした。でも僕は喫茶店の人たちとはほとんど絡みがなくて、残念です。逆に、BOARD《ボード》の烏丸役の山路和弘さんとは同じシーンを多くやらせていただいてい

ますね。山路さんは大先輩ですのでお芝居も素晴らしく、本当に勉強をさせていただきました。いまになって思うんですが、ろくに演技もわからない僕らみたいな若造を相手に、とても丁寧なお仕事をしてくださいました。背中を見せてくださったっていうんでしょうか。役者の在り方みたいな部分から教えていただいたような気がしています。

10年たって

『フォーゼ』で速水公平校長をやらせていただきましたが、まずは「違う役で出てもいいんだ」ってことを思いました。速水って最初は颯爽とカッコいい感じで登場するんですが、だんだんいじめられキャラになっていくんですよね。生徒である鬼島にまでバカにされていじめられ、レオ・ゾディアーツの横山（一敏）さんには殴られてしまう（笑）。一緒のシーンが多かった横さんとは演技プランを練ることも多く、楽しくやらせていただきました。こうして2度も「仮面ライダー」に出させていただけたんですが、映画の『仮面ライダー3号』で、10年もたってまた橘 朔也をやらせていただけたことは驚きでした。昔のようにできるか不安で、変身ポーズも練習してから撮影現場へ行ったんですが、『剣』のときはチーフの助監督さんだった柴﨑（貴行）監督と一緒に、撮影した映像をモニターで観たときに「こんなポーズだったね」と言っていただけたので、ひと安心しました（笑）。

第3章

仮面ライダーを撮る

「仮面ライダー」その演出とは

監督

諸田 敏

Satoshi Morota

1959年５月15日生まれ。東京都出身。『電撃戦隊チェンジマン』に助監督として参加し、『光戦隊マスクマン』でチーフ助監督となる。1991年からは２時間ドラマや刑事ドラマなどの助監督も担当し、1996年『超光戦士シャンゼリオン』にて監督デビュー。1998年より「スーパー戦隊シリーズ」の監督を歴任し、『仮面ライダー剣』『仮面ライダー響鬼』以降は「平成仮面ライダーシリーズ」の監督も務めている。

１本やっただけなんですが、にっかつロマンポルノの白井伸明監督の団地妻映画で助監督デビューしました。当時は自主映画から大森一樹さんのような映画監督が出てき始めた時代で、新たな映画監督のほとんどがにっかつを足掛かりにしていたんです。ロマンポルノは内容の自由度が高く優れた演出の作品も多く、個人的にも好きでしたね。その後東映に来て、『(電撃戦隊)チェンジマン』の助監督についたんです。もともと僕は特撮ドラマには興味がなかったんですが、やってみて気づいたことがありました。ロマンポルノと同じで、特撮ドラマには窮屈な枠がないんです。いわば、２時間ドラマなどの対極にありました。『チェンジマン』の美術デザイナー、山下（宏）さんも「普通のドラマだと毎日アパートの部屋の図面などを引いているだけだけど、悪の基地をデザインできるんだよ」とおっしゃっていました。制約のない仕事ができて、面白いジャンルだと気づかされたわけです。

その後「スーパー戦隊シリーズ」を何年かやってから、小中（肇）さんに引き抜かれることになりま

■2015年2月取材
■仮面ライダー平成vol.14掲載

す。小中さんは『チェンジマン』のチーフ助監督で、僕はサード助監督でした。しばらくしてセカンド助監督の方が辞めたため僕がセカンドになり、小中さんも『(光戦隊)マスクマン』で辞めたので、僕のチーフ助監督への昇進は早かったんです。小中さんは真船 禎監督のワイドドラマ『海流』で助監督を務められてから、ワイドドラマの『喪中欠礼』で監督デビューされていました。でも『海流』の続編で再び真船監督につくことになったので、僕を助監督として呼んだんですね。その後の僕は刑事ドラマや2時間ワイドから教育映画まで、ぜんぶ東映でなんですけど、あらゆるジャンルで助監督を経験しています。そして、『(超光戦士)シャンゼリオン』で監督デビューすることになります。このとき、じつは特撮ドラマに戻ることを躊躇したんです。でも、小中さんや長石(多可男)さんも監督でいらっしゃる番組ですので、お引き受けすることにしました。『シャンゼリオン』の後はまた助監督をちょこちょこやっていまして、『(ビーロボ)カブタック』や『(星獣戦隊)ギンガマン』の監督を各2本担当し、初めてローテーション監督となったのは『(救急戦隊)ゴーゴーファイブ』でした。でも、呼ばれたときはおそらく僕がローテーションに入る予定ではなかったんだと思います。

日笠(淳)さんに気に入ってもらえたのか、『(未来戦隊)タイムレンジャー』ではメイン監督になりました。楽しい仕事でした、やっていて面白かったです。最初、未来は描けないだろうからと、あまり映像化しないことになりかけたんです。それはないなと思いまして、「やろう」と主張して、合成も多用してやることになりました。第1〜2話は合成カットが凄まじく多く、現場はパニック状態でした。じつは、第1話で3カットほど、合成を間違えて仕上げています(笑)。まだフィルムでの撮影でしたが、合成の技術が変革された時期でもありましたね。スタッフみんなが合成への興味を強くしていたんですけど、まだ技術的に不慣れな面があったんです。その後3年間「スーパー戦隊」を監督して、『仮面ライダー剣《ブレイド》』で日笠さんに「仮面ライダー」に引っ張っていただきました。あの時期は、自分的にはスラ

ンプだったんです。『(爆竜戦隊)アバレンジャー』をどう撮ったらいいのか、わからなくなっていました。物語の内容に関係なく笑いにこだわってみたり、ギャグをすべて合成にしてみようとか、いろいろやっていたんですが、どれもしっくりきませんでした。そんなときに「仮面ライダー」に呼ばれたので、とても嬉しかったんです。作品のテイストが違うため、それだけでも気持ちが切り換えられますしね。

「仮面ライダー」は基本が前後編ですから、1時間ドラマを撮っているのとほぼ同じ尺なんです。ですから、「スーパー戦隊」にある独特なガチャガチャ感もなく、ドラマを組み立てることに意識を集中させやすいという特徴があります。「スーパー戦隊」は主役が5人いるというところが、「仮面ライダー」とは根本的に違うところです。アクションも、主役が5人いる作品と2〜3人の作品では、必然的に違ってきます。お芝居をつけるときも、「スーパー戦隊」の方が圧倒的にたいへんです。5人を配する位置やお芝居のタッチ、どうやってカットを省いていくかなどを、事前にきっちりと割っておかないととても撮れません。それは、「スーパー戦隊」では、撮らなければならないものが「仮面ライダー」より圧倒的に多いということでもあるんです。「仮面ライダー」の方が、通常の演出テクニックで組み立てていくことができますね。

俳優に求められる演技の質そのものは、どちらのシリーズも変わらないと思いますし、一般ドラマと同じだと思います。よく、(大げさな)振り向きなどの「特撮演技」云々と言われることがありますが、それはないですね。演技自体は変わりません。舞台だって、リアル志向のものもあるし、レビューや歌舞伎もある。舞台の種類によって、さまざまな演技が要求されるわけじゃないですか。でも、きちんとした俳優なら、すべてに応えますよね。僕らがやっているシリーズは一般のドラマよりギミック的にも物語的にも撮らなくてはいけない仕掛けが多いので、どうしても必要な部分で(キャメラが)寄ったりカットが変わったりするし、芝居が素晴らしいからといってゆったりと芝居をしてもらって、そこを長回しにすることはできないということはありま

す。でも、違うのはおそらくそのあたりだけでしょう。『響鬼』はロケ地が遠くばかりでたいへんでしたけど、面白かったです。日常をじっくりと描くことによって非日常を埋めていくという方法は、髙寺（成紀）君が好きな方法論なんでしょうね。１年間のシリーズでは、有効な手法だと思いますよ。僕は群像劇が好きですから、主人公そのものではなく、その周辺全体を動かしていくようなやり方が楽しかったんです。学校のシーンは、子供がたくさん出てくるのでたいへんでしたけど（笑）。『クウガ』も、主人公の周辺の人物を描くことにより、主人公があぶりだされていく構造でしたよね。『W』のときは、長谷川（圭一）さんと組むのが楽しかったです。「怨念ものやろうよ」なんていう調子で（笑）。彼の脚本は、子供番組のタブーに斬り込もうとして、そのギリギリを狙うんです。そんな作風が、とても好きですね。車に取り憑くウィルスのドーパントの話なんて、「こういう設定でもいいんじゃない?」っていう感じでやったんですが（笑）、長谷川さんの、常に（設定の）裏をかこうとする姿勢は、とてもい

いと思います。

『フォーゼ』では、すみませんでした（笑）。オカマの先生になった結果、キャラになってしまいました。自分的には、エキストラのつもりだったんですけど……。最近は、（出演は）控えています。僕は以前から、演技に不慣れな新人には演《や》って見せているんです。おそらく、演技をすることが好きなんですね。『フォーゼ』に続く『ウィザード』は、ストレートな「仮面ライダー」の構造をもったシリーズでした。「仮面ライダー」的な枠組みを、きっちりと守っているというか。白石（隼也）君は頭もいいし演技についても自分でしっかり考えてくれるので、僕は主人公以外の人物に注力することができました。第4～5話では宇都宮（孝明）君から、「コヨミをよろしくお願いします」と言われたこともあり、コヨミをしっかり描いています。真由が登場するときには、ミサと真由に力を入れました。晴人は動的なイメージのキャラではなく、立ち姿でものを言うようなところがあったので、あまり意識はしていなかったんですが、周りを動かそうとしていたのかもしれませんね。終盤ではさまざまな謎が解ける回を僕が担当しましたけど、困っちゃいました。笛木にいかに、説明していないかのように説明させるのかがとても難しかったんですね（笑）。

『鎧武／ガイム』で困ったことは、圧倒的な台詞の多さです。2人の芝居だけで脚本が5ページに及ぶことは映像のテンションがもたないのであり得ないことなんですが、1年間がきっちり設計されている大河ドラマなので、虚淵（玄）さんは絶対に折れない。僕はホン打ち合わせが得意だと思っていて、おそらく一番きつく言う監督なので、ずいぶんやりあいました。そういった、ずっとしゃべっているような部分がダレないように演出していくことには、ずいぶん苦労しましたよ。とはいえ、そのうちこちらも演出的な対処法を把握したし、虚淵さんもいろいろと気づいてくれたので、後半の作業はスムーズになっていきました。ヘルヘイムの森の作り込みは最初、たいへんになると思いましたけど、スタッフが慣れているおかげもあって、意外と手間をかけずに表現することができています。

「平成仮面ライダー」の特撮とは

特撮監督

佛田 洋

Hiroshi Butsuda

1961年10月10日生まれ。熊本県出身。1984年に矢島信男が率いる特撮研究所に入社し、現在は代表。『超電子バイオマン』より美術助手として腕を振るう。1990年、『地球戦隊ファイブマン』にて特撮監督となり、以降は多くの東映ヒーロー作品、劇場映画における特撮パートの演出に活躍。東映以外の劇場映画の特撮、特殊効果を担当することもあり、本編監督も務める。

『仮面ライダー（スカイライダー）』の劇場版で矢島（信男）さんや佐川（和夫）さんの名前が特撮監督でテロップされているんだけど、テレビでは特撮研究所（矢島企画）だけなんだっけ？『ＢＬＡＣＫ』から、特撮監督の表記があるよね。昭和の頃は、マシンとかのバンクシーンが主だったしね。こちらは、そんなにやっていなかったの。平成になってからも『クウガ』はまったくやっていなくて、『アギト』のときは劇場版であかつき号の遭難シーンだけをやった。船のへさきを作って、波をぶつけたりして何カットか撮影したよ。そのくらいね、『アギト』は。申し訳ないけど（笑）。必要に応じてこちらがやるようになったのは、『龍騎』からだね。企画時には声がかかっていなかったんだけど、ミラーモンスターがたくさん出てくることになって「これはちょっとたいへんだぞ」ということで、白倉（伸一郎）君が呼んでくれたんだよね。ドラグレッダーやダークウイングなんかをＣＧで動かすことや、そのモンスターを絡めた必殺技の考案を頼まれたの。それで、田﨑（竜太）君たちと一緒に絵コンテを作ったんだ

■2015年2月取材
■仮面ライダー平成vol.2掲載

よね。
『龍騎』の劇場版でやったのは、ヤゴの怪人が大群で飛んできたりするところかな。日クリ（日本映像クリエイティブ）さんも、随分やっていたからね。あとは、敵の黒い竜がビルの壁を壊しながら迫ってくるところなんかをやった。当時のCGは、いまよりずっと仕込みに時間がかかったんだよね。相当初期からかかっていないと、なかなか間に合わなかったの。だから、日クリさんだけだときつかった面もあったんだね。テレビのドラグランザーやダークレイダーも、こっちかな。

日クリさんとの仕事の分担は、だいたい複雑なCGのモデリング（仮想三次元空間上に、物体の形状を作り込む作業）が必要かどうかだね。なので、巨大な敵とか大型メカ、レーザー光線を発射するタワーとか、簡単に言うとでかい系のところばかりをやっているんだよね（笑）。『555《ファイズ》』の劇場版の大きなサイの怪人は、たいへんだったよ。ロケハンも本編チームと一緒に行って、たしか破壊されるスタジアムの一角のミニチュアを作って映像に合成したんじゃなかったかな。ジェットスライガーのことは、よく覚えている。登場が、急に決まったんだよね。それで白倉君から、登場のさせ方のプランを頼まれたの。絵コンテを描いたんだけど、そのとき「誰が乗るのかは知らんが（笑）、ジェットスライガーは2台あるんだ」と設定したんだよね。1台だけで怪人と戦っても、画《え》にならんと言って。2台でデッドヒートをして、最終的に片方を撃破するということにしたの。そしてその絵コンテをもとにして、井上（敏樹）さんが脚本にしたんだよね。オートバジンも1年間だけの使用のつもりで作ったのに、最近の映画なんかでちょこちょこと再登場するようになったので古いデータを引っ張り出しても、最近のソフトで開かなかったりするので、変なところでスタッフが苦労しているよ（笑）。

『剣《ブレイド》』は原点回帰した部分があって、シリーズ冒頭のイナゴの大群の場面以降はタッチしていなかったんだけど、ブレイドが強化したときの必殺技の絵コンテを描いてくれって日笠（淳）さんから頼まれたの。あとは劇場版のフォーティーンくらいで、『響鬼』

も劇場版のオロチと装甲響鬼《アームドヒビキ》が登場するところをやったくらいだったね。『カブト』は、渋谷隕石のくだりとカブトエクステンダー関連、劇場版の軌道エレベーターのあたりをやったのかな。物量がどんどんと増えたのは、やっぱり『電王』だよね。電車がいっぱい出てきてたいへんになることがわかっていたので、かなり早い時期から準備をしたよ。なぜ電車をミニチュアにしなかったかっていうと、「スーパー戦隊」との映像的な差別化という意味ももちろんあるんだけど、設定の問題のほうが大きかった。時間の中を走っていろいろなところに出てくるし、芝居との絡みも多いしストーリーとも密接に関わる。ミニチュア特撮だと、分量的に撮りきれないんだよね。田﨑君も撮影に際しては電車の大きさを何メートル何センチとちゃんと決めて、その長さの棒を現場に置いて苦労しながら演技をつけていたよ。でも、線路がどんどん延びる画は面白かったね。データ量が増えるので、こちらはたいへんなんだけれども(笑)。時の中の映像は、こちらで提案したの。走らせやすいグランドキャニオンみたいな荒野の線路があって、空はドラマパートでも表現しやすい虹色ということにして。砂については、田﨑君がこだわっていたのでそうしたのかな。劇場版のガオウライナーは世界を食べながら走るんだけど、まあたいへんだったね。ブルーバックで素材を撮影して合成していく作業を、積み重ねた感じだったかな。

　個人的には、ミニチュアセットを組んで「ドカーン」とやるほうが、むろん好きなんだよ（笑）。でも「仮面ライダー」は等身大の視点をもった作品なので、画がそぐわない感じがするんだよね。やはり、ミニチュアは合成カットに取り込む方向性になる。ミニチュアセットだけの撮りきりの場面は、ほとんどないんじゃないかなあ。そういえば、『キバ』のときに手間がたいへんなのでフォームチェンジをバンクシーンにしようということになり、そのように作ったの。でも結局、各監督やアクションの竹田(道弘）さんがなかなか使ってくれなかったね（笑）。みんな、凝りたいんだよ。それで、状況や演出によってまた毎回合成カットを作るようになっちゃった(笑)。急に出てきた企画だったけど、『ディケイド』

は一番印象的なシリーズになったね。むちゃくちゃだけど、クウガがゴウラムに変形するとか（笑）、面白かったね。劇場版では金田（治）監督に言われてスーパー戦隊ロボのカットよりももっと激しいあおりのカットでJの巨大戦を撮ったんだけど、あれはJとキングダークが戦隊ロボみたいに胸が出っ張っていないからできたの。戦隊ロボだと胸で顔が見えなくなっちゃうから、極端なあおり構図ができないんだよね。

『W《ダブル》』や『オーズ／OOO』の探偵メカやカンドロイドなんかの、細かいメカもやっているね。オーズの足がバッタやタコになるなんていうのもやっているけど、やっぱり細かいのがたいへん。たくさん登場するしね。ディスクアニマルを作った日クリさんも、苦労したんじゃないかなあ。この頃の劇場版で、炎の巨大ライダーが出るじゃない。これなんかはCGでしか表現できないキャラなんだよね。個性があって、俺はこういうのは好きだし、やっていて楽しかったなあ。

「仮面ライダー」の新たな地平

監督

田崎竜太

Ryuta Tasaki

1964年４月19日生まれ。東京都出身。『仮面ライダーＢＬＡＣＫ』にサード助監督として参加。以降、東映特撮ヒーロー作品や一般ドラマにて助監督を歴任後、『超力戦隊オーレンジャー』にて監督デビュー。米国にて「パワーレンジャー」に参加した後は、『仮面ライダーアギト』より多くの「平成仮面ライダー」でメイン監督を担当している。

早稲田大学を卒業して東映の現場で助監督を務めまして、監督デビューは『(超力戦隊)オーレンジャー』です。「仮面ライダー」の監督は『アギト』のパイロット(第1、2話)からやっています。

あの頃は『クウガ』で東映が新しいことに挑戦し始めていた時期でしたので、気持ちとしてはその「新しさ」を大事にしています。とはいえ演出的に奇をてらうようなつもりはなく、脚本に沿ってプランを練っていくと必然として映像が導きだされていくといった感じでした。アギトの変身におけるベルトの光の効果などもビデオ撮影に移行して間もないため、フィルム式の光学合成を映像になじませることが難しかったことからの試行錯誤だったんです。造形物もまだフィルムの理屈で作られていましたし、『クウガ』もそうだったと思いますが、もろもろのことがビデオで撮影したらどうなるのかということを確認する作業でもありました。

ビデオという映像にだいぶ慣れてきたこともあり、『龍騎』になると各スタッフの精度はだいぶ上がってきました。ミラーワールドという設定には苦

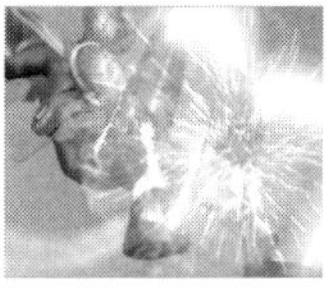

■2014年9月7日取材
■仮面ライダー平成vol.7、8掲載

労した面がありますが、逆版で仕上げるために左右逆にキャラクターの動きをつけることに対しては、場面がワンシチュエーションで完結する限りはそれほど難しいとは思いませんでした。『龍騎』は、劇場版が思い出深いですね。2つのエンディングを用意するというやり方が、とんがっているなと思っていました。企画サイドにも、この劇場版とテレビスペシャルを観ないと、『龍騎』の世界は完結しないという包括的イメージがあったようです。テレビ番組の劇場版というものは、観た人と観なかった人の両方に考慮してテレビシリーズとは違う異世界で、お姫さまか何かと出会い、問題を解決して帰ってくるという方向が定番なんです。当時、白倉（伸一郎）さんも井上（敏樹）さんも言っていました。それは、やりたくないと。設定的なところでは、最初は仮面のキャラクターがカードを使うということには多少の違和感があったんですが、その後のマーチャンダイジングの成功ぶりを考えると、今につながるコレクションのはしりだったんですかね。『555《ファイズ》』は、「井上さんが悪側、怪人側を描くんだと言っている」ということが、最大の特徴でしたね。キャスティングにおいては半田（健人）君に会うと、（オーディションを審査していた）みんなが半田君に傾いていったような感じでした。番組ごとに70～80人ほど、プロデューサーはその3倍くらいの人に会っても、なかなかイメージにぴったりの人はいないものですから、いいキャストが揃った『555』は豊作だったんだと思います。

じつは僕らは『アギト』からの3作は、「平成仮面ライダー」のなかでも異質なものだと捉えている面があるんです。『アギト』の企画は「パワーレンジャー」の監督をしていたときにアメリカに来た白倉さんから聞いたのが最初なんですが、そのとき白倉さんは石ノ森（章太郎）作品に色濃いエディプス的なテーマ、「兄弟殺し、親殺し」をやりたいということだったんです。このテーマは石ノ森さんの作品の根っ子だろうということで、3シリーズともに影響を与えているようです。物語としての『アギト』のテーマは、「越境者」でした。境界を越えた者と越えさせられた者と、越えていない者。こういった、立場の違う3人の仮面ライダーを描くということだったんです。立場の違いは『龍騎』でもそうで、13人も仮面ライダーがいてみんな違う正義をもつ。当時はヒーロー同士が戦うことにお叱りも頂戴していたんですが、正義はひとつではなく何人かがいればいくつも正義があり、正義同士は必ず衝突するものなんです。『555』における仮面ライダーとオルフェノクの対立にも、その構図が踏襲されていますね。片方が怪人型なので、『龍騎』とは、見えざまが違うだけなんです。結局、巧もオルフェノクだったわけですし。

『龍騎』『555』とパイロット監督が続きまして、『(美少女戦士)セーラームーン』や『ガメラ』などを経て「仮面ライダー」に戻ってきたのが『カブト』です。

『カブト』ではオープニングの演出はやったんですが、第1話、2話を担当していませんので、企画的な部分にはタッチしていません。東京タワーを象徴とすることは、石田(秀範)さんの設計だったと思います。それで、オープニングにも東京タワーを入れ込んだと記憶しています。圧倒的な主人公を据えた『カブト』ですが、後半部は多人数ライダーの物語になっていきます。サソードの山本(裕典)君とか地獄兄弟とか、キャラクターが面白くて立っていましたね。

そしてその次が『仮面ライダー電王』で、ここでシリーズとしての「仮面ライダー」は変化したように思います。『電王』という作品が跳ねた理由のひとつは、声優さんの力を活かそうという武部(直美)さんの狙いがピタリとはまったということでしょう。企画時はタロスたちがレギュラーとしてそこにいるという画《え》はちょっと想像できなかったんですが、やってみたらうまくいきました。スーツを着て巧みに演じられる俳優は、おそらくJAEさんたちのチームしかないと思います。スタントだけならほかにもいるんでしょうが、彼らには確かな演技力もあるんですね。個々のストーリーのフォーマットは、脚本の小林靖子さんによるものです。あのとき、『電王』のフォーマットが完成するまでにはけっこう時間がかかったように記憶しています。現代で事件が

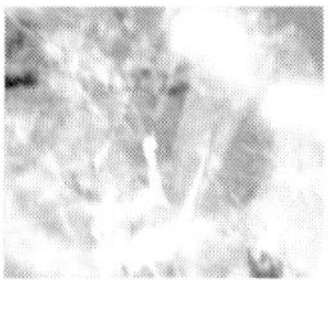

起きてイマジンが過去に逃げ、それを良太郎たちが追うというかたちですね。企画時においての最大の難問は「なぜデンライナーが必要なのか？」だったんですが、それをクリアするためにデンライナーに乗らないと行けないところがあると設定しようということになり、その結果、あのフォーマットが導きだされたんだと思っています。さらに時間というものを物理法則から切り離し、人の記憶の蓄積であるとしたところにも小林さんの作劇上の勝利があったんじゃないでしょうか。『電王』の監督をして難しかったことは、いろいろな意味で良太郎が埋没しないように演出しなくちゃいけないということでした。声優さんは達者なうえに前に前に出ようとしますので、モモタロスたちの印象が強烈になるんですね。小林さんも、その点に毎回苦労されていたようです。その後『電王』の劇場映画は何本も制作されていますが、イマジンのパワーで乗り切ったという面も確かにあるでしょう。

『電王』の後番組は、武部さんの企画による『仮面ライダーキバ』です。武部さんは『アギト』以来気心の知れた田﨑、井上ということで依頼されたと思うんですが、井上さんは、過去の焼き直し的なことを良しとしない方なんです。そんな井上さんから出てきた挑戦が、「2つの時代を、並行して描きたいんだ」ということでした。そして「2つの時代が、密接に絡み合うようにしたい」という井上さんの意に沿って演出していったんですが、いやあ、難しかったですねえ。違う時代なんだというアイコンを映像上に出しすぎてもわざとらしいし、兼ね合いに悩みました。同じ犬という設定で、子犬と成犬を用意したりもしましたね。ほかの「平成ライダー」よりレギュラー陣にベテランの俳優さんが多いのは、両方の時代に出てきても自然な人物を意識したからかもしれません。

『仮面ライダーディケイド』の企画を聞いたときはまず、『クウガ』ファンや『アギト』ファンからどう思われるかなあ、といったことでした。でも、作った東映が壊すんだからいいかな（笑）と思いながらやっていました。壊すとはいっても本当に破壊するわけではなく、クウガとかアギトとかをもう一度掘り起こし、いまも息づいているキャラクターなんだと明らかにしたうえで10年を総括して後につなげるということですから、じつに白倉さんらしい企画だとも思っていました。大切なキャラクターだからといって、埃がつかないように後生大事に保存するのではなく、それをケースから出して、傷がついてもしっかり遊ぶ。そういった発想が、『ディケイド』においては大切なんだと思います。そしてシリーズの後半になると大ショッカーを出し、『ディケイド』は「平成ライダー」がタブーとしていた、悪の軍団然としたものを設定しないという空気までをもぶち壊しました。「シンケンジャーの世界」にまで行ってしまったのは、時の勢いだと思いますが（笑）。ほんとに破天荒なシリーズですよね。でもそれって、本来的にはじつに東映的な発想なんです。いま劇場用として『ＭＯＶＩＥ大戦』が制作できるのも、『ディケイド』が地ならしをしたからにほかなりません。塚田（英明）さんがプロデューサーを務めた『仮面ライダーW《ダブル》』は、じつは『ディケイド』より前から企画が進められていました。「仮面ライダー」の放

送開始時期を1月から9月に変更する方法として、当初は『W』を一年半放送するという案もあったからなんです。その塚田さんですが、白倉さんの奔放さとは対照的に、オーガナイザー（主催者、組織者）だといえます。作品が秩序だって、きちんと箱の中に収まっていることが好きなんですね。面白いもので、外から見ると箱なんですけど、箱の中に作品がきれいに収まれば収まるほど、その箱には無限の世界が詰まっているようになるんです。それが、塚田さんのヒーローものにおける作品作りのポリシーなんだと思います。『仮面ライダーフォーゼ』もそうですよね。いま実感するんですが、『ディケイド』の前に『W』の企画にも噛んでいたことで、真逆のベクトルをもつ2つのシリーズを監督しても、両者の特性を腹で納得できていたためその「違い」を乗り越えられたのかもしれません。『W』が進む方向性を知ったうえで、『ディケイド』をやっていたわけですから。その『W』を監督する際に一番意識したことは、やはり塚田さんの箱庭である風都という世界をどこまで作り込んでいくかということでし

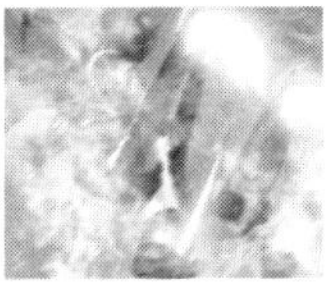

た。「FM風都」とか「風麺」、ゆるキャラの「ふうとくん」などを細かく作り込んでいきました。いかに、中へ中へと行こうかという感じでした。そういった世界を構築する大切な要素である、大嶋（修一）さんのセット美術も素晴らしかったです。とくにリボルギャリーのガレージはすごいですね。あれは図面を見せられたときに「本当に、できるんだろうか」と思うほど、凝ったものでした。クラシックな探偵事務所も、良かったですね。その事務所と未来志向のガレージが、螺旋階段で結ばれているわけです。そこも面白い部分ですね。このように作り込まれた世界の中で、あらゆるハードボイルドのパターンがバディの物語として展開されていったのが『W』なんだと言えます。

　続いて『オーズ／ＯＯＯ』なんですが、渡部秀君と三浦涼介君が抜群に良かったですね。彼ら2人は通常のオーディションではなく武部（直美）さんが一本釣りしたものです。以前から目をつけていらっしゃったようで、武部さんのキャスティング能力のたまものですよね。

『オーズ』の企画のときは、チーフプロデューサーが武部さんでメインライターが小林靖子さん。女性×女性が作る「仮面ライダー」とはいかなるものかということを、男性スタッフとして興味深く見ていました。メダルというアイテムは早い段階からあったんですが、それに「欲望」を結びつけたことはさすがです。映司とアンクの関係性は良太郎とモモタロスとのものに似てなくもないんですが、秀君と三浦君がやったことによって、その関係性の見え方が全然違ってくるんです。映像面においては、3色の仮面ライダーということもあり、キャメラマンや技術スタッフと意思統一をし、色を濃いめにのせていくことにしました。そしてそこから派生して、主題歌や音楽もラテン系に寄っているんです。濃いめの色で明るい青空、ラテン音楽、そして欲望というイメージですよね。オープニングの映像も、それを反映したものです。本当は、ラテン音楽は欲望とは別のベクトルをもったものなんですけど。伊達さんやドクター真木が代表格なんですが、『オーズ』のキャラクターたちは、どんどん成長していきました。

キャラクターが、歩いて行ったと言いますか。はじめは真木が、あそこまでのメインキャラになるとは思ってもいませんでしたね。武部さんも小林さんも、描いていて楽しかったんだと思います。僕も、やっていて楽しかったですから。

『鎧武／ガイム』における武部さんの挑戦で一番大きかったことは、脚本家に虚淵（玄）さんを起用したことと、その世界をどう成立させるかということだったんじゃないでしょうか。実写ドラマが初めての人でしたから。ヘルヘイムの森の設定にしても、冬になったら枯れ木ばかりになってしまうとは申し上げたんですけど、それでいくことになって。こちらは、そういった部分をどう乗り越えるかでしたね。井上さんや小林さんと違うところは、最初からだいたいのロードマップがあったことです。ものすごい大河ドラマで、１話でも抜けるとシリーズ全体が成立しないんですね。いろいろな思惑の違いで主人公たちが戦ってしまうわけですが、そこには初期「平成仮面ライダー」の匂いが確実にありますね。

「平成仮面ライダー」に携わって

監督

柴崎貴行

Takayuki Shibasaki

1978年8月6日生まれ。千葉県出身。『燃えろ!! ロボコン』の演出部に参加後、『仮面ライダークウガ』にて正式に助監督として演出部のスタッフとなる。『仮面ライダー555』の第31話で鈴村展弘に代わりチーフ助監督に昇格し、『仮面ライダーカブト』第43、44話にて監督デビュー。『仮面ライダーディケイド』第10、11話で正式に監督に昇進、以降コンスタントに「平成仮面ライダー」を監督している。劇場映画の監督デビューは、『超・電王トリロジー』のなかの1本。

僕は「仮面ライダー」世代ではないものですから、『仮面ライダークウガ』をやることになったときにも正直、特別な感慨みたいなものはありませんでした。「仮面ライダー」というもの自体、あまり知らなかったんですね。最初がクモの怪人で2番目がコウモリの怪人という流れが、かつての作品へのオマージュだということも、やっている途中で知ったくらいだったんです。『燃えろ!! ロボコン』のときより厳しくなったスケジュールのなか、もらった台本をよりよく表現するために、スタッフ一同が無我夢中で仕事をしている感じでした。『アギト』で高岩(成二)さんがライダー役になられましたが、あとでアギトのときは手探りでやっていたと聞いて驚きました。高岩さんほどのベテランですから、(その演技は)完成されているもんだと思い込んでいたんです。『アギト』のころはギャラリーも増えて、現場にいても(世間から)注目されていることを実感しましたね。『龍騎』は、最初は「仮面ライダー」ではなかったんです。あの時期は「仮面ライダー」はいつ終わってもおかしくなかったわけで、『ディケイド』のこ

■2015年1月8日取材
■仮面ライダー平成vol.11掲載

ろまで現場のスタッフには「平成仮面ライダーシリーズ」という認識はあまりなかったように思います。平成の「仮面ライダー」は、毎回新しいことに挑戦しようという作品なので常にたいへんなんですが、やはり『555《ファイズ》』あたりまでは仕掛けなどを探っていた面もあって、特にたいへんでした。いまはノウハウも蓄積されているので、当時よりアイディアが出やすくなっています。『555』の時期は「仮面ライダー」が放送されていることや、作品が若手俳優の登竜門であることなども広く認知されており、出演俳優の人気もひとつのピークに来ていたと思います。ライダーを職業であるとし、それまでやや弱かった主人公の生活の基盤をはっきりさせたのが『剣《ブレイド》』で、そこには石田（秀範）さんが久しぶりにパイロット（第1話）を監督されたことの影響もあるのかなって思います。『クウガ』から『555』までの主人公は冒険家だったり、家政夫だったりフリーターだったりして、どこかあやふやなんですね。それで『剣』では主人公に職業をちゃんともたせるためにBOARD《ボード》という組織が設定されたんです。もうすでにライダーとして戦っているっていう流れだったので、そのあたりからさまざまな人物設定が広がり、人間関係が結構細かくなっていきました。俳優さんは新人が多く、みなさん変身するというシークエンスを演じるのももちろん初めてですので、いろいろと演技指導なども難しかったと思います。

続く『響鬼』はベテラン俳優の細川（茂樹）さんが主役で、また味のある作品になりました。経験豊富な俳優さんが多く、思えば当たり前のことなんですが、俳優というのはエピソードや内容、キャラクターに応じて監督とディスカッションを積み重ね、じつに細かな演技プランを考えているんだということを知りました（笑）。それまでの俳優は演技にまだ実績の少ない若手が多かったので、ベテランのすごさを間近に見た思いです。スケジュールはドタバタでしたけど屋久島ロケに行ったり、『響鬼』はふだんやらないことをやろうとした作品としてとても印象的ですね。第7話、8話くらいまでですかね、響鬼をアスファルトには立たせないという決まりがありました（笑）。それと、『響鬼』では敵がCGの

巨大魔化魍でしたから、現場が画《え》作りの意思統一をしにくかったんです。この作品からですね、なかの（★陽）さんに全話のCG用の絵コンテをお願いして現場に張りついていただくようになったのは。それまでは、必要に応じて助監督が絵コンテを描くことも多かったんです。

『仮面ライダーカブト』からは監督をやらせていただいていますが、監督になって感じたことは、ワンカット、ワンカットにOKを出す立場の監督は、助監督とはまったく違う役割を担うものなんだということでした。助監督は監督の立場に立って現場の段取りをして、演出に必要なことも考えているんですが、やはり監督になってやってみないとわからないこともあるんですね。みんなそうだと思うんですが、助監督時代に仕事をしながら、こうやったらどうだろうとか、プランニングや計画とでもいうものをいろいろと考えているものなんです。最初の頃はそれまでためてきた、そういったプランを活かしたりもしていました。田﨑（竜太）さんがよくおっしゃることなんですが、フォルムが特殊でスマートとは言い難いキャラクターデザインのときのほうが、スタッフがより頑張って面白いアイディアが出るんです。『電王』がまさにそれで、ソードフォームって不思議なキャラなんですが、作品のパワーもあって回を重ねるごとにカッコよく見えていくんですよね。最初の頃、現場に「頭の上を電車が走ってくるっていう噂が流れてきたときはさすがに「大丈夫なのかなあ？」でしたけど（笑）。エピソードを監督するにあたっては、そのライダーがもつキャラクターを大事にしたいと思っていますので、作品世界や台本の内容より電王のキャラクターを重視した演出をしていました。『電王』は、初めて長編映画を撮らせていただいた作品でもあります。『トリロジー』の3本目です。最初の2本は小林靖子さんの脚本なんですが3本目は米村正二さんの脚本で、米村さんと話し合いつつ小林さんにもアドバイスをいただき、『電王』の世界観から外れないように演出したつもりです。僕は井上敏樹さんと仕事をご一緒したことは少ないんですが、『キバ』の脚本を井上さんが担当されたことで、初期の「平成仮面ライダー」

にあった縦軸を大切にしてドラマを構成する流れが、『キバ』において戻ってきたなと感じていました。作品の特徴として現代と22年前を同時に描くわけなんですが、シーンによって同じセットを細かく飾り替えたり、たいへんなんですけど、楽しくもある作業ができました。『ディケイド』では、最初の３話は助監督でついています。とにかく、ブツの確認作業がものすごくたいへんでした。過去のライダーのスーツや小道具がどうなっているのかを調べるんですが、物によっては劣化が激しいのでメンテナンスに出したり、やることがとにかく多かったんです。僕が監督したのは、まず「ファイズ編」でした。白倉（伸一郎）さんがおっしゃっていた「昔と同じことをやるんじゃない」という大前提があり、「新しいものを作るんだ」という「平成仮面ライダー」のコンセプトも、みんなが認識してことに当たっていましたね。とはいえ、まったく違うものだと『５５５』になりません。過去を重視しすぎてもいけないし、軽く見すぎてもいけない。そのさじ加減が難しかったんですが、その経験は最近のオールライダー系の

映画などに活きているような気がします。『シンケンジャー』とのコラボについては白倉さんの話を「へえ」って聞いていたんですけど、まさか自分に回ってくるとは思ってもいませんでした（笑）。

　続く『Ｗ《ダブル》』は、派手なお祭りの後なので最初は寂しくならないかと心配だったんです。でもそのへんのことは塚田（英明）さんも、織り込んでおられたんでしょうね。塚田さんはほぼすべての打ち合わせに出席されたくらいこだわって企画されていましたので、その効果が出て作品がヒットしたんだと思います。フォーマットの構成もたいへん絶妙で、見やすくてわかりやすい。それも良かったんだと思います。演出的には、『Ｗ』のシリーズ前半においては風都の押し出しを重視していました。『オーズ／ＯＯＯ』では、夏の劇場版をやらせていただきました。その劇場版の脚本の作業中に、東日本大震災があったんです。そこでもう一度脚本を検討して、改めてヒーローが、何を提示すればいいのかを見つめ直しました。そして、映像的にも瓦礫や怪我人などは出さないようにし、それでも緊迫感などを損なわない

ように工夫していったんです。お話は半分時代劇なので京都撮影所でも撮っているんですが、ただ京都で撮影しただけじゃお客さんを劇場までは呼べません。それで半ば冗談だったんですが、「松平 健さんが出るくらい思いきらなきゃ」と言っていたんです。それが、ほんとうに出ていただけることになって（笑）。武部（直美）さんには、無理をしていただきました。

「平成仮面ライダー」って、仮面ライダーを名のる者と名のらない者がいます。『フォーゼ』においては、仮面ライダーを名のります。その世界の都市伝説に仮面ライダーがあって、それを受けて名のるんですが、『フォーゼ』は一番仮面ライダーという土台が強いような気がします。『フォーゼ』のもうひとつの特徴は出演者が若い点で、最初に出演者に指導したことは、現場においての仲良しムードと、お芝居におけるムードは違うものなんだということでした。でも逆にそれが良かった、若い子がいっぱいいたっていうせいもあって、作品そのものの伸びしろというか、成長の余地が大いにあった作品なのかもしれませんね。『フォーゼ』でパイロット監督を務められた坂本（浩一）さんの存在は、当然知っていました。アクション畑出身の方なので、なるほどというか、通常はやらないようなアクションをおやりになっていて、新鮮に感じました。

「スーパー戦隊」では『侍戦隊シンケンジャー』をやっていますが、その頃の僕は中澤（祥次郎）さんに対し、「スーパー戦隊」の監督だけど、「スーパー戦隊」の要素はあまり強くないかなというイメージがあったんです。その後『特命戦隊ゴーバスターズ』や『仮面ライダーウィザード』の時期に、特に『ゴーバスターズ』のときに中澤さんの撮られた作品を観て、改めて「スーパー戦隊」とはこういうものなのかっていう気がしたんです。中澤さんがメインを担当された『ウィザード』には、それまでの「仮面ライダー」とは微妙な違いがあるようにも思います。やはり中澤さんは、「スーパー戦隊」で育っているというか。僕は「仮面ライダー」で育っているので、両者は根本的な部分では違わないけど、やっぱり撮り方だったり、カットの見せ方だったりっていう、細かなところが違う。もちろんそれはひとつの味であり、『ウィザード』では中澤さんの色がいい方に働いており、プラスになっていたと思うんですが、違いっていうのはやっぱあるなって感じましたね。僕はわりと合成で映像処理をすることが、好きなんです。魔法というわかりやすい合成要素を秘めたライダーだったので、ウィザードはそういう意味ではやりやすいキャラクターでしたね。インフィニティースタイルが登場するところでも、やりやすいと感じました。

『鎧武／ガイム』は、変身というか、フォルムがね。「頭にフルーツが刺さって、それが展開するんです」っていうインパクトが、まずはものすごく強烈でしたね。脚本は、ゲーム、アニメ畑の虚淵（玄）さんという方がいらして書かれました。パイロット監督を担当された田﨑さんも、手探りの状態で演出されていたようです。ドラマで見せる要素が、徐々に強くなっていく構造の作品なんだとは思うんですけど、『ドライブ』に比べると、ビジュアル的には派手だったですね。アニメではシリーズ全体の流れが最初にだいたい決められていることが一般的みたいで、虚淵さんのなかには第1話から最終話までの流れがあり、何話までにはこれをやるなどということが、なんとなく、もちろん途中で変更しつつも決まっていたんですね。

　仮面ライダー同士の戦いが多く、『鎧武／ガイム』は確かに怪人が一番少ないシリーズですよね。でも『龍騎』とは、また違います。『龍騎』では仮面ライダーが次々と脱落していくため、強いライダーが誰なのかっていうことがある意味表現しやすかったんです。それに比べると『鎧武／ガイム』では最後まで多くのライダーが残っているんですよね。ですから誰かを立てれば誰かが弱く見えるというか、そのあたりのパワーバランスのようなものに前半はなかなか苦戦しました。第1～4話の台本では、特に鎧武が強く見えないというか。僕自身も第3～5話を作っているときにそれは強く感じていて、第5話で鎧武の復活劇をやるにあたって、ここで鎧武をカッコよく見せたいんだっていうお願いをして、後半の（葛葉）紘汰の動きなどを少し直して、復活のあた

りに演出のピークをもってきたんですけど、難しかったですね。新しく登場するライダーを強く見せたいという意識はあるんですけど、そうするとやっぱ

り鎧武が弱く見えてしまうというか。さじ加減が、最初のころは微妙でした。

俳優さんは、みんなキャラが立っていた気がします。冬の劇場版（『ドライブ&鎧武』）でみなさんに出ていただいたんですけど、良かったですね。吉田メタルさんの演技も、面白かったですね。最初は本当にオネエなのかと思っていたんですが、本人は全然違うっていう（笑）。『ドライブ』では、主人公の竹内（涼真）君が、非常に熱心に取り組んでいるなっていうのを実感しています。冬の映画でも非常に頑張ってくれて、いい表情をしているなっていうのが感想ですね。最初は本人も、なかなかキャラクターをつかみきれなかったようですけど。いま思うと鎧武は、変身のインパクトでかなり視聴者の興味を引けるライダーだったんですよ。その点ドライブは当面胸しか変わらないので、技で見せたり、アクションで見せたりっていう工夫が必要になるんです。もちろん鎧武とドライブは違うライダーですので、違う見せ方をしなければならないんですが。そういったことを、第3～4話を撮っていて感じましたね。

思い出がいっぱいです

監督

舞原賢三

Kenzo Maihara

1961年９月16日生まれ。東京都出身。鈴木則文の弟子で、共同テレビ制作のＣＸ『ＭＡＥＳＴＲＯ』で監督デビュー。ＣＸ『怪奇倶楽部』、ＣＸ『悪霊学園』などを経て、円谷映像にて劇場映画、テレビシリーズを監督する。東映ヒーロー作品は『百獣戦隊ガオレンジャー』よりの参加で、『忍風戦隊ハリケンジャー』『仮面ライダー電王』『仮面ライダーキバ』『仮面ライダーオーズ／ＯＯＯ』ほかを担当。

円谷映像で劇場映画や女の子が主役の『仮面天使ロゼッタ』『ヴァニーナイツ』などの監督をやっていた時期に東映さんから『クウガ』の依頼があったんですけど、うまく合わなくてできなかったんです。そうしたら次は日笠（淳）さんに呼んでいただきまして、『（百獣戦隊）ガオレンジャー』をやらせてもらいました。もともと特撮作品を目指していたわけではないんですが、居心地が良かったのでそのまま東映さんに何年か居ついてしまったんです（笑）。

子供のときは「仮面ライダー1号、２号」がジャストでして、『ウルトラマン』は再放送で観ていた世代です。僕はヒーロー作品からの卒業が早かったので、『（秘密戦隊）ゴレンジャー』を観たことがなかったんです。なので、『ガオレンジャー』のときは困りました。セオリーが、わからない（笑）。当時のチーフ助監督は中澤（祥次郎）君だったんですが、怒られました（笑）。「もっと、カッコよく」って（笑）。僕は芝居が撮りたいんですが、「監督、子供たちはこの戦いが観たいんです！」という感じで。なんて言いながら、中ちゃんはいま芝居をいっぱい

■2015年2月取材
■仮面ライダー平成vol.2掲載

撮っていますよね（笑）。『（美少女戦士）セーラームーン』は、1年間ビッチリ撮らせてもらった作品です。楽しい仕事でしたね。新しい放送枠でしたので規制がなく、白倉（伸一郎）さんも冒険されたんだと思います。やりたいことをやらせていただきました。主人公の女の子たちも、（女優として）伸び盛りで一生懸命やってくれていましたし、思い出がいっぱいです。一番たいへんだったのは、やっぱりアクションでしたね。顔が出ているキャラクターなので、よほどのとき以外は本人でやるしかないんです。5人ともプロポーションが素晴らしいこともあり、アクションの方のがっしりした体形だとばれちゃうということも考えられました。衣裳が薄いので、冬のアクションシーンは屋内限定にしたりもしています。

こういった作品を手がけると、観ていてくれるんでしょうね。いろいろとつながってくるんです。ある日、電話が来て、『（超星艦隊）セイザーX』の後半に参加することになりました。お茶の間SFとでもいう作品で、こちらは東宝のシリーズですから、

また違うカラーで楽しかったですし勉強になりました。このときの主役はその後、3人とも「仮面ライダー」や「スーパー戦隊」に出演していますよね。2本だけやった、『オーズ／OOO』のときですか。三浦（涼介）君がメインで出ていたので、「久しぶりー」ってびっくりしました。彼は憑依型の役者さんなので、役によってまったくイメージが変わって面白いですね。その相方の渡部（秀）君もお芝居に飢えている感じで、キャッチボールをする間に演技のバリエーションが倍々で増えていくんです。もの凄く吸収力のある俳優さんでした。作品を引っ張る、座長タイプの役者ですね。鴻上役の宇梶（剛士）さんは、じつは20代の初めごろに僕が通っていた飲み屋で、よく呑んでいた人なんです。20年ぶりくらいに現場でお会いして、当時はペーペーの助監督でしたし、たぶん覚えてないだろうと思って「初めまして」って言ったんですが、「なに言ってんの監督！」って。とても、記憶力のいい方ですね（笑）。

『オーズ』の前に『電王』をやっているんですけど、まさか自分がやるとは思わなかったです。田﨑（竜

太）監督の1、2話を観て、長石（多可男）監督の3、4話を観て、なんて面白いんだと感心していました。「仮面ライダー」で人情ドラマをやり、ここまで笑わせてもいいんだって。そうしていたら白倉さんから「やりませんか？」って電話をいただきまして、「やります」と即答しました（笑）。僕が担当したのは侑斗の登場回からで、中村（優一）君は『響鬼』のときにたいへんだったみたいで、どう演じるかに悩んでいたんですが、「とにかく、侑斗をお客さんに愛されるキャラクターにしよう」と伝え、のびのびとやってもらいました。デネブを演じられた押川（善文）さんも、熱演されていました。最初に脚本を読んだとき、デネブがキンタロスに似ないかという心配がありました。それで「差別化したいね」ということでいろいろ考え、押川さんと話しているときに「お母さんキャラなんてどう？」って出てきたんです。侑斗とデネブの関係を反抗期の子供とそのお母さんにすれば、良太郎側のイマジンとキャラがダブらないだろうということですね。押川さんも「面白いです」とおっしゃって、デネブのキャラクターができていきました。そのとき、向こうには4人もイマジンがついているので、（負けないように）「3人分はやってくださいね」と押川さんにお願いしたんですが、ほんとうに3人分くらいの活躍をされましたね（笑）。ほんとうに、力の入った演技をしてくださいました。あと『電王』で印象的なエピソードといえば、クリスマスの回です。謎がだいぶ解けるお話で、記憶喪失ではないお姉ちゃんが出てくるんです。いつものほんわかしたキャラではなく、凛とした愛理が出てくる。こちらが、ほんとうのお姉ちゃんなんだよ、ということです。松本若菜さんにはかなり（キツく）お芝居を要求したんですが、見事にそれに応えてくださいましたね。とても、いい表情をされていました。

『キバ』のときは1年間ついてくれと言われたんですが、決まっていた劇場映画がありましたので、中盤で抜けさせていただいたんです。そうしたらその映画が流れてしまいまして（笑）、武部（直美）さんに「すみません」って電話をして終盤であと2本撮らせていただいています。渡役の瀬戸（康史）君

は線が柔らかい感じなんですが、ほんとうは男らしいタイプなんです。たしか九州男児ですよ。彼は、役と素の部分のギャップが面白かったですね。実際には柔らかいタイプの加藤（慶祐）君が杓子定規な名護役で、こちらも逆でした。

井上（敏樹）さんの脚本は、難しかったです。観念的なト書きもありましたし、「舞原に任せた」みたいな部分もあって、好きにはやれるんですがたいへんでした。井上さんって、こちらが脚本を直しても怒らないんです。「面白かったぜ」って、褒めてくださいます。「俺は、脚本を仕上げるところまでが仕事だから」って。ただし、直したものが面白くなっていないと怒られます（笑）。あまり、いらっしゃらないタイプの脚本家さんですね。

僕は小林靖子さんが脚本を担当されたお話を撮ることが多いんですが、小林さんの脚本もやりやすいですね。行間のたたずまいや台詞の間《ま》が、とても好きなんです。なので、小林さんの脚本だといろいろ撮りたくなって、どんどん尺が伸びちゃうんです。井上さんの脚本だと自由にキャメラを進めていける

ので、どちらかというと尺がぴったりとはまります。自由だと伸びそうなものなんですが、画《え》作りにスピードが加わるんですね。面白いものです。おふたりとも、力量のある作家さんだと思います。その回のどの部分に力を注げばいいかが、脚本を見るとすぐわかるんですね。

『キバ』の後に、劇場版の『超・電王トリロジー』の1本をやらせていただいたんです。NEW電王のエピソードですね。テレビ版よりもスケジュールが短くてたいへんだったんですけど大人に向けた要素を加えてもいいということでしたので、おばあちゃんと孫娘の関係を描いたりして楽しかったです。カマキリの怪人も、色っぽくしました。テレビだと怒られますけど。それから、『(特命戦隊）ゴーバスターズ』を経て『ウィザード』となります。『ウィザード』は、初めて1年を通してやらせていただきました。レギュラーになると、リリーフのときとは違い、1年間を視野に入れて演出をしないといけないんですね。たとえば、ある脚本でここまで（俳優に）やらせれば面白くなるといったときも、（キャラの設定では）まだそこまで成長していなければ、それができない。そういった我慢が、随所で必要になるんです。「レギュラーでやられている監督は、たいへんなんだ」と思いました。でも逆に、1年間やれる楽しみというのもあるんです。キャラクターを成長させていく、積み重ねていく楽しみですね。そのへんのさじ加減とでもいうものが、各監督ともに絶妙で、みなさんの阿吽《あうん》の呼吸で見事にシリーズを通じてキャラの成長のバランスが取れていくんです。ずっと東映さんでやってらっしゃる監督は、凄いですよ。1年間演出をしても、すぐに次のシリーズにとりかかる。僕なんか1年間全力疾走して、クタクタになっちゃいましたから（笑）。

僕の師匠の鈴木則文は「まず、観客を喜ばせることが一番だ」という人で、演出家のやりたいことこか屁理屈はそのあとだというタイプの監督でした。僕はヒーロー作品を含め、じつにさまざまなジャンルの映像を監督させていただいていて、そこは「なんでもやる」という師匠の教えに従っていると思います。

「仮面ライダー」の映像作り

キャメラマン

いのくままさお

Masao Inokuma

1939年9月28日生まれ。満州出身。本名は猪熊雅太郎。1961年より東映テレビ・プロダクションにて撮影助手を務め、『特別機動捜査隊』にてキャメラマンに昇進。昼の帯ドラマ『花と蝶』などを経て『人造人間キカイダー』以降はテレビ・プロ制作の子供番組のキャメラマンを歴任し、「スーパー戦隊シリーズ」や「平成仮面ライダーシリーズ」でその技術を見せた。『仮面ライダー鎧武／ガイム』の第33話をもって引退している。

師匠であるキャメラマンの内田安夫さんから「熊、そろそろやってみろよ」と言われて推薦していただき、『特別機動捜査隊』でキャメラマンにしてもらったんです。それからお昼のメロドラマをやって、また『特捜隊』に戻ったりしていたんですが、東映テレビ・プロダクションが初めてやる子供番組、『人造人間キカイダー』のキャメラを担当することになり、それ以降は子供番組が主力になっていきます。『キカイダー』のときは子供番組は初めてだったんですが、大人向けのドラマと撮影手法を変えようとは思っていませんでした。違いがあったとすれば、それはより効果的な撮影手法を試行錯誤するうちに自然に生まれたものなんだと思います。ヘリコプターからの撮影もやりましたが、高いところは好きなので（笑）、怖くはありませんでした。『キカイダー』は、意外とミニチュアの撮影が多かったですね。そういった場面は、事前に矢島（信男）さんと相談してレクチャーを受けて、矢島さんのイメージに従って撮影しています。撮影のとき、矢島さんのスタッフにいろいろ教わりながら撮っていました。

　その後、『がんばれ!! ロボコン』や『がんばれ！レッドビッキーズ』などをやり、『スパイダーマン』も何本かやって、「スーパー戦隊シリーズ」は『バトルフィーバーJ』から正味17年もやってしまいました（笑）。『（秘密戦隊）ゴレンジャー』は東映生田撮影所なので、やっていないんですよ。とはいえ、最初の頃は撮影が新番組と被る時期の別班を担当していただけで、1年に数本という感じでした。でも「スーパー戦隊シリーズ」の制作担当の佐々木丸正さんから「熊ちゃん、やってよ」とよく言われていたこともあって、『（大戦隊）ゴーグルV』の途中からレギュラーで担当することになったんです。

「スーパー戦隊シリーズ」を撮るようになって一番驚いたことは、監督の「カット！」の指示がものすごく早いことですね。ワンカットワンカットが、それまでのドラマや子供番組などに比べて極端に短いんです。最初は戸惑いましたけど徐々に慣れて、『ゴーグル』の頃には対応に困ることはありませんでした。5人のヒーローの撮り方は、アクション監督と相談しながら決めています。最初の頃は山岡（淳二）さんで、とても頭のいい人なので決定がスピーディでした。字コンテも、しっかり作っていらっしゃいましたし。あのころはロボ戦も最初の2話以外は本編班で撮っていたんですが、正直、最初は「俺はドラマを撮るのが仕事で、ロボ戦は特撮班でやるべきじゃないの」と思っていました。でも、そうも言っていられないので、「できるだけのことはやろう」という気持ちで取り組むようになったんです。

　そんなこんなで『（星獣戦隊）ギンガマン』までキャメラを担当したんですが、作品ごとにプロデューサーの狙いは違いますし、彼らや監督の注文を受けて撮影しているうちに少しずつですけど演出的にも内容的にも進歩していったような気がします。いろいろな監督がいらっしゃいました。なかでも、長石（多可男）さんの注文は特徴的で、印象に残っています。長石さんの世界とでもいうものがしっかりあって、ドラマを構築していることが伝わり面白かったですよ。雨宮慶太さんも、独特な世界があって面白かったです。円谷プロ出身の東条（昭平）さんは最初、その独特な言葉の使い方がわかりませんで

した（笑）。撮影部の助手の町野（誠）君に、言葉を訳してもらいました。東条さんはせっかちな人で、だからカット割りがスピーディなのかもしれませんね。田﨑（竜太）監督はチーフ助監督をやっていて、『（超力戦隊）オーレンジャー』で監督デビューしたんですが、誠実な人でしてね。コンテ割りなんかも、きちんと作ってくるんです。小笠原（猛）ちゃんは『レッドビッキーズ』などの助監督で、子供番組が好きな人でしたね。仕事は、手早かった監督です。「スーパー戦隊シリーズ」を抜けたのは、『燃えろ!!ロボコン』が始まったからなんですね。昔のシリーズを撮っていたからということで、そちらにつくことになりました。それで、そのまま『クウガ』となるんですが、これは戸惑いましたよ。ビデオで撮影するのも16対9の画面も、シンクロ（同時録音）も初めてなんですから。キャメラにもビデオ機材につながるケーブルがついていますし、キャメラを取り回すにも制限が出てきたんですね。ケーブルがついていることをつい忘れて動いて、ビデオデッキを倒しちゃったなんてこともありました（笑）。あとは、フィルムに比べ、よく映ること。キャメラを引いても、よく映るとか、驚きでしたね。シンクロだとアクションを交えた芝居でも雑音を拾わないようにしないといけないし音声用のケーブルも邪魔で、最初はとにかく時間がかかりました。それでだんだんオンエアに間に合わないくらいスケジュールが遅れてきまして、一時はシンクロを止めようかという話になったこともあったんです。それでも音声さんの協力もあって、なんとかそこはシンクロのまま、乗り越えることができました。とにかく『クウガ』は、勉強の連続だったんです。

その後、『アギト』や『龍騎』『555《ファイズ》』ときて、作品が盛り上がっている手ごたえは現場でも感じられて、嬉しかったですね。でもこの頃になっても、たとえば『龍騎』ではミラーワールドをもっと考慮した撮り方をすれば良かったとか、ストップモーションの打ち合わせをもっと綿密にすれば良かったとか、セット撮影では撮影時に舞っているごみに十分注意しなくてはいけないとか、細かい反省点はいろいろありました。ビデオだと空中のほこりも映って

しまうので、後処理で消しているんです。「平成仮面ライダー」の映像は、初期の数作はいわゆるビデオっぽい画質でした。奥行き感が、出にくいんですね。そういった点も、照明技師にビデオの特性を考慮したうえで奥行きの出る照明にしてもらったりして、最近ではだいぶフィルム風な画質に仕上がるようになってきています。照明技師はビデオに精通した人ですので、そこは安心して仕事ができました。キャメラが変わってきていることも、画質の変化には影響しています。どの作品で画質が変わったということではなく、試行錯誤しつつ、少しずつ変わってきている感じですね。

　ビデオになってからは、モニターでカットの確認ができるようになりました。それも善し悪しで、みんなでモニターを見てワイワイやって画《え》を決めていくので、キャメラマン次第の映像ではないですよね。そこはちょっと、自分としては拍子抜けですね。すぐ確認することで、どうしてもあらが見えてきて「もう1回」となるんですが、これも撮影に時間がかかるようになった一因かもしれませんね（笑）。

第4章

『仮面ライダー響鬼』から『仮面ライダーディケイド』

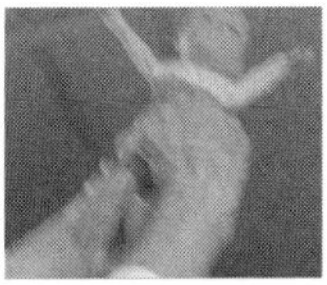

仮面ライダー響鬼

2005年1月30日～2006年1月22日放送
全48話

『響鬼』の世界とは

東映株式会社
映像本部
テレビ企画制作部プロデューサー

土田真通

Masamichi Tsuchida

1974年12月８日生まれ。静岡県出身。1997年に東映入社。東映東京撮影所勤務を経て『爆竜戦隊アバレンジャー』でプロデューサー補に。『特捜戦隊デカレンジャー』にてプロデューサーとなり、『響鬼』では高寺成紀、白倉伸一郎を補佐。

東映に入って、最初は映画の現場で制作進行をやっていたんです。『鉄道員《ぽっぽや》』や『ピンチランナー』、教育映画などに携わって5年目くらいでテレビ部に異動になりました。最初が『（爆竜戦隊）アバレンジャー』で、『デカレンジャー』でプロデューサーになりました。映画はひとつの作品を数か月かけて作るのに対し、テレビは毎週放送され、日々結果が求められる感じ。そのスピード感の違いに驚きました。もちろん同じ東映の撮影所の中で作られているので現場には映画の感覚がありました。空気は似ているが、ペースは全然違うという印象です。

初めて特撮作品を担当して戸惑ったのは、脚本でした。ロボ戦やアクションがなかなかイメージできず、読めない（笑）。苦労しました。『デカレンジャー』の後半くらいの時期に翌年の「仮面ライダー」チームに行くことになりました。通常は作品の内容はプロデューサーと脚本家で企画を進めるものなのですが、『響鬼』には「文芸部」という存在がありましたので、かなり戸惑いました（笑）。『響鬼』は企画が通常より先行していて、自分が参加した時点

■2015年1月取材
■仮面ライダー平成vol.6掲載

で基本的な方向性が決まっていました。ドラマの運びはもちろんですが、それまでの「平成仮面ライダー」の常識となっていることをひっくり返す、そんな強い狙いがあったのが印象的でした。

すでに参加していた大森（敬仁）君とともに、私はキャスティングを行っていく仕事が主になりました。これまでのライダーシリーズと違い、主役もオーディションで抜擢するのではなく、力量のある経験者にお願いしようと。伝統あるシリーズの看板であり一年という長丁場です。慎重に選考しました。経験から滲み出る強い男「大人のライダー」のイメージにぴったりの細川茂樹さんに決まったときはホッとしました。他のキャストのためのオーディションも合わせて行ったんです。これも通常と違い、『響鬼』のオーディションでは人数をある程度絞り込んだ後、個人面談形式でも行っていました。じっくりと役者さんの本質を引き出したかったんです。川口（真五）さんや松田（賢二）さんは、面談でお話ししたときに受けた印象をもとに役を作った感じで、個人面談がうまく機能したと思います。苦戦したのは、明日夢でしたね。響鬼に憧れ成長する、もうひとりの主役です。イメージに合ういい子がいなくて。別作品で地方ロケに行っていた栩原楽人君が数日後、東京に帰ってくるというので待って、会ってみたら「この子しかいない！」と。このことは、とても印象的でした。

チーフの高寺（成紀）さんとは日常を丹念に描くことやミュージカル風のシーンなど、これまでと違う画期的な要素をドラマ性とどうバランスを取るのかを議論しました。高寺さんの確たるイメージをどう現実的にアレンジメントしていくのかということが自分の役目です。脚本の打ち合わせは、ほんとうに長時間に及びました（笑）。

第1話の屋久島ロケは、天候にも恵まれ素晴らしかった。最初はいろんなアイディアがあったんですが、鬼というモチーフとの相性から候補に挙がりました。※シナハンに行ったら大自然を感じさせる背景がたくさんありました。自然の中で戦うライダーというのがコンセプトにありましたので、ピッタリはまった。長時間の移動や予算、撮影はたいへんでし

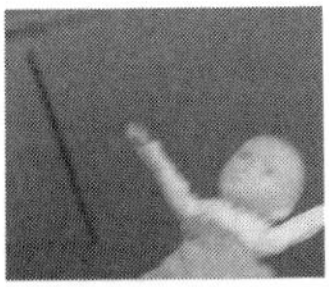

たが、期待以上の撮影になりました。屋久島ロケ以外にもこだわった要素として、武器としても使われた「太鼓」があります。実際、響鬼が叩く大きな太鼓は御殿場市にある富岳太鼓さんにお願いしました。太鼓の指導もしていただき、それを細川さんが打つシーンは壮観でしたね。作品を象徴する場面になりました。魔化魍をCGにすることとか、『響鬼』にはチャレンジがいくつもありました。たいへんでしたけど、平成仮面ライダーの常識をひっくり返す、その狙いは達成できたんじゃないでしょうか。そうそう、主題歌を担当された布施 明さんに元鬼として出演していただけたことも、いい思い出です。

※シナハン……脚本づくりのために舞台となる場所を訪ね調査すること。シナリオハンティング。

東映ヒーロー作品とは

監督
坂本太郎

Taro Sakamoto

1939年９月20日生まれ。岡山県出身。1964年に東映テレビ・プロダクションで『廃墟の唇』の助監督となり、以降『がんばれ!! ロボコン』『特捜最前線』などのシリーズで助監督を務め、『バッテンロボ丸』で監督デビュー。その後はフジテレビ放送の不思議議コメディ路線や『スケバン刑事』などのアクション路線、『鳥人戦隊ジェットマン』『恐竜戦隊ジュウレンジャー』『重甲ビーファイター』などの特撮路線をコンスタントに担当。

１９６４年に日藝（日本大学藝術学部）から、助監督として東映テレビ・プロダクションに入りました。当時はテレビ局も増え、テレビドラマがどんどん制作されていたんです。忙しかったですね、休みもなく、寝る暇もないくらいで。当時から現場のスタッフは一作品いくらの契約労働者で、働けど働けど生活は苦しかったんですよ。その頃は労働運動も盛んで、「どうにかせにゃ！」ってことで、全東映的に契約労働者が組合を旗揚げしました。ノンポリだった僕も子供を２人かかえ、組合役員を続け頑張っていたんですが、後輩がどんどん監督になっていくなか、テレビ・プロでは組合員は監督にしないって言うんです。すったもんだで、じゃ、組合が管理していた東映製作所ならいいだろうってことで、40過ぎてやっと監督になれたんです。製作所ではフジテレビの「不思議コメディシリーズ」や『スケバン刑事』を作っていたんですが、テレビ・プロには『(鳥人戦隊）ジェットマン』で戻り、それから「スーパー戦隊」や『(重甲）ビーファイター』のシリーズを行ったり来たりしていました。

■2015年1月取材
■仮面ライダー平成vol.6掲載

１９９０年代後半から２０００年代初めは、東映から勉強で監督を「パワーレンジャー」の現場に出していたんですが、若い人も決心がつかないみたいで、田﨑（竜太）君に続く人が見つからなくてね。そんな時、合成の仕上げ現場にプロデューサーのジョナサンが見学に来ていて、そこで、彼から「ぜひ来てくれ！」と誘われたんです。僕も60を過ぎていたし、テレビ・プロとの専属契約も終わっていたので、「もう、失うものはないから」という気持ちで、「じゃ、一度見学に行きます」ということになり、夏に10日間ほどアメリカに行きました。現場を見たら、「こりゃダメだ！」。アメリカ人同士の英会話は、日本で勉強した英語では全然役に立たないんですね。そこでジョナサンが「通訳をつけるからぜひ」と言うし、アメリカ側の共同プロデューサー兼監督の坂本浩一さんも「大丈夫です。面倒見ますから」とおっしゃってくれたので安心して、「じゃ、いいか」とお引き受けしたんです。アメリカで監督ビザを取るため、鈴木（武幸）専務がバンダイや雑誌社から推薦状を集めてくださいました。それから1年間、いまかいまかと待っていたんですが全然ダメで、同時多発テロもあって諦めていたんですが、２００２年の10月になって「ビザが取れた。すぐ来てくれ」となって慌てて11月にアメリカに行きました。それから半年の間に『パワーレンジャー ワイルドフォース』を12話も監督したんです。でも撮影は土、日は完全休日ですし、ファーストユニットはドラマ部分を、セカンドユニットはアクション部分をと分業です。それに合成とかアクション部分は、ほとんど日本のものを使い回しするし、ドラマだけの僕は、そりゃ楽でしたよ。僕的にはもう1年アメリカでと思っていたのですが、経費削減のためニュージーランドで撮影ということになって、僕は連れてってもらえませんでした。

アメリカから帰ってきてすぐに担当したのが、『(爆竜戦隊) アバレンジャー』でした。アメリカと違い、時間の流れが速い日本の制作体制に戻れてほっとしたような気がしていました。ビデオ撮影になったいまでも、僕はモニターの前よりカメラの横が好きで、すべてはキャメラマン任せで俳優さんの演

技でＯＫ出しをしています。僕は基本的に引きの画《え》はここまで、このカットの次はこれと、必要だと思うカットを決めて撮るようにしています。アメリカ式にいろんな角度から引き、ナメ、アップをどれでも使えるように撮ること、つまり材料をふんだんに撮りまくるっていうのは僕には馴染まなくて、向こうでもずっと自己流を通していましたので、もしかするとアメリカで何も勉強をしてこなかったのかもしれません。

『響鬼』を担当したのは、高寺（成紀）さんから声がかかったからです。彼とは『（激走戦隊）カーレンジャー』をやっていたんですが、オールラッシュのときにカットのひとつひとつまでこと細かく言うので、よくもめたんです。でもそれは仕事に熱心なわけで、議論には決着つくまで付き合ってくれるんです。人間的には面白い人で、私は好きです。高寺さんが『クウガ』以後、久し振りに「仮面ライダー」をやるということは聞いていたんですが、ある日会社で、たまたま顔を合わせたとき「ホンを読むだけなら読むよ。早く作ってね」と言ったら彼も脚本作りをするうちに僕にやらせる気になったらしく、第5、6話の脚本を持ってきたんです。その脚本は良かった。『クウガ』がインした当時、気になってい

たので脚本も読んでいまして、当時それには正直、違和感を感じていたんですが、『響鬼』はしっくりきたんです。ヒーローを支える人たちと純粋な少年たちが作るドラマの部分がきちんとできているところがいいんですよ。そして第5、6話の初号を観た髙寺さんから「僕はこういうものを作りたかったんだ」と言ってもらえました。彼はとことんこだわる人ですから、そのこだわりにはとことん応える。そして僕は役者の顔を見ながら、人間を撮る。モニターを見て、複雑な合成を考える才能はありませんので。『響鬼』における髙寺さんのこだわりとは、ヒーローが現れると画面や物語から消えてしまいがちな普通の人間たちを、きちんと描くことだったんだと思います。

『電王』には、立候補して参加させていただきました。小林靖子さんの脚本を読んで、とてもいいなと思ったからです。ヒーローのあり方が面白い。弱い男が取り憑かれて、無理やり強くなる。そして毎回、一般人が出てくる。その一般人が日常のなかで失敗して悩み込む。心が揺れる人間を、その時へ連れていく。失敗は取り戻せないけど、もう一度経験することで、その人は強くなっていく。そういった設定に、僕は惚れ込んだんです。僕が以前、多く監督した「不思議コメディシリーズ」もそうで、脚本の浦沢義雄さんは、いつも子供の常識を否定することで、より子供の世界や日常を描くことができると言ってました。そんな浦沢さんの脚本には、いい加減という意味ではない曖昧さがあって、プロデューサーが入り込めない、脚本家と監督だけの領域があるんです。僕の初監督が浦沢さんの脚本で、そのときはほんとに悩みましたよ。そんな悩みが僕を育ててくれたんですね。浦沢さんの脚本には、やっていて楽しさを感じます。撮っているうちに、「こう変えたほうが面白い」と誘ってくれる独特の世界があり、どんどん膨らんでいくんです。そのたたずまいゆえに俳優の自由度もどんどん増し、アドリブが連発されても筋書きや世界観が崩れないという不思議な包容力もあります。『(海賊戦隊)ゴーカイジャー』で浦沢脚本を2話監督しましたが、ほんとに楽しかったですよ。これで、もういいと思ったんですねぇ。

人ならざる者

俳優

村田　充

Mitsu Murata

1977年８月18日生まれ。大阪府出身。ストリートダンサーを経てモデルとして活動し、2000年ＣＸ『二千年の恋』で俳優デビュー。以降、ANB『スカイハイ』、ＮＨＫ『恋する京都』、ＥＸ『ティッシュ』など多くのテレビドラマに出演。『ＧＯ』を始めとする劇場映画や、舞台への出演も数多い。『仮面ライダー響鬼』では、童子、クグツなど複数の役を演じ、『仮面ライダーキバ』にも出演した。

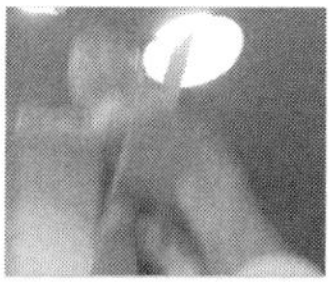

■2015年1月取材
■仮面ライダー平成vol.6掲載

モデルになりそして俳優に

　高校卒業後に大阪のインディーズブランドのショーに出演する機会を得まして、ゲストモデルでいらしたＡＲＡＴＡ（現・井浦 新）さんとご一緒したんです。そのとき、プロのモデルになるにはどうすればいいかということをお聞きしたんですが、「東京へ来るしかない、それがスタートだ」ということでした。それでその3日後には上京しまして（笑）、運よく東京コレクションに出演できることになって、それを見ていらしたエディターさんなどから雑誌のモデルとしてオファーをいただけるようになったんです。事務所は、ＡＲＡＴＡさんが面倒を見てくださって、ＡＲＡＴＡさんと同じ事務所でした。僕が雑誌のスチールでデビューしたのは、講談社さんの「ホットドッグ・プレス」なんです。

　音楽もやっていたんですが、映画がとても好きでしたので、モデルになってからは、将来的には俳優としてやっていくことを念頭に置いて活動していました。それでモデルとして1年半ほどやらせていただいてから芸能関連の事務所に移籍しまして、２０００年の1月にテレビドラマで俳優としてデビューしたんです。その後、映画にも出させていただきましたが、やはり興奮しましたし、緊張しました。正直、役者になる前は、自分はもっと演技ができると思っていたんです。でも、実力がありませんでした（笑）。ショックでしたね。

『響鬼』に出演することになって

　俳優になって何年かして、「仮面ライダー」のオーディションを受けようということになりました。たしか写真選考から最終審査までで、5回オーディションがあったと思います。最初から最後まで、仮面ライダー役ということで受けていたんです。そして最終審査が終わって事務所に連絡をいただいたときに、仮面ライダー役は残念な結果だけど、ほかの役があるということだったんです。プロデューサーの高寺（成紀）さんにお聞きしたんですが、石田（秀範）監督が僕を気に入ってくださって、協議の結果、当初は予定されていなかった悪役を作ったからということでした。そのお話に感動しまして、喜んでやらせていただいたわけです。僕は「仮面ライダー」では『アマゾン』が好きでして、『響鬼』の脚本を初めて読んだとき、そこに『アマゾン』のモチーフを感じ取り、「いいなあ」と思いました。和風テイストもそれまでになかった試みだし、特別な作品に出演できるんだといった気になり、はやく撮影に臨みたい気持ちになっていました。

童子と姫の役作りとは

僕の役は、魔化魍側の童子という男で、姫役の芦名（星）さんとコンビでした。芦名さんもモデル出身で、当時はまだ新人さんだったんですが、現場に食らいつくといった姿勢で一生懸命打ち込まれていました。主役も細川茂樹さんですし、演技の経験者が集まっていた作品でしたので、おそらく当時の芦名さんは大きなプレッシャーを抱えながら参加していらっしゃったのではと思います。そんなフレッシュな芦名さんと撮影の際はほとんど一緒にいましたので、僕も影響を受けながらやっていたような気がします。お芝居も、芦名さんと話し合ったり、監督と相談したりしながら作っていきました。魔化魍サイドは現場ではわりとほったらかしにされていたので（笑）、メイクのアイディアやお芝居の方向性なども、僕らの案がそのまま通ることも多かったんです。比較的、自由にやらせていただきました。童子のお芝居で気をつけたことは、童子と姫の場合は声をアフレコするときに僕が姫、芦名さんが童子の声を当てるわけですから、芦名さんがアフレコしやすいような演技をすることでした。

最初のロケは、屋久島でした。あいにく雨続きで、寒かったですね。東京に戻ってからも、撮影をするのは海でも岩場ですとか、都心から離れた地域の山奥だったりしました。1月、2月というもっとも寒い時期に薄着ですから、息が白くなったり鳥肌を立てたりすることがないようにケアしていました。童子たちは人間ではないわけですからね、人間臭くなってはいけないんです。あの年は特別寒かったので、

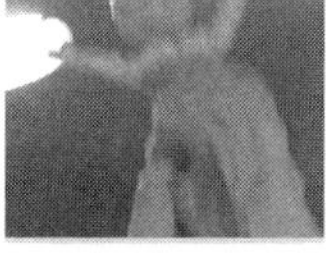

とにかく寒かったことが印象的です（笑）。「寒い」ということしか言っていなかったような。川で戦闘をするシーンがありまして。あのときが、一番寒かったですね。川の水は、海より冷たいんです。

俳優とアクションと童子の変化

僕ら魔化魍チームは、細川さんたちの俳優チームとご一緒したことは意外と多くないんです。なぜかというと、童子たちは生身でのアクションが比較的多かったんですが、俳優の方は早めに変身してしまうからなんです。ですから俳優チームと同じ日の撮影は少なく、ロケバスもアクション担当のＪＡＥチームとご一緒することが主だったんです。響鬼役の伊藤（慎）さんは、素晴らしいアクターさんだなと思いながら、そのアクションを見ていましたね。ＪＡＥのみなさんには、アクションの撮影のときにアドバイスしていただいたりしています。毎回、童子の怪人態を演じる方とディスカッションして、僕のイメージをアクションに取り入れていただいたり、後半になるとアクションの手に僕の考えを採用していただけることも多くなりました。少ないとはいっても、細川さんらと相対する場面は後半になると増えました。細川さんは包容力がある方で、出演者が抱える不安とでもいうものを、全部細川さんが背負ってくださったという感じでしょうか。ですから現場で戸惑うこともなく演技に集中でき、細川さんは松田賢二さんとともに絶大な信頼をおける兄貴という立ち位置にいらっしゃいましたね。

劇場版の頃から僕はスーパー童子になりますが、スーパー童子の頃になると、より一層自由にやらせていただいています。それまではエピソードごとに違う童子なんですが、スーパー童子は同一人物なので、その成長が描かれるようになったことは変化でした。話を追うに従い、お芝居を少しずつ変えていくんです。スーパー童子が最後にどうなるのかがわからないまま、その成長、自我が目覚めていく様子を表現していたんですね。とても楽しい撮影でした。中盤の前くらいから出てくるクグツやその上にいる謎の紳士も僕ですが、最終回になると、さらにその

上が出てきます。それを演じ分けることも楽しかったです。

『響鬼』のトータルなメッセージの一部として「悪は終わらない」ということがあります。正義と悪は表裏一体であり、正義があれば必ず悪もあるわけで、番組の設定的にも鬼と魔化魍には近い部分があるんです。その図式は現実の社会にも、自分の周りの狭い世界にも、投影することができるんです。自分のなかでも、常に正義と悪は戦っているわけですから。ですから番組では、続々と次の悪が出てきます。でも、そんな世界で人は強く生きていくんだというメッセージが発せられます。そんなことを意識しながら、役を演じていました。ですから、最後に出てくるキャラクターは、あえて一番軽い感じ、強くない雰囲気を出しています。遊び半分で、クグツや童子たちを生み出しているかのような様でいます。そして、まだ上がいるんじゃないかという含みも加えて、僕なりにああいうかたちにしたんです。

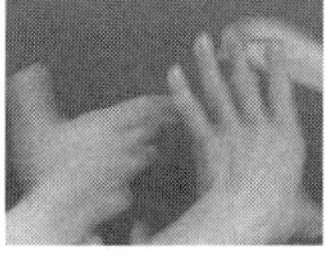

そして『仮面ライダーキバ』

『響鬼』から3年たって、『仮面ライダーキバ』ではファンガイアの幹部、ビショップをやらせていただきました。ビショップは頭も切れて策略家なんですが、王の側近で忠誠心は強いんです。悪者側の世界を安定させようとしている、真面目な人なんです。ビショップは、最初は6話だけの登場予定でしたが、気づけば最終話まで登場させていただきました。当時オファーを受けた際に、『響鬼』とは違い、出演者が若手中心なので、お芝居に重厚なものを期待しているということを伺いました。それで、若手とは違う空気感が出せればいいなと思い、ビショップを演じていたんです。

クイーン役の加賀美（早紀）さんとは映画の『プラトニック・セックス』で共演したことがありまして、それ以来、数年ぶりの再会でした。悪役チームはキングの新納（慎也）さんもキャリアのある方ですし、（ヒーローに）負けないように頑張ろうと話していました（笑）。みなさん明るい方ばかりで、撮影現場も明るい雰囲気でした。『キバ』は屋内撮影が多かったので、あまり暑い寒いもなく、体に優しい現場でもありました（笑）。さらにまた数年して、『ウィザード』では3話にわたってファントムのレギオンをやらせていただいています。これもまた、楽しい仕事でした。

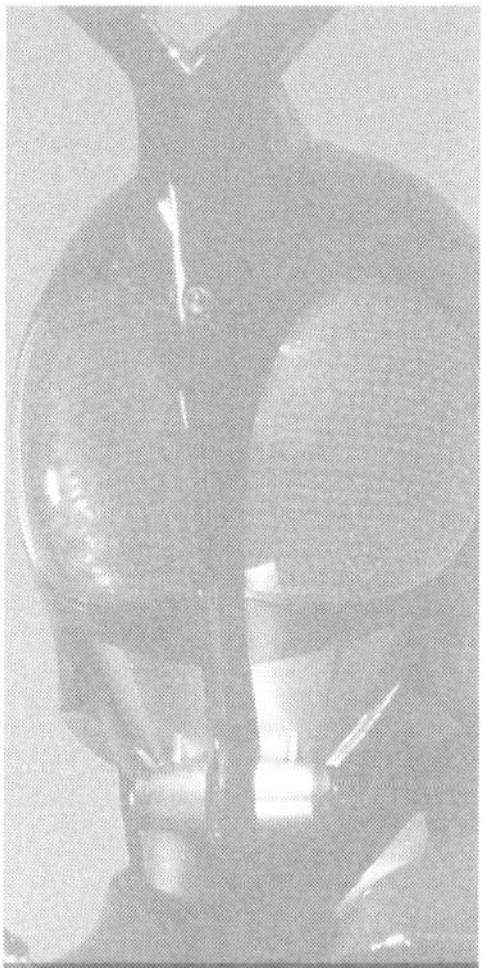

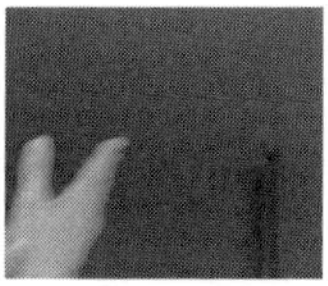

仮面ライダーカブト

2006年1月29日～2007年1月21日放送
全49話

決定版を目指して

東映株式会社
映像本部
テレビ企画制作部プロデューサー

和佐野 健一

Kenichi Wasano

1978年２月11日生まれ。福岡県出身。2001年に東映入社。2006年に『仮面ライダーカブト』でアシスタントプロデューサーに。『獣拳戦隊ゲキレンジャー』を経て、『炎神戦隊ゴーオンジャー』よりプロデューサー。刑事ドラマやＳＰドラマなども担当。

最初の配属はビデオ営業部で、テレビ部に異動してからは、まずは『相棒』の現場に制作部としてつきました。その後、鈴木（武幸）専務にお願いして『仮面ライダーカブト』に助監督としてつけてもらったんです。

第1話、２話は石田（秀範）監督で、それと並行してオープニングを田﨑（竜太）監督が撮ったんですが、あのころが一番たいへんでしたね。とにかくわからないことだらけでしたから。あとすごく寒くて。さっそく専務に言ったことを後悔しました（笑）。あとは、オープニングに使う小さな銀紙を段ボール2箱分切り続けたり、ワームがまき散らす粘液をローションと水を混ぜ合わせて作り続けたり……俺はいったいなんの仕事をしているんだと（笑）。撮影現場のムードはとても良かったです。スタッフももう何年もやってきているチームでしたし、何より水嶋ヒロ君を始めとした俳優陣がとにかくすごく一生懸命で、作品を愛してくれていて。彼らのためにもいい作品にしなければと強く思いました。

第９話くらいからはアシスタントプロデューサー

■2015年2月取材
■仮面ライダー平成vol.7掲載

として脚本作りやキャスティングに関わるようになります。最初に参加した脚本打ち合わせが確か夏の劇場版の初回の打ち合わせだったと思うのですが、これまで目先の台本しか読んでいなかったので、もう何がなんだかって感じでしたね。

『カブト』は、いま思い返すとスタンダードを武器に、毎回いかに奇策を打っていくかということの勝負だったように思います。やや奇策に振り過ぎた感もありましたが、そういう部分も含めてとても好きな作品です。白倉（伸一郎）さんと武部（直美）さんは既に長年連れ添った夫婦感ができ上がっていましたから、僕はそこに茶々を入れる係みたいな。メインライターは米村（正二）さんで、サブは井上（敏樹）さんでした。米村さんとの打ち合わせは、こちらがやりたいことを米村さんに長い時間をかけて浸透させていくといった感じだったように思います。時間はかかりましたね。一晩寝かして〝米村節〟の熟成発酵待ち、みたいな。だから上がってきたものは米村さんらしい、すごく温かなものになりました。井上さんは主にドレイクやサソードのエピソード回

を担当していただき、高いハードルを設けることで型にはまりつつあったキャラクターをいい意味で破壊してくれました。加藤（和樹）君とか山本（裕典）君とか、演じる本人は散々悩んでいましたが（笑）。米村さんと井上さんは真逆と言ってもいいくらいタイプは違うのですが、シリーズを通してみると、その正反対の両者の絶妙な配合が作品の世界観をより広げてくれた気がします。主人公の天道は、もともと圧倒的な「強さ」を標準装備した男なんです。それがいろいろな出会いや経験を経て、「弱さ」を手に入れていくという逆説的な成長をします。逆に、加賀美 新が本来の主人公的な成長を遂げていく。そこにエプロン姿の田所や地獄兄弟が加わり、物語は混とんの様相を呈し……（笑）。

　思い出深い話といえば、ある日、脚本の打ち合わせで井上さんの仕事場に夜の12時くらいに集まったんです。で、井上さんが突然アユの天ぷらを大量に揚げ始めて、それをみんなでムシャムシャ食べて。食べ終わると、昆虫のＤＶＤをみんなで鑑賞して。そして、朝方になったら井上さんが思い出したように「今回こうするからな」みたいなことを3分くらいでざっと話して。で、「解散！」みたいな。あの時間は返してほしいですね（笑）。

　いまは刑事ドラマを中心に担当していますが、そこで『カブト』メンバーと再会することがあるんです。彼らの成長を目《ま》の当たりにすると、やはり何かすごく特別な刺激を受けますね。

「平成仮面ライダー」の質の向上

テレビ朝日プロデューサー

梶　淳

Atsushi Kaji

1967年２月21日生まれ。静岡県出身。1989年にテレビ朝日に入社。1991年に『地球戦隊ファイブマン』『特警ウインスペクター』のアシスタントプロデューサーになり、『鳥人戦隊ジェットマン』『特救指令ソルブレイン』よりプロデューサー。以降、東映ヒーローシリーズやアニメ作品のプロデュースも多数。『仮面ライダーカブト』もプロデュースしている。現在は、総合ビジネス局所属。

私はテレビ朝日に入社して、２年目で運よく希望する子供番組につくことができまして、『(地球戦隊)ファイブマン』と『(特警)ウインスペクター』から数年間やらせていただきました。そして『(激走戦隊)カーレンジャー』と『ビーファイターカブト』の年に局員の育成方針に変更があり、東映さんの歴史あるヒーローシリーズはさまざまなことが経験できる、さらに若手のプロデューサーのデビューの場にいいということになり、私が離れて若手が入れ替わりで担当するようになったわけです。そして２０００年に「平成仮面ライダーシリーズ」が始まるんですが、朝の子供番組で制作発表会を行ったのは、テレビ朝日では『仮面ライダークウガ』が初めてでした。局としても、力が入っていたんですね。私は「いいなあ」という感じで横目で見ていたんですが、『剣《ブレイド》』のときに番組を強化しようという空気になりまして、「経験者を置こう」ということで『響鬼』からまた私が呼び戻されたんです(笑)。『響鬼』はそれまでとはまったく違うことをやろうという意欲作で話題性もあり、視聴率はアップしました。で

■2014年12月9日取材
■仮面ライダー平成vol.7掲載

もその一方で、マーチャンダイジングは辛かったんです。そこで、続く『カブト』では、『響鬼』でやったことをどうアレンジしていくかが私的なテーマになりました。

テレビ局のプロデューサーの番組への関わり方は人それぞれな面はありますが、私は『仮面ライダーカブト』では企画を固める段階と脚本作りに時間をかけることにしました。やはり、設計図で番組の7~8割の部分が決定しますから。幸い、東映の白倉(伸一郎)さんとはそれ以前より気心が知れた間柄でもあり、自由にものが言える企画会議になりました。『響鬼』の反省点は、高級志向の料理みたいで敷居が高かったということでした。とはいえ、大衆料理にして媚びてもいけません。そこで、高級スイーツとコンビニスイーツの間を狙うにはどうしたらいいんだろう(笑)、といったようなことを考えていました。

「平成仮面ライダー」が成功した大きな理由は、『クウガ』によるリアリティの獲得と『アギト』でのアンサンブルドラマ形式が大きいと思います。以降はこの2つの組み合わせで展開され、『響鬼』はストレートなヒーロー作品に戻した感じでした。では、その後をどうしようと悩んでいたときに引っかかったのが、J・J・エイブラムスがプロデュースするアメリカのテレビドラマだったんです。『エイリアス』や『LOST』にある、情報の森のなかを駆け抜けるような疾走感、そういったものをぜひプラスしたいと考えたんです。『カブト』は、その年じゃないとできない世界観作りに注力していました。『カブト』に豆腐などの日常が出てくるのは、企画というのは突き詰めれば突き詰めるほど先鋭化し、特殊な世界の話になってしまいがちだからなんです。「平成仮面ライダー」には、実際の私たちの世界や日常との「地続き感」が必要なんですね。万能な天道総司があまりにも常人離れしていたので、油断すると日常との接点が忘れられてしまうんです。設定だけ作っても表現されないと意味がないので、必ず描写される要素として料理というものを置いたわけなんです。妹の存在や「おばあちゃん」という一言も天道総司に人間らしさを与え、ソリッドな世界観になりすぎないようにする効果を狙ってのものだったんです。岬の立ち食いそばも、そういった意味でした。食べるという行為は極めて人間的なことでして、『アギト』でもよく焼き肉が使われていましたよね。

　キャラ立てという要素も、『カブト』ではとくに重要視したことです。企画時点で、登場人物が強さのインフレーションを起こしてしまいがちであることがわかっていましたので、（天道が）「最強は俺だ」ということをまずはっきりさせ、なおかつ登場キャラクターたちが強さだけになってしまわないように、米村（正二）さんや井上（敏樹）さんに強烈な個性、色をつけていただいたんです。キャラクターによって担当の脚本家さんを決めて、脚本家さんに競っていただくことでシリーズが面白くなっていくという流れは、『五星戦隊ダイレンジャー』のときがそうでした。ZECTのボス、本田博太郎さんが演じられた加賀美 陸も、意味があって設定しました。いい人なのか悪い人なのか、皆目わからない人物。こういう人がひとりいると、広がるだけ広がってしまいがちなこういった番組の風呂敷を、きれいに畳むことができやすいからなんです（笑）。すべてを決め込みすぎると狭いシリーズになってしまうので、自由度を確保するためにキャラクターに余白を残しておくという意味でももちろんあるんですが。加賀美 陸という人物の発明も、『電王』のデンライナーのオーナーや『ディケイド』の鳴滝などに活かされています。

　キャスティングは、作品の世界観をしっかり固めてからの作業ですので、ひたすら（登場人物のイメージに）合う人がいるかどうかにかかってきます。ある意味運次第というか、不確定要素がつきまといますね。でも、私たちは探し続けるっていう努力をするしかないんですよ。キャスティングは東映さんが中心になってあちこちにお声がけをされ、たくさんの候補を集めてくださいます。やっぱり一生懸命探していると、天道総司にぴったりな水嶋ヒロさんが見つかるんです。『電王』ですと「ひとりで、こんなに何役も演じ分けることができる人なんているの？」っていうところからスタートして、探しに探しぬいて佐藤 健さんに出会えたわけですからね。やはりその人にしかできないヒーロー、その人しか

できないキャラクターという部分にこだわることが大事ですよね。『響鬼』や『カブト』の時期は、主人公のありようが、番組をご覧になった視聴者の方の生活に元気を与えるような主人公像を目指していたんです。日常の場面をあえて描いたり、料理の名人やメイクアップアーティストなどを登場させたり、ときには人の温かさを表現したりしているのは、視聴者が日常生活の一コマで、ふとヒーローの台詞などを思い出すことがあるようにしたかったからなんです。それであえて、個性的すぎるキャラクターを描くようにしていました。キャラ立てで言いますとね、『カブト』の後半に地獄兄弟っていうのが出てきますけど、当初あの2人は設定されていなかったんです。前半で退場したキャラクターたちが、後半でどう復活したら面白いのだろうということを散々議論したうえで、ポジティブなキャラクターを逆転させる発想で、負け組のキャラクターとして性格を反転させて登場させたんですよね。彼らは当時、視聴者の心を強烈にワシづかみにして人気が出ました。だから疾走感、ドライブ感も伴い、うまく転がるキャラクターになったんです。いいアイディアでしたね。このキャラ立ての研究は、翌年のイマジンにもたいへん役立っています（笑）。この2人については、うまく畳み切れなかった面もあるんですけど、そこはあまり気にしていませんでした。

　あとは、音楽ですね。音楽というものを、『響鬼』の年から強く意識し始めました。毎年、主題歌を誰にするかとか、ＢＧＭをどうするかとかいう話が出ます。映像の企画は時間がかかるんですが、それまで音楽は、比較的あっさりと決まることが多かったんです。『響鬼』のときは、布施（明）さんに歌っていただいたりしまして、音楽のスケールが大きかったですね。『カブト』の夏の劇場版の主題歌についてもたくさん候補が出まして、とても悩んだ末に、ギリギリで吉川晃司さんに決まったんです。劇伴、ＢＧＭにおいては『響鬼』のときに佐橋俊彦さんが打楽器だけで音楽を構成するという、衝撃的な仕事をなされました。それで、『カブト』からはＢＧＭの個性化にも意図して力を入れるようにし、『カブト』のＢＧＭは蓜島邦明さんに作曲をお願いしてい

ます。それと同時に、主題歌もできるだけメジャーな方にということも意識するようになりました。それらのことが最近の「超英雄祭」などの音楽イベントにつながったり、アーティストがこんどは役者として劇場版のゲストで出られたり、さまざまな好循環が起こっているんですね。

ネット系の広がりも、『響鬼』の頃からですね。メルマガとか、デジタル系への対応も大きくなってきたので、『キバ』のときにはスピンオフ映像を制作しました。イベントをデジタルに広げるという時期に運よく立ち会え、楽しかったです。ネットで映像が見られるようになってまだ間もなく、それが主流になっていく過渡期だったので、やるんだったらテレビや映画で観られないような、裏まで見せちゃうようなものをと、ネット版でスタートさせたんです。でもあれは、撮影現場的にはほんとうにたいへんでした。もともとタイトなスケジュールでテレビシリーズに取り組んでいるのに、さらに数日間をネット版に費やすわけですから。撮影スタッフの方々のご苦労のお陰で、なんとかうまくいった感じです。

『カブト』と『龍騎』『鎧武／ガイム』

俳優

弓削智久

Tomohisa Yuge

1980年５月25日生まれ。東京都出身。1999年に『小市民ケーン』で俳優デビュー。以降、『逮捕しちゃうぞ』『Ｈ２』『繋がれた明日』『ガリレオ』『新宿スワン』『斉藤さん』『シバトラ』『相棒』『逃亡弁護士』『ハンチョウ』『紙の月』『スペシャリスト３』ほか、テレビドラマや劇場映画、舞台の出演は数多い。「仮面ライダー」は４作品に出演している。

■2015年2月取材
■仮面ライダー平成vol.7掲載

『龍騎』に出演するまで

　高校生のときに高校生ブームに乗って読者モデルに毛の生えたようなことをしていまして、大学に進学してからいまの事務所にスカウトされて俳優になったんです。そしてある日『仮面ライダー龍騎』のオーディションを受けることになりまして、そのときマネージャーと話したことは、自分を客観視したうえで、「主人公だったら、絶対受からないよね」ということでした（笑）。自分には悪役というものへの思い入れがありましたので、大きな役でなくてもいいので、スパイスになるというか、それなりにインパクトが残せる悪役をやりたいという思いがあったんです。それでオーディションで、白倉（伸一郎）さんらにそのようなことをお話ししたんです。そうしたら、白倉さんに大笑いされまして（笑）。「二十歳くらいでそんなことを言う人は、珍しいですよ」って言われたんです。最終選考のとき、何人かがずらりと並んだんですけど、みんなレギュラーになりました。おそらくそのときは主役が須賀（貴匡）さんで決まっていたと思うので、プロデューサー陣は相性とか僕たちのバランスを見ていたんだと思います。

吾郎ちゃんと北岡

　こうして『龍騎』の撮影が始まったんですが、台本をいただいてもいただいても、吾郎ちゃんの台詞はとにかく少なく、「……」が凄く多いんですね（笑）。それで、これは台詞じゃないところで（演技を）見せろということなんだと思い、自分としては新たな挑戦、表情だけでいま何を考えているのかを伝えるようにしたんです。そのため『龍騎』の脚本は、ほかのドラマよりも遥かに深く読み込んでいました。北岡が光だとすれば吾郎ちゃんは影ですので、北岡の心情を掘り返すようにもしていたんです。

　城戸真司の餃子が自分の餃子より美味くて嫉妬するあたりから、ドラマ的に吾郎ちゃんが押し出されてきたようです。「仮面ライダーシリーズ」の面白いところは、大きな流れはあるにせよ、役者の動き

を見て脚本が変わっていく点なんです。こちらがいい演技ができて脚本家の方の何かに引っ掛かれば、良く書いていただける。そういった意味で、『龍騎』では良くしていただいたと思っています（笑）。最初の頃に監督から、「吾郎は北岡に忠実なんだ」と言われていたので、絶対に裏切れないような恩があるんだろうなと自分のなかで設定を作って演じていました。でも終盤になって忠実である理由がわかってきますと、やはりその方がやりやすかったですね。

最終回近くで、吾郎ちゃんは北岡の代わりにゾルダに変身して王蛇と戦います。そのときゾルダを演じた方が、（僕の）立ち姿のくせまでをも表現してくださるんです。さすが、プロフェッショナルですね。あのエピソードは、僕へのプレゼントにも思えました。僕は北岡や真司、浅倉以外とはほとんど絡んでいなくて、涼平君と過ごした1年間だったような気がします。あの頃は芝居ができる喜びに満ち溢れた1年間でもあり、北岡のことばかりを考えていた1年間でした（笑）。

三島と本田博太郎

『カブト』のときになんで僕が呼ばれたのかという理由は、聞いたことはありません。最初は、本田博太郎さんとの静かなシーンから始まりました。そのときは三島がどういった役なのか、まったく読めませんでしたね。ZECTがどういう組織なのかもわかりませんし、おそらく本田さん自身もわかっていなかったと思います。お互い、野暮なことは聞きませんので（笑）、謎ですが。最初は2人が一言、二言会話し、次も一言、二言で終わる。そんな感じでしたけど、だんだん脚本に夢中になっていきました。自分のなかで設定を仮定してやっているうちに情報が僕たちのところに降りてきて、やがて仮定が確定になっていく。そんな作業の積み重ねでしたね。最初の頃は本田さんとの関係性が吾郎ちゃんと北岡のようにも思えましたが、おそらく吾郎ちゃんのような100％の純粋な気持ちではないだろうと思いまして、70％くらいの感じで本田さんに接していました。気をつけたことは、残りの30％があざとくならないようにすることでした。

三島を演じる際には、感情の振り幅を大きくしようと思いました。ふだんは静かだけど、激高するところや檄を飛ばすところなどは極端にするんです。でも大物感をまとうということはなかなか難しく、三島はたいへんな役どころでした。今度は1年間、撮影所で本田さんとばかり過ごすことになりましたが（笑）、本田博太郎という役者を肌で感じることができ、とても勉強になりました。空き時間に本田さんの買い物にお付き合いをするという、素敵な時間ももてましたし。セーターを「似合うか？」って聞かれても、「似合います」としか言えないですよね（笑）。

話が進んでいくと、後にも先にも一回だけの変身シーンがありました。あれは、とても楽しかったです。ザビーですね。そして最後になっていくと三島がその正体を見せ始め、じつはラスボスなんだということがわかり、衝撃でした。責任が急に重くなったようで、完全な悪が演じられるのか、その怖さを視聴者に伝えることができるのかということも考え、自分の力不足を痛感したりもしていたんです。最初は正体不明だったものが、だんだん悪の方に寄っていって強大な存在になっていく。三島というキャラクターはその変化が面白く、いい経験をさせていただいたと思っています。

阪東は素に近く

三島の後に東映さんで田﨑（竜太）監督の『Ｓｈ15ｕｙａ』でケンゴという役をやらせていただいて、『鎧武／ガイム』で阪東清治郎となります。その阪東の設定ですが、ケンゴにとても似ていたんです。そこで『鎧武／ガイム』の衣裳合わせのときに田﨑監督や武部（直美）さんにそのことを確認しました。「確かに似ているね」ということで、田﨑監督も「ケンゴでいいと思っている」ということでしたので、その方向性でやらせていただきました。じつは、ケンゴは素の自分に一番近いキャラクターでした。それで、阪東も番組開始当初は、とくにそれ以前のキャラクターほど役作りをすることなく演じていたんです。それでドラマが進んで設定が降りてきたり、

脚本家さんには失礼で申し訳ないんですが、役の範囲内で遊ばせていただきました。

阪東が怪人に襲われるシーンがありまして、あれは僕がやったキャラクター初の「助けて」という台詞でした（笑）。「仮面ライダー」で僕がやった役のなかで阪東は、ある意味で初めての弱い人だったんです。でもあるとき、劇中で阪東がヒーローについての定義を佐野（岳）君に語るシーンがあって、それで「（この後、阪東に）何かがあるんじゃないか」とキャストやスタッフさんに言われたんです。それで、「そうかな？」と思っていたんですが、ずっとピュアな人のままでしたね（笑）。阪東はいつも店員の女の子と一緒で、撮影所から出ることがほぼなかったので、「ロケがないかなあ」と思っていました。あの女の子は役名がなかったんですが、僕がフルーツつながりで「イヨちゃん」と名づけました。演技をするうえでも、相手の名前を認識してやったほうがいいものですから。あの子は、味がありましたね。フルーツパーラーの場面にも、店長とだらしない店員という図式ができて良かったと思っています。

なにかキーとなるような出来事があれば役作りを変えていこうという感じで取り組んでいました。阪東に関しては、けっこうアドリブを盛り込んでいます。石田（秀範）監督のときに、一番アドリブをやらせていただきました。「つまんないから、なんか違うことをやって」と言われて、「わかりました」という流れで（笑）。台詞をフルーツにかけてみたり、テストのときにビタミンをかけた台詞にしてみたりすると、「それ、いいねえ」といった具合でした（笑）。

仮面ライダー電王

2007年1月28日〜2008年1月20日放送
全49話

『電王』の世界とは

東映株式会社
映像本部
テレビ企画制作部プロデューサー

大森敬仁

Takahito Omori

2003年に東映入社。『仮面ライダー電王』にはプロデューサー補として参加しており、キャスティングなどの重要な業務を担当。『獣電戦隊キョウリュウジャー』を経て、『仮面ライダードライブ』『仮面ライダーエグゼイド』でも制作プロデューサーを務めている。

２００３年に東映に入社しまして、刑事ドラマの制作部を経験してから『はぐれ刑事純情派』のＡＰ（アシスタントプロデューサー）を1クールやり、その後『仮面ライダー響鬼』のＡＰになりました。以降は、「仮面ライダー」と「スーパー戦隊」を行き来している感じです。僕が『電王』に入った時期は電車というお題だけが決まっていたくらいの頃で、すぐに白倉（伸一郎）、武部（直美）と僕とでキャストのオーディションを始めました。

それと並行して、白倉、田﨑（竜太）監督、小林靖子さんらとともに企画会議にも参加していたんですが、みなさんの話の内容がとてもレベルが高くて……（笑）。過去のマーチャンダイジングの結果やそれまでの作品の評価などを考慮したうえで、電車が必然となるストーリー作りにみなさんが熱意をもって取り組まれていました。これが、もっとも長きにわたり話し合われていたことで、はたして駅は必要なのか、みんなは電車のどこに萌えるのかですとか……。毎回毎回、多岐にわたる項目についてそれこそ朝までのブレーンストーミングの連続でした。

■2014年8月6日取材
■仮面ライダー平成vol.8掲載

そうして、時を超える電車に到達したんです。

フォームチェンジを面白くしたいということで、小林さんからかなり早い段階でフォームが変わることによって人格も変わるというアイディアが出ていました。この段階では憑依により性格が変わるということではなくて、とにかく変わるということでした。この時期に小林さんが提出された4フォームの性格分けはしっかりしていまして、これは面白くなるだろうなという手ごたえは十分感じていました。その後、白倉が「仮面ライダー」向けにアレンジした部分もあったとは思いますが。そして設定が精神体に憑依されることによる性格変化ということになって、主人公自身の性格も導かれていきます。4人もの精神体に取り憑かれてしまう人間は、とてつもなく不運な人なんだろうなということですね。とはいえ、仮面ライダーですので芯はしっかりしている人だろうとは話していました。当時の「仮面ライダー」を取り巻く、ハイブロウさを是《ぜ》とするムードでは、取り憑くものを具体的なキャラクターにするという発想は禁じ手とでもいうような雰囲気がなんとなくありました。だが、あるとき白倉が着ぐるみでいくと言い始めまして、これはわかりやすくなるし、いいぞと内心では思っていました。イマジンとは「スーパー戦隊」ではできない、まさに「仮面ライダー」向きの存在なんです。

キャスティングはずっとやっていて、かなり難航しました。性格の変わる主人公ですので、とにかく芝居の力が重要でした。いろんな人に会いましたけど、白倉と田﨑監督を納得させる方がなかなか見つからず、最後には武部が目を付けていた佐藤（健）さんをお呼びしたんです。そして、来ていただいたら一発で決まったんです。個性溢れるイマジン役の声優さんのキャスティングは、武部です。さすがですね(笑)。佐藤さんも声優さんも演技がうまいので、初期は良太郎の憑依状態時にどちらの演技を優先するかということにずいぶんと悩みました。そのため第3～4話だけ、イマジンの憑依状態のときも佐藤さんの声になっているという試行錯誤の跡があるはずです。

キャラ立ちに力を入れますね

脚本家

小林靖子

Yasuko Kobayashi

1965年4月7日生まれ。東京都出身。1993年、『特捜ロボジャンパーソン』第40話でデビュー。以降『ブルースワット』『重甲ビーファイター』『電磁戦隊メガレンジャー』などを担当し、『星獣戦隊ギンガマン』にて初めてメインライターを務める。以降『仮面ライダー龍騎』『仮面ライダー電王』『仮面ライダーオーズ／OOO』『侍戦隊シンケンジャー』などを担当。アニメ作品も多数。

『龍騎』の後は再び「スーパー戦隊」の方にいきましたので、次の「仮面ライダー」は『仮面ライダー電王』になりますね。『電王』は、とくに「キャラ立ち」が最重要となったシリーズでした。とはいえ、まさかあそこまでイマジンたちが「キャラ立ち」するとは当初は思ってもいませんでしたけど。達者な出演者たちにも恵まれて、イマジンだけじゃなく、良太郎もオーナーもみんないいキャラクターにどんどん膨らんでいきました。

その後の『(侍戦隊) シンケンジャー』は、もともと私が時代劇好きだということもあって、これも楽しくやらせていただいた作品ですね。ちょうど時期の重なる『仮面ライダーディケイド』は、「電王編」と「シンケンジャー編」は私なんですけど、ほかのエピソードでは過去のライダーの世界が常に咀嚼《そしゃく》されたうえで提示されているのに「電王編」だけがそのまんまでいいのかと質問したところ、「いいんだ」ということでした (笑)。

『仮面ライダー電王』では、電車がどこを走るのかということばかりを話していたような気がします。

■2014年10月8日取材
■仮面ライダー平成vol.3、12掲載

単なる移動手段なのか、もっと重要な役を担うのかということも話し合いました。複数の人格のライダーという部分は、やることになっていました。これは、家でふと思いついたことなんです。フォームチェンジしたときに、性格も変わったら面白いだろうなって。それを話したら、白倉さんが凄く食いついてくれたんです（笑）。それで、性格が変わるという設定を実現するために生まれたのがイマジンです。このイマジンですが、1話、2話を書いているときは例によって余裕もなく、なんなのかはしっかりと決め込んではいませんでした。でも、実際に電王に変身するのはモモタロスみたいなものですので（笑）、主人公のバディですし、重要なキャラクターだという認識は当然ありました。イマジンによって電王の性格が変わる設定になったことで、初期に企画していた複数の人格をより誇張する方向にもっていき、話し合って、それぞれのイマジンの登場エピソードで性格設定などにコミカルさを加味するようにしていったんです。

　意図してそうしたのではなく、1話、2話を作っているあいだに、なんとなくドラマ全体がコミカルな雰囲気になっていました（笑）。「平成仮面ライダー」では初めてですね。怪人がべらべらしゃべるので、「スーパー戦隊」寄りにならざるを得なかったんです。おバカさんのモモタロスと怪人が掛け合いをしたりしますし、自然とコメディ寄りになっていったんです。この1話、2話のノリで、以降の1年間のノリが決まった感じでした。遅れて登場するデネブを設定するのは、けっこうたいへんでした。4人のイマジンの間隙《かんげき》を縫ってキャラを立てるしかありませんので、考えて考えてという作業でしたね。

　過去の男が桜井（侑斗）であることは最初から決まっていましたが、役回りは決まっていませんでした。時計の裏の格言は、よさげな言葉を探してもらって刻印してもらったもので、当初はさほどの意味を込めたものではありませんでした。デネブとコンビを組む侑斗は、シリーズ中盤からストーリーを回す重要なキャラクターになっていきますね。それはたまたまで、侑斗にはドラマが付属していたからなんです。（野上）良太郎は主人公ですが、侑斗ほど

のドラマを背負っていなかったため、自然と侑斗を中心にお話が展開するようになっていったんです。とはいえ、良太郎がいないとストーリーは流れないようにはなっているんですけど。

あと、良太郎がそれまでの主人公よりかなり若く、まだ少年でしたので、あまり重すぎるお話を背負わせることはできないということでもありました。各話ストーリーでは、ゲストの個人がメインとなります。その個人の思いや挫折、経験、さまざまな人間模様がドラマを形作りますが、この展開は狙いではなく、「お前の望みを言え」というシステムを作ってしまったためなんです。このシステムである以上、どうしても各話の内容は個人寄りになっていきました。

真魚そしてナオミ

女優

秋山莉奈

Rina Akiyama

1985年９月26日生まれ。東京都出身。子役モデルとしてCMなどを中心に活動後、2001年に『仮面ライダーアギト』のヒロイン、風谷真魚役で女優デビュー。2007年には『仮面ライダー電王』にナオミ役で出演、「仮面ライダー」２作にてレギュラー出演を果たした。数々のドラマ出演以外にも、舞台、映画、バラエティなどにも出演している。

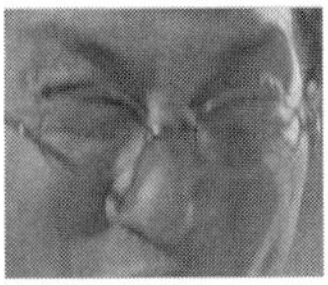

■2014年9月15日取材
■仮面ライダー平成vol.8掲載

『アギト』の思い出、翔一君、美杉家の面々

5年くらいジュニアモデルのお仕事をしていまして、事務所から言われてオーディションを受けて決まったのが『仮面ライダーアギト』の風谷真魚の役でした。女優のお仕事は、この『アギト』がほぼ最初でしたね。オーディションの日にちょうどほかのお仕事がありまして、時間外でプロデューサーさんたちにお会いしました。1時間ほどお話をさせていただいて、後日もう一度銀座の東映さんに伺って真魚の最初のあたりのシーンの台詞を読んだんです。決定の知らせは、その1か月後くらいだと思います。ちょうどその年が高校受験だったんです。そのため、これが決まらなかったらしばらくお休みしようと思って受けたオーディションでしたので、なおさら嬉しかったですね。

撮影はけっこう寒くなっていた時期で、11月くらいからでしたよ。東映さんの撮影所はその前もお仕事で行ったことはありましたけど、当時はいまみたいな最新のスタジオではなく、歴史というか、趣のある建物でした（笑）。撮影に入ったときの気持ちは、楽しさと緊張がないまぜになったような感じでしたね。劇中いちばん絡むことが多かったのが（津上）翔一君（賀集利樹）なんですが、あの頃の私はまだ15歳でしたので、22歳くらいの主人公、翔一君はずいぶんお兄さんに感じました。それも、ホンワカしたお兄さんです。独特の空気感のある方で、よくまわりを和ませていらっしゃいました。小道具の電話で、「もしもし」なんて具合です（笑）。賀集さんと翔一君のキャラクターは、ほぼ同じでしたね。従兄弟の（美杉）太一役の（田辺）季正君は小学生なので、お母さんと一緒に撮影に来てるんです。彼も太一と同じで明るくて元気、かわいいんですよ。私を「真魚ネエ」って呼んで。いつもお昼をいっしょに食べたり、遊んだりしていました。でも彼は芸歴が私より長いですし、頭も良くて演技も上手でした。そして礼儀正しいし、太一とはそこがずいぶん違いましたね（笑）。（美杉義彦役の）升（毅）さんがいらっしゃると、空気が締まるのを感じましたね。でも怖いという雰囲気は全然なくて、いろいろ教えて

くださる方でした。周囲への気配りがすごくて、升さんの演技を見るのが楽しみでした。「何が出てくるんだろう」という感じで。

ロケーションも楽しかったです

ロケーションは多かったように見えますが、受験前の時期は（制作サイドが）気を遣ってくださってロケも抑えめのスケジュールになっていまして、学校にはきちんと行けていました。そのロケで翔一君といっしょに怪人に遭遇したりするんですが、リアクションが取れなくて。ふだんの生活で「キャー」なんて言わないじゃないですか。最初は大きめの演技ができなかったんです。当時はまだ演技の客観視も難しかったし、驚くリアクションも難しかったです。キャメラマンのいのくま（まさお）さんに後ろから驚かされて、私がびっくりすると、「ほら、できるじゃん」なんて具合で。スタッフのみなさんも優しいですね、辛抱強く付き合ってくださるんです。田﨑（竜太）監督には、ずいぶん叱られました。厳しかったですけど、じつは優しい人なのはわかりました。石田（秀範）監督もそうでした。最初は長石（多可男）監督が一番厳しいと思ったんですが……、長石監督は私のアップをたくさん撮ってくれた方です（笑）。

美杉家のシーンは家の前と家の中を集中してまとめ撮りするんですが、それ以外のシーンはロケバスでの行き来の時間や自分の出番じゃないときの待ち時間があるので、美杉家のキャストよりもたくさんお話ができたように思います。要（潤、氷川誠役）さんや友井（雄亮、葦原涼役）さんや（河野浩司役の）田口（主将）さんらとは、いっしょに帰ったとかどこかへ行ったなんていう思い出がありますね。要さんは一生懸命お仕事をされているんですが、撮影の合間には私が子供なのでいじりにくる（笑）。友井さんも賀集さんもそうでした。みんな、関西出身なんですね。田口さんは升さん同様に優しくて大人で、よくお子さんのお話を聞いたり、メールをしたりしていました。共演の男の人たちって、升さんも含めてなんですが、全員大きいんです（笑）。私

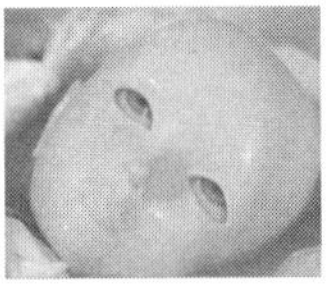

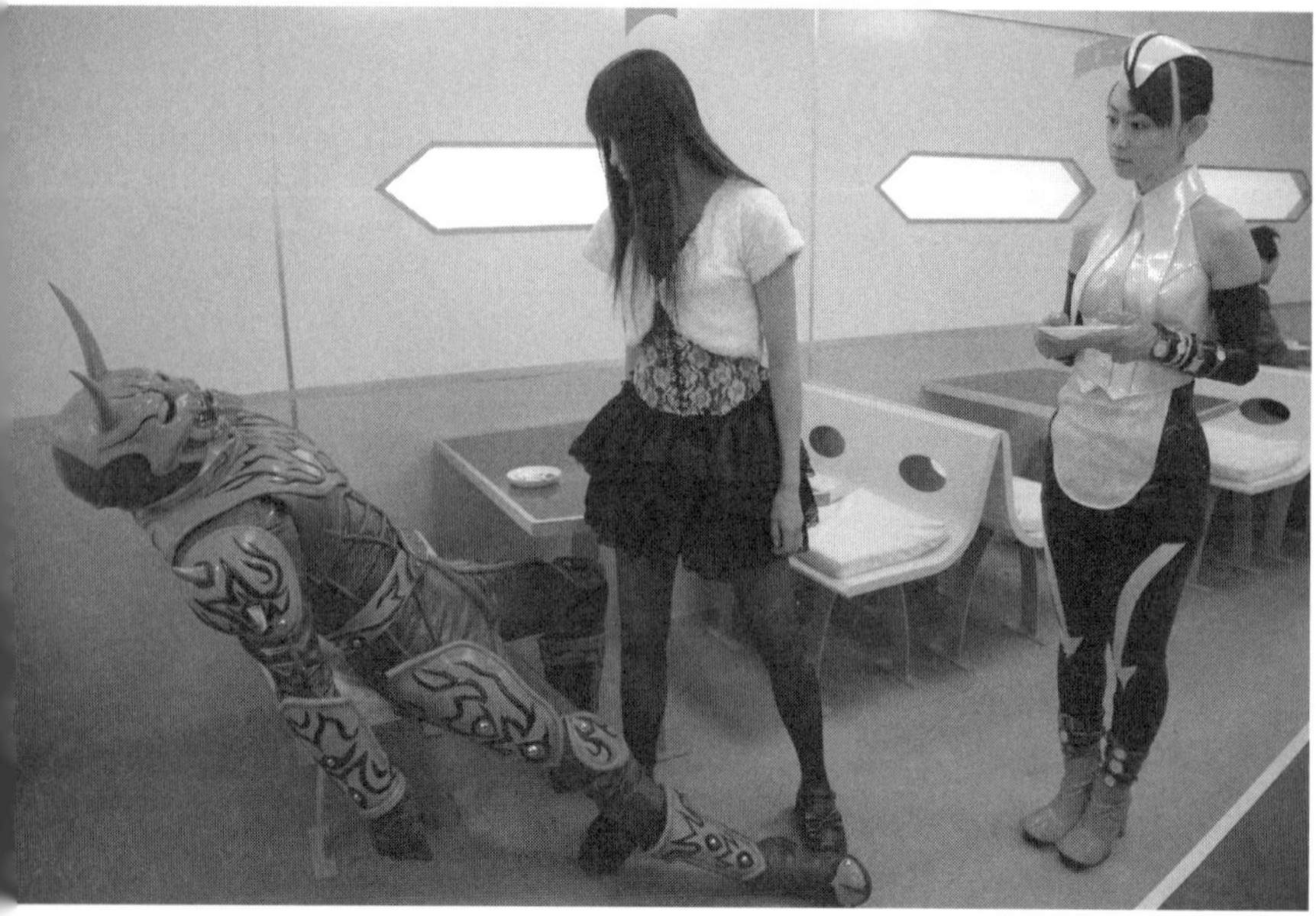

もけっこう身長があるんですけど、いつも大きい人に囲まれているので、視聴者の方からはすごく小さいと思われていたようですよ。

劇場版の撮影が重なってきた夏はたいへんでした。その時期はテレビもまとめて3話分を撮っていたりして、かなり強行軍でした。学校が夏休みだったのでふだんより時間があったんですが、のどがガラガラになったのを覚えています。テレビではちょうど涼の復活のために誘拐されていた時期ですが、映画でも誘拐されます（笑）。それで機械に入れられるんですけど、あのときは顔の映らないシーンで、真魚の影武者がいたんです。私と同じくらいの背丈で色白で、同じくらいの髪の毛の長さの女の子が。

そして『電王』のナオミになって

『（轟轟戦隊）ボウケンジャー』のゲストで出演させていただいたときに、武部さんとも『電王』の話をしていまして、『ボウケンジャー』の撮影が終わってから私がナオミ役で参加させていただくことになりました。そのとき、自分の「立ち位置」が変わったということを感じました。太一と同じことですね。若くても「仮面ライダー」のスタッフと1年間お仕事をした経験があるわけですから、その経験を新しい出演者に返していこうという「自覚」ですね。仮面ライダーはお兄さんというイメージがあったものですから、平成生まれの仮面ライダーは衝撃でした（笑）。ライダーが年下で、スタッフにも同世代や年下がいたんです。

撮影が始まったら、ほんとうに楽しくって。『アギト』のときは何もわからないままに入って、すべてがイチからでしたけど、『電王』では楽しむことができました。最初は緊張があったんですが田﨑監督をはじめ、スタッフのみなさんが「お帰り」って迎えてくださって。みんな最初は「真魚」って呼んでいたんですが、『電王』にはハナがいるのでややこしくって、やがて「ナオミ」や「莉奈」になりました（笑）。電車の中のシーンが多くて、モモタロスの高岩（成二）さんたちといっしょにいることが多かったですね。高岩さんはアギトも演じてらして、お姫様だっこをしていただいた方ですので、会えて嬉しかったんです。

「仮面ライダー」は人生の転機

ナオミの衣裳は竹田団吾さんが作られたものなんですが、ちょっと恥ずかしかったです（笑）。『アギト』の頃は映画のときのウェットスーツをかなり恥ずかしがっていた私でしたので、田﨑監督にしみじみと「そういう衣裳を着られるようになったんだねぇ」と言われたのが印象的でした。お芝居については、かなり自由に演じさせていただいていました。元気がいいキャラだとわかってはいたんですが最初は手探りの部分もあって、いま『電王』を観ると、1〜2話のナオミはキャラが少しおとなしいですね。それでも「莉奈ちゃんは芝居つけなくても、自由に芝居している」と田﨑監督たちにも言っていただいて、嬉しかったですね。モモタロスたちとも自由な芝居で、後で声優さんがアフレコでそれに合わせてしゃべってくださるんです。コーヒーの色も、

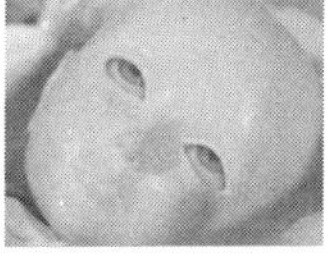

私が全部決めさせていただきました。オーナー（石丸謙二郎）は、本当に楽しい方でした。マジックなど、何をされるかわからない。常に台本以上のことをされる、引き出しのたいへん多い方でした。

テレビシリーズが終わってからも『電王』は映画が何本もあって、続くライダーたちとのコラボレーションも多く、『アギト』から『電王』までの間が6年なんですが、ナオミは5年ほどやっているんですね。まさに私にとって「仮面ライダー」という作品は、人生の転機だったというほかはありません。

初めてお芝居をしたのが『アギト』でなければ、この仕事を続けていなかったかもしれません。東映さんのスタッフの方は、みなさんプロフェッショナルで職人気質なんです。そんな方たちと仕事をさせていただいてわかった、楽しさがあったんです。『電王』ではイベントで視聴者の方とも触れあえましたし、同世代の出演者やスタッフの方とボウリングに行ったりとか、楽しいことばかりでした。いまだに、どちらの出演者ともお付き合いがありますし、仲がいいですよ。

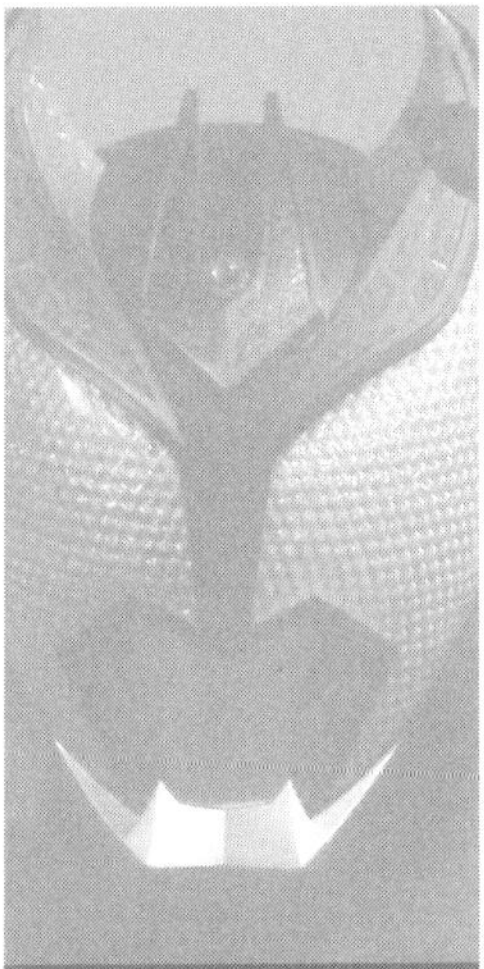

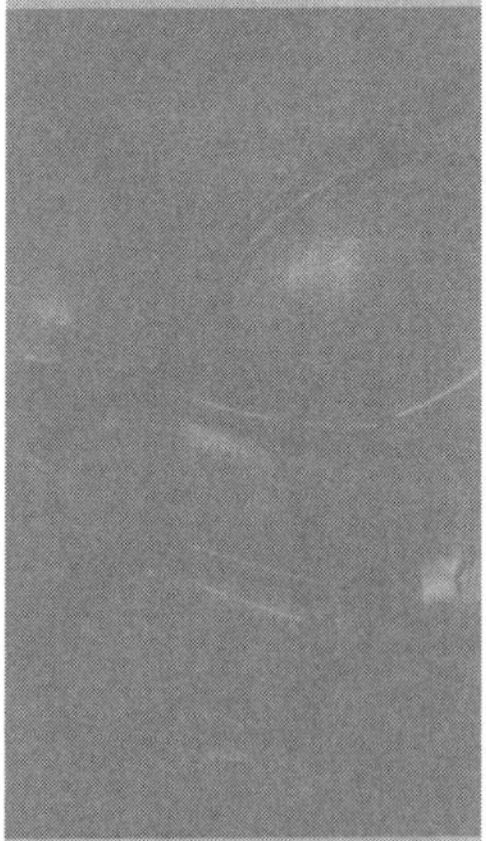

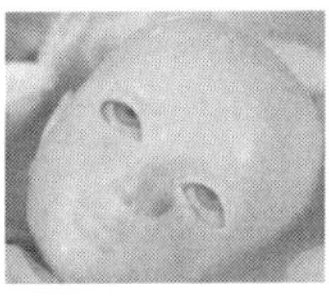

仮面ライダーキバ

2008年1月27日～2009年1月18日放送
全48話

2つの時代の物語

東映株式会社
映像本部
テレビ企画制作部プロデューサー

武部直美

Naomi Takebe

1991年東映入社。テレビ商品化権営業部に配属され、1994年にテレビ企画制作部に異動し、多くのテレビ番組のプロデューサー補を経て2001年、『仮面ライダーアギト』から「平成仮面ライダー」のプロデューサー補に。『仮面ライダーキバ』でチーフプロデューサーを務めて以降、「仮面ライダー」や「スーパー戦隊」の企画で活躍している。

『キバ』の企画は、デザイン先行で進んでいます。そのため、仮面ライダーがファンガイアとのハーフだといったようなことは、早くに決まっています。味方のモンスターの登場は『電王』のイマジンが予想以上の大人気になったため、モンスターを従えるライダーという発想ですね。とはいえ「平成仮面ライダーシリーズ」は作品ごとにまったく違うテイストを打ち出すことが常になっていましたので、『電王』的な路線の物語は当初より考えていませんでした。シリーズ構成的な部分でまず思ったことは、せっかく50話程度あるシリーズなので、展開が気になり、スケールのある大河ドラマにしようということです。そのうえで脚本をお願いした井上（敏樹）さんや田﨑（竜太）監督らと打ち合わせをもち、新しい方向性を探ったときに、井上さんから「二部構成にしたい」という案が出てきたんです。そして、2つの時代を描くことになり、「2世代なら、やはり親子ですかねえ」という流れで、2つの時間軸を行ったり来たりする方向性に固まっていきました。

意外とたいへんだったのは、ふた昔前のバブルの

■2014年10月15日取材
■仮面ライダー平成vol.9掲載

頃の時代の空気の再現でした。田﨑監督たちとその頃の資料を探してきて、洋服だとか髪型を確認したんですが、少し昔って、感じを出そうとしてもあまりいまと差が出ないんですね。でも「あのときって、こんなだったんだ」って、みんなでワイワイやったことは楽しかったですね（笑）。ロケ地も、80年代風なところをいろいろと探しています。

　キャスティングでは、渡役の瀬戸康史君は割と早くに決定しています。彼のことは舞台や雑誌などで見ていましたので、そのオーラと安定したお芝居が決め手になりました。難航したのはお父さんの音也のほうで、なかなか決まらなかったんです。でもようやく武田航平君に決まって、イメージにぴったりでバランスのいい配役になりました。次狼の松田賢二さんや名護さんの加藤慶祐君、ビショップの村田充さんやお母さんの加賀美早紀さん、深央の（芳賀）優里亜ちゃんなど、井上さんのドラマチックな脚本も相まって、みなさんとても（演技が）お上手で個性的でした。当時は新人だった高橋ユウちゃんも、体当たりで頑張ってくださいました。（柳沢）ななちゃんを含め、井上さんの脚本は「女も強い」という流れを作っていましたね。いまでも変わらないことなんですが、主人公の周辺にこそベテランの役者さんをお願いするようにしているんです。周辺人物の印象を強くすることでドラマ全体が引き締まりますし、ひいては主人公たちにもそのことがいい影響を与えるんです。個人的には山本匠馬君が演じた太牙が登場する、9月からの展開が、渡と太牙が対立していく流れもシリアスで、運命的でやってみたかったことです。

　アクション部分で印象的なのは、夜の多用ですね。キバが必殺技を放つときはその力で夜になるので、撮影が午後3時くらいに終わっても必殺技の撮影のために夜を待ったりして、スタッフには苦労をおかけしてしまいましたが、特徴が出て、良かったです。そのうちフォームチェンジをすると、夜はなくなっちゃうんですが（笑）。ザンバットソードの回から、中澤（祥次郎）監督に加わっていただきました。非常に人間同士のドラマが好きな監督だと聞いていましたので、「仮面ライダー」もいいんじゃないかと

思ったんです。これは正解でした。ゴシックな世界観も良かったし、エイベックスさんも音楽の展開面で力を入れてくださって、ドラマ内だけにとどまらず瀬戸君をメインにしたバンド、TETRA-FANGが挿入歌を歌ったり、イベントを打ったりもしたんです。瀬戸君は音楽もでき、マルチなんですよ(笑)。

「仮面ライダー」の面白さ

監督

中澤 祥次郎

Shojiro Nakazawa

1971年12月29日生まれ。東京都出身。『五星戦隊ダイレンジャー』より、助監督として「スーパー戦隊シリーズ」に参加。『激走戦隊カーレンジャー』終盤にてチーフ助監督となり、『未来戦隊タイムレンジャー』にて監督デビュー。『爆竜戦隊アバレンジャー』以降はレギュラーで参加している。「平成仮面ライダー」は、『仮面ライダーキバ』『ウィザード』『鎧武/ガイム』『仮面ライダーエグゼイド』を担当している。

僕の監督デビューは『(未来戦隊)タイムレンジャー』の講談社さんの全員サービスビデオで(笑)、『(特捜戦隊)デカレンジャー』までは監督と並行してチーフ助監督も続けていました。テレビシリーズの最初は『タイムレンジャー』の総集編的エピソードで、『(百獣戦隊)ガオレンジャー』のときもそうでした。そして『(忍風戦隊)ハリケンジャー』で、総集編と通常エピソードをセットでやらせてもらったんです。以降ずっと、「スーパー戦隊シリーズ」をやらせていただいていますね。

チーフとしてさまざまな監督とご一緒して、その仕事ぶりを見させていただいていましたので、ふだんから「自分ならこうするかなあ」みたいなことは考えていました。そんな積み重ねがあったためか、自分が演出をするようになったときは、誰かのマネをするということではなく、自分の画《え》を撮るということを念頭に置いていました。もっとも、各監督の演出を参考にして勉強をさせていただくことはありましたし、いまでもそれは変わりません。僕はドラマ好きだと言われることがありますが、ドラマの内

■2015年3月取材
■仮面ライダー平成vol.9掲載

容が（視聴者に）伝わらなければ番組が成立しないと思っています。人がいて、何かを思ったことによって行動して、戦いになる、という流れの中で、「何を思ったか」という部分が一番大切だと思っていますので、そこをしっかり撮ろうとしているために、尺が長くなるんじゃないでしょうか（笑）。編集で落とさざるを得ないカットは、毎回たくさんありますね。

ある日、武部（直美）さんから『キバ』をやらないかという電話があって、ザンバットソードが出る回から『キバ』をやらせていただいたんです。肝になるメインのエピソードということはわかっていましたけど、メインでもサブでも人の気持ちを描く点では違いがありませんから、メインだからどうこうといったことはあまり意識していませんでした。（登場人物の）そのとき、そのときの心情を、きちんと描くだけですね。「仮面ライダー」と「スーパー戦隊」は映像を撮るという点では同じなんですが、「スーパー戦隊」では、わかりやすい芝居や戦いに向かってテンションを上げていく芝居が求められるし、「仮

面ライダー」ではより人の気持ちの流れに沿った、自然に盛り上がっていく芝居が必要とされるんです。人物の描写も「スーパー戦隊」はほぼ5人を均等に演出するんですけど、「仮面ライダー」は群像劇の場合もありますが、だいたいは主役を立てるように芝居を組んでいきます。このように、「仮面ライダー」の演出には「スーパー戦隊」のときとは違う計算が要求され、気の遣いどころが違うんですね。『キバ』の役者さんは、みなさん表情で心情を表現されることに長《た》けていらっしゃいました。芝居というものを、よく理解していらっしゃるんです。

当時の「スーパー戦隊」は『（炎神戦隊）ゴーオンジャー』で、この作品まで「スーパー戦隊」はフィルム撮りでオールアフレコでした。次の『（侍戦隊）シンケンジャー』からビデオ撮りでシンクロ（同時録音）になるので、いま思えば『キバ』のプロデューサーのひとりで『シンケンジャー』でチーフプロデューサーになる宇都宮（孝明）さんが、僕をビデオとシンクロに慣れさせておこうとされたのかもしれません（笑）。ビデオはライティングひとつとっ

てもフィルムとはアプローチの仕方が違いますし、自分としても『キバ』をやれたおかげでいろいろと勉強ができたと思っています。

『シンケンジャー』は、画として表れているかどうかはわかりませんが、自分のなかでは『キバ』での経験がフィードバックされていたと感じています。いわゆる「スーパー戦隊」らしくない芝居を、「スーパー戦隊」に持ち込んでいるんです。あと意識したことは、時代劇らしさです。脚本が、時代劇が好きな（小林）靖子さんですから。わざと、時代錯誤な時代劇アクションを取り入れているんです。通常のスーパー戦隊ヒーローは、やられても結構耐えて戦い続けるじゃないですか。それはやめて、時代劇の剣戟なので、一度でも斬られたら負けか大きなダメージを負う。そういうアクションにしていただいています。シンケンジャーは、基本、戦闘時には斬られていないはずです。翌年は『（天装戦隊）ゴセイジャー』で、その次が『（海賊戦隊）ゴーカイジャー』なんですが、『ゴーカイジャー』の第1話では、全スーパー戦隊を集合させるという、バカなことを

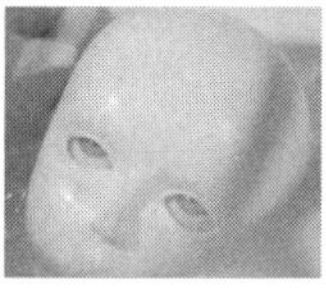

してしまいました（笑）。演出部のみなさんが彼らの立ち位置を示す札を地面に置いたりなどの丁寧な下準備をしてくれたため、撮影自体はスムーズに進んでいます。あの全員集合は、企画の最初の時期にやることを決めました。全スーパー戦隊が同じ世界にいるんだということを、きちんと見せておかないといけないよね、ということだったんです。

僕が映画を初めてやったのは、『（獣拳戦隊）ゲキレンジャー』でした。人間をアップにしすぎないとか、大きなスクリーンに対応する撮り方は、そのときに覚えました。次は『シンケンジャーVSゴーオンジャー』で、こちらは2組のヒーローのどちらも立てないといけないので、そのさじ加減が難しかったですね。尺は50分くらいあったと思いますが、僕は小さな子供が映画を楽しんで観ていられるのは40分くらいじゃないかなと思っていたんです。それで、見せ場をところどころに配して、映画全体が子供的にダレないように気を遣いました。その効果は、出ていたんでしょうか。続いては、『シンケンジャー』の夏の劇場版です。『ディケイド』が長尺になるので『シンケンジャー』には20分しか時間がもらえないということは最初から決まっていたため、ドラマをやっている場合じゃないということになりました（笑）。とにかく、物量で押しまくるのが得策じゃないかという結論で、ハデな合戦絵巻になっています。

そうしていたら、『ウィザード』で再び「仮面ライダー」をやることになりました。宇都宮さんから「（僕からのオファーが）3度目で、またかと思われるでしょうが」という連絡をいただき（笑）、企画に参加するようになったんです。そのときは指輪を使う魔法の仮面ライダーということは決まっていて、主人公像などをどうするかというディスカッションから入っています。あとはきだ（つよし）さんがいらして、きださんが忙しくなると香村（純子）さんも加わるようになりました。第1話を前後編にしなかったわけは、初回を消化不良のまま終わらせず、ひと通りのことを全部やったほうが、（視聴者を）第2話へ引っ張る力になるんじゃないかという考えからなんです。宇都宮さんときださんの間でも、必ずしも前後編にはこだわらないという了解があった

ようです。「スーパー戦隊」もそうなんですが、第1話で何を見せて何をオミットして尺に収めるかという綱引きは、たいへんではありますね。結果、撮りすぎたドラマを削ることになるんですが（笑）。

『ウィザード』のキャスティングについては、宇都宮さんが候補者をセレクトされてからの参加でした。晴人については、ずいぶん難航しました。オーディションを重ねた結果、晴人役が決まらず、キャスティングをやり直したんです。「仮面ライダー」にとくに顕著なことなんですが、出演者が演技に慣れた人と、まったくの新人に分かれます。晴人とか凛子は（その演技を）安心して見ていられるので、演技の方向性なども本人の意思を尊重しました。その反面、コヨミちゃんや瞬平はまったく初めてなので、こと細かに指導するようにしました。ドラマは役者との対話のなかで作っていくものですから、ケースバイケースで対応していくしかないんですね。

　ウィザードは魔法使いですから、それ以前の仮面ライダーのような戦い方はしないんじゃないかと思っていました。それで、その戦いざまを考えあぐねていたときに、アクション監督の石垣（広文）さんから、エクストリームマーシャルアーツの動きを提案していただいたんです。そして、指輪で輪っかなので、「回るのがいいんじゃねえの」ということにもなりました。あとは（ウィザードの演技者が）高岩成二さんなので、きれいな立ち姿を活かすことにして、ウィザードは、「エクストリームマーシャルアーツ」「回る」「立ち姿」で表現するように決まりました。

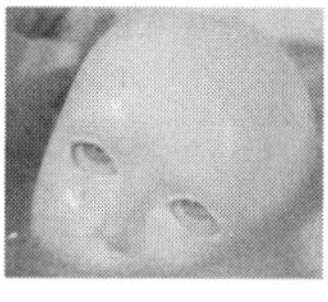

大切な出発点

女優

高橋ユウ

Yu Takahashi

1991年1月19日生まれ。滋賀県出身。TX『OUT★PUT』の女性ヴォーカルオーディションでグランプリ獲得後、女性誌「Cawaii！」の専属モデルとなる。ファッションショーに出演しつつ2007年よりNHKほかにテレビ出演。『仮面ライダーキバ』ではファンガイアハンター麻生ゆりを演じた。現在ではバラエティでの活躍も多い。

■2015年3月取材
■仮面ライダー平成vol.9掲載

「仮面ライダー」に出演

モデルだったので、女優経験は『キバ』が初めてだったんです。お芝居のレッスンには通っていまして、お芝居が楽しくなってきたころに「仮面ライダー」のオーディションがあることを知ったんです。私には兄と弟がいるので、「仮面ライダー」の予備知識はありました。それでオーディションを受けたんですが、すべてが初めてでしたし、田﨑（竜太）監督は目力があるし、武部（直美）プロデューサーもいらっしゃるので、非常に緊張しました。テレビで拝見している女優さんもいらっしゃいましたし。でも、受けているうちに闘志がわいてきまして、「絶対に出たい」と思ってやっているうちに、出させていただけるようになったんです。オーディションは、3次か4次まであったと思います。オーディションのときは16歳で、2～3か月して「受かったよ」という連絡をいただいて、撮影が始まってすぐに17歳になっていました。オーディションの合格を聞いたときに「女戦士の役だよ」と聞きまして、もちろん嬉しかったんですけど、まったく経験のない女優をやるわけですから、どちらかというと不安や焦りのほうが大きかったような気がします。

麻生ゆりが誕生するまで

一番最初に東映さんの本社の会議室で、出演者の顔合わせと田﨑監督のお話がありました。瀬戸（康史）さんや武田航平さん、加藤慶祐さん、柳沢ななちゃんと私が集められたんです。そのとき「さあ、やってみよう」って台本のホン読みがあったんですけど、緊張もあって私がダントツにできなかったんです。それで監督から、「クランクインまでに、みんなに追いついてほしい」と言われ、泣きたい気分でしたね（笑）。そのとき監督は、「役者に大切なことは、理解力と読解力だから」とおっしゃっていました。その後も何度もリハーサルをやらせていただきまして、2人のシーンが多い武田さんには何度もお付き合いいただいています。休み時間のときですか、私が悩んでいるのを察知してくれたのか、武田

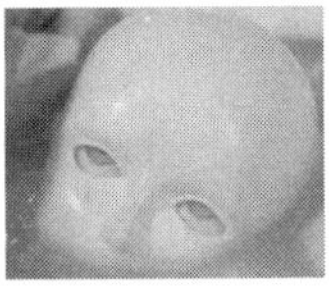

さんが「1年もあるわけだし、1回良かったと思ってもらえればいいと思うよ。俺もいつもいるわけだし」といったようなことを言ってくださって、「凄く心強い、頼りになるお兄さんだな」って思え、ありがたかったです。

脚本を読んで、ストーリーがとても複雑だと思いました。そして、第1話の冒頭が私の登場シーンなので、プレッシャーも激しく感じたんです。それと、現代編は渡がこの世アレルギーですし（笑）、なんだか楽しそうなんですけど、過去編はバトルが多くてヘビーだなって印象を受けましたね。私はずっとバレーボールをやっていたこともあり体力には自信があったんですが、アクションは初めてでしたので、自宅で『キル・ビル』や『チャーリーズ・エンジェル』などの女性がアクションをする映画をいろいろと観てイメージ作りをしていました。JAEさんからも、基礎的なアクションの手ほどきを何度か受けています。撮影中に怪我をしないように、体を慣らしておくという意味もあるんだと思います。なんだか部活みたいで、楽しかったですね。

撮影が始まって

撮影現場の状況に慣れるのには、時間がかかりました。監督やスタッフさんが近くにたくさんいらして、私がやる1シーン、1カットのために真剣な面持ちで集中されている。そのムードがきつく、「お芝居って、こんなにやりにくいんだ!?」って、最初は思っちゃいました（笑）。そんな空気感にようやく馴染むことができたのは、20話を撮っているころでしたね（笑）。青空の会のメンバー、金山（一彦）さんや（木下）ほうかさんはお父さんのように接してくださいましたし、松田（賢二）さんを含め、大人のキャストはとにかくみなさんが明るかったです。私は緊張しいで人見知りなうえに、女の子のキャストは私だけということが多いので、みなさんで私をいじってくださるというか、全員がムードメーカーという感じだったんです。ほうかさんのちょっとした仕草がなぜか私にはツボで、笑いが止まらなくて撮影が中断したこともありましたし（笑）、金山さんは私を常に笑わせようとされるんですよ。あとは、子犬のぶるまんにひたすら癒やされていましたね。

　2話の撮影で、真冬なのに山中の水の中でアクションをするシーンがあったんです。とてつもなく寒くて、そのあとの音也とのやり取りのときもうまくしゃべれなくなり、本当にたいへんでした。でも、あの撮影があったおかげで身が引き締まったというか、どんなに苛酷なアクションシーンがあっても大丈夫になりました（笑）。「なんでも来い」という感じですね（笑）。

ゆりの役作りについて

　イクサを作った母が命を落とし、麻生ゆりは孤独な戦士なんですよね。でも、戦士だけど女でもあるんです。孤独なので強いんだけど、さみしいから愛を求める。そういったキャラクター像が表現できたらいいなと思い、ゆりを演じていました。もっとも、最初は余裕がなくて、そんなことまでは考えていなかったんですけど（笑）、シリーズも後半になるとそう思っていたんです。これも武田さんの言葉なんですけど、「女性らしさイコール男らしさ」といったことを彼が言っていまして、「なるほど」となったんです。それで、女性らしさをまわりに伝えられるように、ゆりは男らしさを求めて生きていけばいいのかなということでもありましたね。

　まだ17歳でしたので恋愛経験もないですし、男の人への接し方もわかりませんでした。昼ドラマが好きなくせに、音也や次狼との恋愛模様の演技には本当に困りましたね（笑）。13話くらいにあった、プールで次狼とキスする寸前といったシーンは、怖くてまったくうまくできなかったんです。松田さんは艶っぽい方ですから、本気で緊張もしました（笑）。監督ブースでは、「ゆりにはまだ早いね」という会話がなされていたといいます（笑）。でも女性ですから、求愛されるシーンが気持ち良かったのは事実です（笑）。終盤のほうなんですけど、真夜が音也の気持ちを奪っていったときは、本当に悲しかったんです。「帰ってきて」という感じで。ゆりと音也が作ってきた歴史を、自分のなかでリアルに感じて

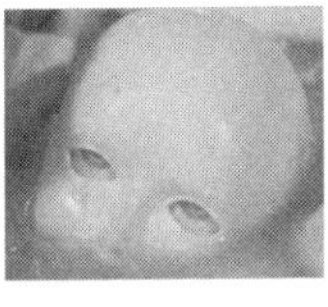

いたんですね。あんなに求愛してくれていた音也が、去っちゃうんですから。あのときのゆりを演じることは、自分の気持ちとシンクロしていたので、ある意味で楽だったかもしれません。

『キバ』は大切な出発点

テレビ版では、渡たちの現代チームと映像的には同じ場面はないんですが、撮影現場ではご一緒することも多く、あちらはフレッシュな感じでワイワイやっているので、「楽しそうでいいなあ」って見ていました（笑）。過去チームは、みんな落ち着いていましたから。劇場版で初めて現代チームのみんなと画面上で一緒になったんですが、楽しかったですね。控え室もにぎやかでした。前から「変身したい」と言っていましたし、まさか実現するとは思わなかったので、あの映画で変身できて本当に嬉しかったです。とくにイクサは、ゆりにとって重要なものですので、なおさら感激でした。

私、『キバ』のＤＶＤは全部もっているんですが（当時の自分の演技が）怖くて、いまだに観られないんです（笑）。台本も、全話分もっています。あるとき、これからさまざまな作品に出会っていくために、感謝の意味も込めて台本は仕事が終わったら処分することにしたんです。でも『キバ』の台本だけは、どうしても処分できませんでした。私のなかで、『キバ』は出発点であり、いろいろなことのきっかけになった作品だし、『キバ』での出会いもいっぱいあったし、成長させてくれた作品ですので。これからも、『キバ』を忘れることはないでしょうね。

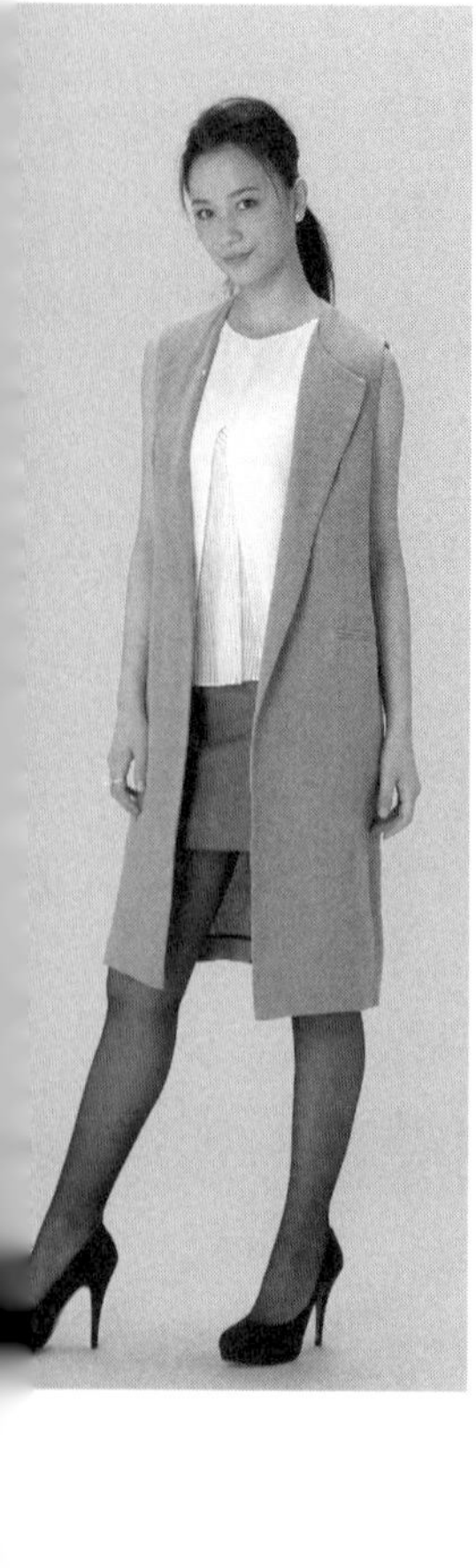

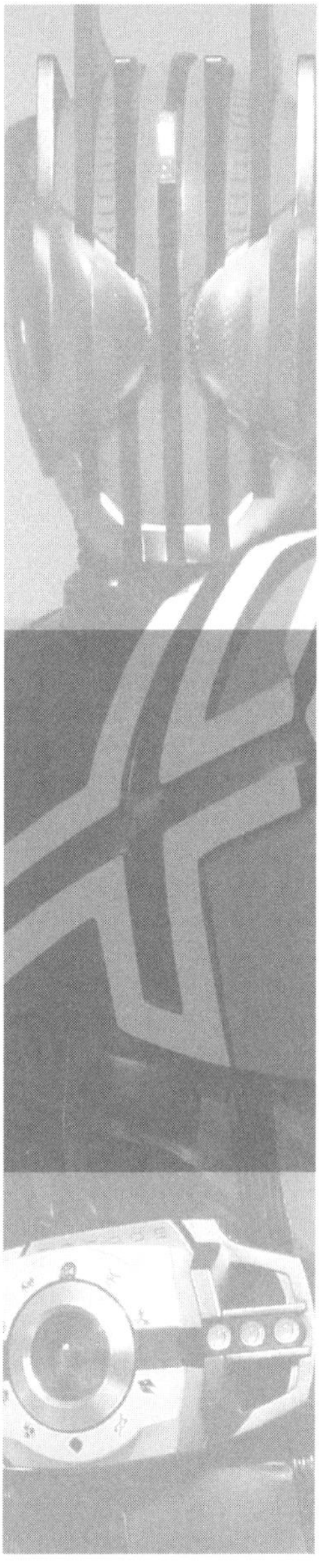

仮面ライダーディケイド

2009年1月25日〜8月30日放送
全31話

『ディケイド』の位置《ポジション》

東映株式会社
取締役
テレビ第二営業部長

白倉伸一郎

Shinichiro Shirakura

1990年東映入社、テレビ部に配属。1991年『鳥人戦隊ジェットマン』のプロデューサー補を務め、『恐竜戦隊ジュウレンジャー』よりプロデューサーになる。『仮面ライダーアギト』以降、多くの「平成仮面ライダー」を担当、『仮面ライダーディケイド』でもプロデューサーを務めている。

『仮面ライダーディケイド』には、ミッションがありました。そのひとつが放送開始時期を秋にずらすことであり、もうひとつがアニバーサリーであるという機を活かして「仮面ライダー」をブランディングすることでした。それまで「平成仮面ライダー」は番組フォーマット、つまり勝利の方程式とでもいうものを確立させることができないまま視聴者を世代交代させてシリーズを積み重ねていました。ずっと、「仮面ライダーとは何か」という本質がわからないまま突き進んでいたんです。むしろ『龍騎』『響鬼』『電王』などのイレギュラー感の強いシリーズのほうが全体的に見て大きなウエイトを占めていたくらいでした(笑)。何が正攻法で、何が奇策なのか、もはや誰にもわからない状況だったんです。

「仮面ライダーシリーズ」とはなんなのかということから、『カブト』では昆虫なら仮面ライダーになり得るのかということを試みましたが、続く『電王』で変身すると心まで変わる仮面ライダーに電車まで持ち込んだことで、「仮面ライダー」は解体されつくしてしまい、本質がまったく不明になったんです。

■2014年7月31日取材
■仮面ライダー平成vol.10掲載

そこで、『キバ』に続く作品が幸い10作目に当たることを利用して、それ以前の「仮面ライダー」をカタログ化して回収することで、もう一度「仮面ライダー」というもののブランド価値を内外に知らしめることを考えたわけです。『ディケイド』が生まれた最大の理由は、ここにありました。つまり「仮面ライダーシリーズ」そのものを語り、アピールするというわけです。このような特殊なミッションのために生まれた作品ですから、通常の番組の企画のように、どのような物語にするか、どんな主人公像にするのかという部分からとりかかった企画ではなかったんですね。番組枠から生まれてきた企画という、ある意味恐ろしいシリーズだったんです。

　こうして『ディケイド』は９つの仮面ライダーの世界を旅して、さらに違う世界へも行くことになりますが、そこでBLACKを選んだ理由としては「仮面ライダー」のブランド化を目指す以上は、親世代にも目を向けようということです。２００９年は、そろそろ『ＢＬＡＣＫ』や『ＢＬＡＣＫ　ＲＸ』を視聴していた世代が番組視聴者の親になってきていたんですね。続いてアマゾンとなったのは、１号、２号、Ｖ３あたりは常にスポットが当たる存在であり、何があってもいつもいいところにくるからです。世間的に「昭和ライダー」は正統派で「平成ライダー」には異端が多いというイメージがあったんですけど、「昭和だって負けちゃいないぜ」ということを周知させたいという思いもありました。『アマゾン』は一般的にはマイナー感があるんですが、裸だし、しかも第1話でアマゾンの奥地からいきなり日本に来てしまう（笑）。「じつはすごい作品なんですよ」とアピールしたかったんです（笑）。みなさんに「仮面ライダー」の振り幅の広さを知ってほしかったということですかね。

　このように『ディケイド』は、10作目の「平成仮面ライダー」として全31話と劇場版2作が作られました。当時の僕は騙されて（笑）、『ディケイド』を「10周年記念作品」と思い込んでやっていたんですが、すべてが終わってからよくよく考えてみると、9周年だったんですよね（笑）。あえていえば、10周年突入くらいでしょうか（笑）。

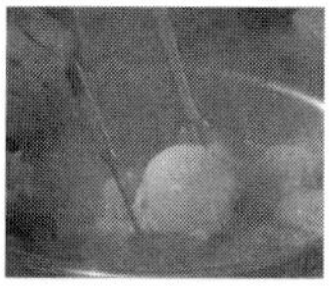

『ディケイド』の物語世界

脚本家
會川昇

Shou Aikawa

1965年生まれ。東京都出身。高校時代に『亜空大作戦スラングル』で脚本家デビュー後、雑誌ライターを経て、アニメ作品の脚本を数多く担当。『爆竜戦隊アバレンジャー』以降は、東映制作の実写特撮作品も手掛けるようになる。『仮面ライダーディケイド』では物語の前半を執筆している。

1980年代に実写特撮作品の脚本に新参加するということは、いま以上に狭き門で、東映さんでは上原正三さんと曽田博久さんらがほとんどを回していらっしゃったような状況でした。僕らの世代は実写特撮作品にこだわりがあるんですけど、井上敏樹さんが『(鳥人戦隊)ジェットマン』で若いライターを東映さんに紹介されるまでは、新規参入はほとんど無理でしたから、僕もアニメの脚本からキャリアをスタートさせることになりました。それでも石森プロを通じて『(兄弟拳)バイクロッサー』の脚本を持ち込んだことがあって、その頃に日笠(淳)さんにお会いしていたんです。その縁もあってか、後に荒川(稔久)さんの紹介なんですが、『(爆竜戦隊)アバレンジャー』をやらせていただくようになりました。

『アバレンジャー』も終わる頃になると、日笠さんはだんだん気もそぞろな様子になられていました。『剣《ブレイド》』の企画が、始まっていたんですね。『剣』が始まってしばらくしてからでしょうか、日笠さんから「観てますか」っていう連絡をいただいて、その時点で決まっているストーリーのだいたいの流れを説明されたんです。メインライターの今井詔司さんのペースを補うために宮下隼一さんが参加され、それから井上敏樹さんが入られて、井上さんが劇場版を担当されることになったので、僕に話が来たんですね。出たばかりのレンゲルを立てる2話分を書いてほしいという注文でした。初めての「仮面ライダー」ですから力が入りまして、早めに脚本を上げたので、日笠さんも「大丈夫だろう」と思われたんでしょう(笑)。その頃の宮下さんはお忙しいし、あくまでも今井さんのお手伝いであるというポジションを崩されず、正直、井上さんはノッていなかったんです。そんななかで僕だけが「ライダーができる」って調子で前のめりだったので、日笠さんは第31話からの多くのエピソードを僕に任せてくださったんだと思います(笑)。

この時点で強烈に主張したことは、わかりにくかった相川 始の設定をスッキリさせようということでした。それで、バトルファイトが開始されたため始のなかにあったヒューマンアンデッドの記憶が目覚め、ジョーカーにわざと封印され、それからカリスを封印したという流れを考えたんです。そして始と暮らしていた女性が始を探していて、視聴者とともに始とはいったい何者かという謎を解いていくというかたちにしたかったんです。だが、それでは始に人格が４つあることになってしまい複雑だということで、３つということになりました。それと、本来アンデッドはカードの数だけいるんですが、設定の問題や劇場版で封印されたものもいるので、数が足りなくなりそうだったんです。そこで、人造アンデッドを複数登場させました。『剣』のストーリーをラストに向かってまとめることは、それほどむずかしくはありませんでした。メインキャラクターが４人いましたし、劇場版の流れがありましたので剣崎一真と始に物語が集約されることは自然でした。ほかのキャラクターでいってもいいとは言われていたんですが、変身後のパワーアップのバランスから考えても、やはりこの２人が適当だったんじゃないでしょうか。

その後、日笠さんから『(轟轟戦隊) ボウケンジ

ャー』の話をいただきまして、塚田（英明）さんと も『（獣拳戦隊）ゲキレンジャー』をやらせていただき、『（炎神戦隊）ゴーオンジャー』をやっているときに撮影所で武部（直美）さんに「相談があるんですが」って声をかけられたのが、『ディケイド』の企画を伺ったそもそもでした。それ以前から塚田さんが探偵ドラマで「仮面ライダー」を企画していることは聞いていまして、それが秋始まりになってその間に入る企画を白倉（伸一郎）さんがやっていることも知っていました。僕に『ディケイド』の話がきたのは、スケジュール的にはかなりぎりぎりの時期でした。その時点で、ディケイドの名前と機能は大まかには決まっていました。白倉さんも僕も、最初からオリジナルのキャストを出さないことは決めていましたね。オリジナルと同じ人と違う人がいたんじゃ、まずいだろうということでもありました。企画書、プロットは、とにかく大量に書きましたよ。あらゆる可能性を考えて、シミュレーションし尽くしたんです。関係者はディケイドとクウガが並んでいる画《え》も、ディケイドとクウガの戦いも欲しいけど、ディケイドがクウガに変身するシチュエーションも欲しいんです。難問でしたね（笑）。

初めに提案したことは、物語の始まり方です。クウガが活躍している世界があって、そこにふらっと謎の男がやってくるといった流れでした。世界の移動も、バイクで走っていたら別の世界に着いたという感じでいいんじゃないかと話していたんですが、もう少しパラレルワールド感が欲しいということになって、扉を開けたら別世界になっているという案を白倉さんが出されています。そして田﨑（竜太）監督が写真好きということもあって、僕が写真館の設定を考えました。第1話でディケイドが全平成ライダーへの変身を見せたうえでその力を失い、各エピソードで取り戻していくという展開は白倉さんのアイディアです。そして僕が冒頭で「ライダー大戦」を挿入することを提示したんですが、「ライダー大戦」というタームが生まれたことで、企画の基本に白倉さんが納得してくれたという手応えを感じました。

「平成仮面ライダー」の物語に複雑なレイヤーが必

要なのかという疑問はあるんですが、『ディケイド』にはいくつものレイヤーがあります。まず謎のある世界があって、次にその世界の仮面ライダーが本来のライダーらしさを失っていて、それをディケイドが助けて本来の姿に戻すという物語があります。そこに白倉さんの注文、「ちょっといい話系のしっかりしたドラマ」が加えられ、それにプラス、旅する主人公の正体が明かされていくという縦線が置かれる。そしてさらに「平成仮面ライダー」へのメタ的な評価も、台詞にちりばめられます。かなり複雑な構造ですね。

　フォーマットは固まりましたが、白倉さんには旅する世界がもとの作品のコピーではダメで、できたらまったく新しいものにしたいというこだわりがありました。僕は近くてもいいんじゃないかと思っていまして、「龍騎の世界」のときですか、仮面ライダーが戦いを義務付けられた世界で『龍騎』の再構成ができるんじゃないかと思ったんです。でも正義の問題はもうやっているので別のテーマにしたいということで、裁判の話にしたんです。そして「ファイズの世界」は学園ドラマで展開したんですが、白倉さんに納得してもらうものに仕上げることはたいへんでした。

女優

森 カンナ × 白倉伸一郎

東映株式会社
取締役
テレビ第二営業部長

Kanna Mori

1988年６月22日生まれ。富山県出身。女性ファッション誌などのモデルを経て女優となり、劇場映画『うた魂♪』でデビュー。『仮面ライダーディケイド』ではヒロインの夏海を演じ、その後も、『インディゴの夜』『警視庁失踪人捜査課』『ボーダーライン』『ディア・シスター』など、出演のテレビドラマは多数。多くのＣＭや劇場映画でも活躍している。

■2014年12月29日取材
■仮面ライダー平成vol.10掲載

夏海を演じるようになるまで

森 『ディケイド』から、もう6年もたったんですね。白倉さんと最初にお会いしたのはオーディションでして、そこにいらっしゃいました。

白倉 細かいことは、きれいさっぱり覚えていないんですが（笑）、オーディションはやりました（笑）。

森 事務所に「仮面ライダー」のヒロインのオーディションがあるという連絡がきて、それで「受けてみよう」と思ったんです。3回くらい受けたと思います。それである日、スーパーで買い物をしていたら（笑）、当時のマネージャーさんから「受かったよ」って電話があったんです。

白倉 当時の森さんのことは、よく覚えています。初めてお目にかかったときは、その気のない感じで。よく言うと自然体で、悪く言うとやる気がないというたたずまいなんですよ（笑）。仕草もネコ科動物のような動きで、よく言うと柔らかく、悪く言うと人間ならざる感じで（笑）。とても不思議な人だと思い、その様子が個性によるものなのか、やる気がないためなのかを確認しようと、再びお呼びしたわけなんです。森さんの異彩を放つ個性は、いまお会いしても変わりませんね。

森 「仮面ライダー」がどういったものなのかということは、オーディションを受ける際はちゃんと認識していました。ただ、私には男の兄弟がいないので、番組自体をあまり観たことはなかったんですが。子供のころは、女の子向けのアニメをよく観ていました。『ディケイド』のときはお芝居をしたことがほとんどなかったので、届いた台本を読んで、わざと舞台のような物言いをする部分があったりして、「むずかしい」と焦った記憶があります（笑）。

白倉 『ディケイド』に出てくる人物って、おじいさん以外はほとんど仮面ライダーじゃないですか。そんな状況で、光 夏海は変身をしないで彼らに勝たなきゃいけないんです。そのために「笑いのツボ」を用意しました。通常のヒロインというのはヒーローがいて、その対称に置かれるんですが、夏海はその逆でヒーローたちの中心に立っていて、それだけでヒロインとして成立しなくてはいけない。そのた

めには演技のスキルよりも、女優さんそのものが醸し出すオーラや存在感が必要だったんです。なので、森さんと出会えなかったら、夏海のキャラクターを変更していたと思います。

撮影開始で驚いたこと

森　演技はたいへんでした。井上正大さんも私も芝居の経験がほとんどなくて、村井良大さんだけが経験者だったんです。いま思うと、信じられないレベルの質問を村井さんにぶつけていました。「つながりって何？」とか「こういうとき、どういう顔すればいいの？」とか（笑）。彼も「えっ⁉」となり（笑）。「そんなこと聞くのか」といった感じだったんじゃないでしょうか（笑）。あと、衝撃だったのは最初の頃に経験した爆発です。夢のシーンで、白いドレスを着た私の周りで爆発が起こるんです。遠くまでロケに行きまして。

白倉　あれは、千葉の奥ですね。

森　最初にどことどこで爆発して、どのタイミングで逃げるかなどのレクチャーは受けるんですが、実際にどんな爆発なのか、まったくわかっていない状態での撮影でした。それで本番の爆発は想像もしていなかった規模のもので、すごく怖かったです（笑）。

白倉　リハーサルのときは、助監督さんが口で「バーン」とか「ドカーン」とか言っているだけですからね（笑）。本番にならないと、わからないんですよね。

森　熱風が顔にモワッときますし。「ＣＧじゃないじゃん」って、びっくりでしたね。最初がこれじゃ、これからどうなるんだろうと思ったものです。

スケジュールはハードでした

森　初心者の時期に石橋蓮司さんとご一緒できたことは、ラッキーだったと思います。でも、最初は石橋さんを怖く感じました。石橋さんがいらっしゃると、現場の空気がビシッと締まりましたし。

白倉　石橋さんが撮影所にいらっしゃるのは、週に一回より少なかったんです。２週に一回くらいでし

たかね。

森　最初は怖かったんですが、回を重ねますと、本当に「おじいちゃん♥」みたいな関係性になっていきましたね（笑）。石橋さんとは『ディケイド』が終わってからもときどきメールのやり取りをしていまして、いまでも食事を御馳走になったりしています。

白倉　絶大な自信をもってお送りするわがレギュラーキャスト陣ですので、演技的な部分での心配はしていませんでした。気にしたのは、（遅刻しないで）現場にちゃんと来てくれるかなぁということだけでした（笑）。

森　スケジュール的には、ハードでした。朝の4時か5時には撮影所に入るんです。

白倉　女優さんはメイクなどがありますので、とくに早いんですね。

森　そのうちテレビと並行して劇場版を撮り始め、さらに雑誌の付録用のＤＶＤを撮り始め（笑）……。

白倉　さらにネットムービーが始まるという……。

森　それもありました。

白倉　しかも、恐ろしい物量だったんですよね。

森　クイズ形式だったり、いろいろなパターンを朝から夜まで撮り続けました。

白倉　カメラを5台、同時に回しもしました。あれもやりたい、これもやりたいってなって。いいかげんにしろ、ですね（笑）。

森　東映の本社で仮面ライダーとエレベーターに乗ったり、シュールな映像ですよね（笑）。

盛り上がったシリーズでした

森　子供の反応で、観てくれているんだって感じました。電車で「夏みかんだ！」って言われるんですが、周りの人は何のことかわからないんです（笑）。「笑いのツボを押してください」なんていう方もいらっしゃいました（笑）。

白倉　（笑）。

森　『ディケイド』が終わって次の「仮面ライダー」を観て、『ディケイド』の特殊性に気づきました。仮面ライダーがどんどん出てきますし、まさに豪華な10周年記念番組だったんだなあって思いを強くしたんです。出演者も多かったですよね。瀬戸康史さんや『電王』チームなど、過去のライダーの方がお出になると現場も華やかですし、こちらもテンションが上がるんです。私が『（侍戦隊）シンケンジャー』に出たり、『ディケイド』にシンケンジャーが来たり。盛り上がりましたよね。

白倉　『ディケイド』なら、なんでもできるんじゃないかっていう全能感はありましたね。でも、逆にジ

レンマもずっとあったんです。『ディケイド』という器が過去の「仮面ライダー」や『シンケンジャー』を守りたてているわけで、『ディケイド』自身を盛り上げなくちゃいけないという思いを抱えていたんです。その対応のひとつが、夏の劇場版です。イベント的には昭和ライダーも登場するんですが、「士の世界」の物語になっています。夏海が士を許せるのか、という点も物語の柱のひとつになりました。でもそれだけでは足りないので、冬の劇場版も新設することになったんです。

森　夏の劇場版では鳴滝さんに助けられますけど、演じた奥田達士さんは優しい人でした。ディエンドの戸谷公人さんは年下で、愛嬌のある、人懐っこい人でしたよ。

白倉　当初は予定していなかったんですが、劇場版に昭和ライダーが出ることになって、テレビにも昭和ライダーが出るようになります。

森　現場のスタッフの方も、1号とかＢＬＡＣＫが出てくるとザワつくんです。みなさんが、お好きなライダーなんですよね。それと、仮面ライダーを演じられたＪＡＥの方は素晴らしかったです。高岩（成二）さんは、立ち姿もきれいでした。絡みも多かったので、永徳さんともども仲良くしていただきました。

白倉　レギュラーのキャスティングは各自のキャラを重視したもので、「スーパー戦隊」では考慮する全体のバランスは気にしませんでした。しかし、士や夏海たち5人のバランスは素晴らしく絶妙で、写真館のセットでの撮影は毎回とても楽しいものになりました。

森　いまでもドラマのスタッフさんで、夏海のことをおっしゃる方は多いです。携帯の待ち受けがピンクと十字の方がいらっしゃいました（笑）。いまになって思うんですが、夏海みたいにすべての台詞が敬語のキャラクターを演じきるのは、とてもハードルが高いことだったんですね。敬語のみで感情を表現することは、なかなかむずかしいんです。

第5章

ヒーローを演じる、アクションを撮る

アクションの融合

監督

金田 治

Osamu Kaneda

1970年にＪＡＣ（現・ＪＡＥ）に研究生として入門。アクション担当を経て、1975年に『正義のシンボル コンドールマン』でアクション監督になり、『特捜ロボ ジャンパーソン』以降は監督。現在は、ＪＡＥの社長も務める。

最初は1号、2号の頃の『仮面ライダー』のトランポリンアクションで東映生田撮影所へ何度か行って、それから『(人造人間) キカイダー』で東映撮影所や栄スタジオへ行っていました。その後、右も左もわからないのにロボット刑事をやれと言われてKを演じたんだよね。現役でアクションをやった期間は短くて、川内康範先生が原作の『コンドールマン』で殺陣をやる者がいなかったので、勉強しながら、いまで言うアクション監督を務めたんです。続いて、『アクマイザー3』と『超神ビビューン』でした。その後、コンスタントに殺陣師をやったんだけど、もともとやりたかったわけじゃなかったんだよね。流れでやったら面白かったので、その後もやらせていただいたというわけなんです。

「宇宙刑事」は、シュールでね。奇想天外な展開で、大好きですよ。魔空空間はいまでは、ＣＧやデジタルであり得ない世界を自由に作れるんだろうけど、当時はそうもいかない。照明をいじるくらい。だから、アクションの表現も考えたよね。そこで場所を、脈絡なく変えることにしたんです。例えば、新宿か

■2015年1月取材
■仮面ライダー平成vol.10掲載

らいきなり伊豆に出て、そこから海に落ちたら噴水から出てくるとか。それらを短いカットでつないで、テンポ良く見せる。時代劇セットから何から、なんでも使ったよ。撮影に時間はかかったけど、スタッフがみんなで考えて工夫して、いいものができたよね。スケジュールもあって好き勝手にロケに行けるわけじゃないんで、監督と相談してひとつのロケ場所でもいろんな背景を探して撮ったりしていたんです。

　作品によって違うキャラクターの特性は、大事にしました。戦えばいいってわけじゃないからね。大人っぽくいこうとか、面白おかしくいこうとか、その作品のイメージやエピソードのトーンによって変えていますね。自分としてはハードなイメージのほうが好きだからね、『仮面ライダーＢＬＡＣＫ』のときのＢＬＡＣＫは、ドーンと構えた感じにしました。アクションの手数を多くしないで、一撃で見せる。それを戦う相手によって、少しずつ変える。「スーパー戦隊」とイメージを変えることも、無論考えていました。ＲＸは、ＢＬＡＣＫよりグレードがアップしたことを見せようとしています。ＢＬＡＣＫは大好きですね。あの頃なのに、ヒーローが黒っていうのが凄い。悪の色と思われていた黒を、ヒーローにもってきたところが秀逸でしたね。

『ジャンパーソン』のときに、プロデューサーの堀（長文）さんや吉川（進）さんから監督もやってみないかと言われて。俺はもともと芝居も嫌いじゃなくて、アクションをつけるときも監督と相談して前後の芝居もつけていたので、それを観ていてくれたんですかね。最初は「芝居なんかつけられません」って言ったんだけど、ほかの監督からも「金ちゃん、芝居は役者がちゃんとやってくれるから」と言われ、プロデューサーからも再三勧められ、撮影日数も２日ほど余分にいただけたのでやらせていただいたんです。キャメラマンをはじめ、スタッフのみんなに協力していただいて、なんとかでき上がりました。そのときに、ある人に言われたことがあるんです。「撮りたいものは撮ればいいんだ」と。監督なんだから、遠慮しないで撮ればいいって言われたんですね。その一言で、心に余裕が生まれました。それか

ら『（重甲）ビーファイター』でも、プロデューサーの日笠（淳）さんから「やってみない？」と言われてやりまして、以来コンスタントに監督をやらせてもらっています。こういった作品は夢があって大好きなので、やっていて楽しいね。

　いまでもそうなんだけど、一生懸命やっているだけですね。そのシリーズ固有のイメージは崩さないようにして、自分なりに行きたい方向へもっていきます。できるかぎり工夫して撮っているつもりです。アクション監督とはざっくりと希望を伝えたうえで話し合い、アクション監督の案を面白いと思えば取り入れて膨らませるし、いらないと思えば代案を話し合う。アクション監督は俺が監督だとやりにくいと思うんだけど、できた作品の責任は監督が負うわけだから、自分のイメージをなるべく実現するようにしています。監督といったってなんでもできるわけじゃなく、そんなにアイディアがたくさん出るわけじゃない。アクション監督も、力の限りどんどんぶつけてくればいいんです。いい、面白いと思えば、乗るんだから。乗って、自分なりに料理をする。アクション監督やキャメラマンは監督の女房役であり、その女房たちとともに作品を作っているんだという意識は、常にもっていますよ。それと、俺は子供向けの番組は、メッセージ性が強いものだと思っているんです。ですから大人が観て、納得できるものじゃないといけない。幅広くメッセージを子供と親に発信し、親子で観て育っていく。そういった、大切なものだと思っています。そういった番組を担ってきたキャメラマンは、みんな抜群に技術が優れていますね。監督の要望を的確に実現するし、それ以上になることも多い。そんなときは、予定していたコンテを変えてしまいます。

「平成仮面ライダー」は『クウガ』からやらせていただいていますが、『電王』や『ディケイド』『鎧武／ガイム』などでは劇場版もやらせていただいています。映画は大スクリーンで観るものですし、テレビとは撮るほうの感覚も違ってきます。迫力の差を意識しますね。テレビとは違うタッチを意図して、映画ならではの落ち着きを表現した画《え》を作って、さらにドーンとくるところもきちっと撮るなどしてい

ます。キャメラマンはそういったことをわかっていますから、うまく対応してくれるね。盛り上げるためにテレビではむずかしいこともやろうということになったり、映画はやっぱりいいよ。

映画で仮面ライダーがたくさん出てきますが、あれは小道具を管理する人が頑張っているんだよね。再登場キャラクターを演じるほうも、頑張っているよ。ちゃんとビデオを観て、勉強してくるんですよ。そのライダーの立ち姿やちょっとした仕草を、一生懸命真似てね。でも戸惑うこともあって、そんなときは現場でかつてそのライダーを演じていたやつを捕まえて、「おい、ちょっと教えてやれ」なんてね(笑)。でも、ライダーが勢揃いするっていうのは壮観ですよね。何十年もの歴史を背負っているんですから。それでいて、昔のライダーも古く感じない。凄いと思うね。『ディケイド』の夏の劇場版のときは、ライダーが揃って現れるシーンに重みを加えたかったのね。過去から甦ってきたようなイメージが、欲しかったんです。それで、オーロラのなかからジワッと出てくるような表現にしたの。小細工せずにシ

ンプルに。シンプルが一番いいよね。
俳優では、やっぱり『クウガ』のオダギリ（ジョー）君。彼が印象的でしたね。『クウガ』は最初、アクション監督としての参加だったんだけど、初めて見たとき、オダギリ君は番組終了後も世に出てくる人になると思ったね。役も、それまでのヒーローにはいなかったタイプじゃない。淡々とした設定のキャラクターで。『ディケイド』の（井上）正大君も最初の演技はいまいちだったけど、だんだんうまくなりましたね。『スーパーヒーロー大戦』でも出てくれたけど、ちょっと大人になって、カッコよくなっていました（笑）。演技もグンと落ち着いて、良かったよ。『鎧武／ガイム』の佐野（岳）君は繊細で、最初からけっこううまかった。かなり考えて、演技をしていたね。『電王』の（佐藤）健君も忘れられないです。なよなよして線の細い人が、ガラッと変わる。健君は、本当にうまかった。俺は『電王』って大好きなんですよ。弱い人がりりしくなるのもいいし。イマジンが何人かいてふだんはもめてケンカばかりだけど、いざとなると一致団結する。それが好きなんだよね。いまの時代に、ためらいなく一致団結をやる。お客さんも、それを求めていたんじゃないかなあ。だから『電王』は、ヒットしたんでしょう。

毎年毎年、よくこれだけ奇抜な設定を考えるなと感心します。ふつう、武者とフルーツなんて思いもしませんよ（笑）。ストーリーも、よく練り込まれています。企画サイドのグレードが、進歩していますよね。逆にシンプルさはなくなってきているんだけど、ただ悪いやつがいて、それをやっつけました、だけじゃ誰も観なくなるよね。シリーズに幅広くしかけがあって、そのなかで話を進めていく。子供向けの番組だからって、子供に合わせることはないんです。あくまでもひとつの作品として、質を高めていくことが重要です。ストーリー展開が、読めないくらいのほうがいい。世の中はどんどん変わっているんですから、「これが仮面ライダーなの？」くらいが、ちょうどいいんだと思います（笑）。

アクションを演出して

アクション監督

宮崎　剛

Takeshi Miyazaki

1963年6月8日生まれ。大阪府出身。ジャパンアクションエンタープライズ（JAE）所属。『宇宙刑事シャイダー』からテレビ作品の撮影現場に参加し、『巨獣特捜ジャスピオン』の巨獣、『鳥人戦隊ジェットマン』や『恐竜戦隊ジュウレンジャー』などの怪人役を演じ、『忍者戦隊カクレンジャー』からヒーローを担当。『仮面ライダー龍騎』から多くの「平成仮面ライダー」でアクション監督を務める。

アクション監督を最初にやったのは、『救急戦隊ゴーゴーファイブ』でした。竹田（道弘）さんがテレビとVシネを掛け持ちされたときに、軽いほうの現場をという感じでした。そして『仮面ライダーアギト』で山田（一善）さんがほかの仕事でできないときに補佐みたいなポジションでちょこちょこやりまして、『龍騎』から正式なアクション監督です。

ＪＡＥに入って10年目くらいのときに会社には殺陣師になりたいという希望を出していたんですが、現場でアクションを担当しながら殺陣師の勉強をしなさいと言われまして、『忍者戦隊カクレンジャー』でニンジャブルーをやったんです。初めは1年やったら殺陣師にということだったんですが、このあたりからキャラクターが増えて人が足りないということで、結局、その後何年かプレーヤーを続けたんです。それと、『アギト』のときですけど、西湖で水中撮影がありました。あのとき、水温が4℃の水中で撮影をしていたのは僕なんです。カメラマンの補佐という肩書で。「仮面ライダー」の水中カメラは、だいたい僕がやっています。水中は、スチールカメ

■2014年11月21日取材
■仮面ライダー平成vol.3掲載

ラもまかせてください（笑）。

メインでアクション監督の仕事をいただく前は先輩の手を見て、「俺ならああやる、こうやる」なんて思っていたんですが、いざ自分がその立場になるとプレッシャーが先で（笑）。監督に「こうやりたいんですけど」と言って手をやって見せたときに、「えっ」て言われるのが、もの凄く怖いんです。監督としては軽い相槌なのに、こちらは重い意味があるように捉えてしまうんですね。これには、なかなか慣れませんでした。やっと現場が楽しくなったのは、アクション監督になって5年目くらいでしたかね。『龍騎』は反転した世界でしたけど、モニターで反転させて確認したのは最初の頃だけで、すぐに「こういうものか」と得心しまして、自然にやれました。この作品で苦労したのは、プレーヤーですよ。右利きの人間なら、左手で演じなければいけないわけですから。キャラクターによる動きの違いをつける際に重視したものは台本で、次は変身前の役者さんの動きや癖を見て、それをいただくことでした。

普遍的に意図してやっていることは、主役ライダーより2号ライダーをカッコよく見せるように演出することですね。そうすることによって、龍騎なら須賀（貴臣）君や高岩（成二）君が奮起して「こいつにだけは負けない」って頑張ってくれるのではないかという期待を込めて、あえてカッコいいシチュエーションを2号ライダーのほうにもっていったりしていました。それで主役がより良くなると、次は2号がまた負けまいとする。好循環が生まれるんじ

やないかということです。タイガの変身前を演じた高槻（純）君なんですが、彼は体操のジュニアオリンピックに出ていた人なんです。でもそれを知ったのがシリーズがほぼ終わる頃で（笑）、もっとアクションをやってもらえばよかったですね。

『555《ファイズ》』はより辛かったです。思えば『龍騎』で、13人分も変身ポーズを考えたので（笑）。ふつうなら、数年分ですよね。ファイズが手を振る仕草なんですが、あれはケンカの素人がいやいや戦っていて、殴り方も下手なので痛いということなんです。それでああいうふうに手を振るかたちにしたわけです。『電王』や『カブト』でもそうでしたが、ストーリーあってのキャラクター作りということはいつも意識しています。

アクションにおけるストーリー作り

アクション監督

石垣広文

Hirofumi Ishigaki

1963年２月20日生まれ。山形県出身。1981年ＪＡＣ（現・ＪＡＥ）に入門。『超獣戦隊ライブマン』のブラックバイソンより「スーパー戦隊」のヒーローを演じ、テレビシリーズでは『特捜戦隊デカレンジャー』よりアクション監督を担当。『仮面ライダーウィザード』からは、「仮面ライダー」のアクション監督を務めている。

戦闘員役なんかで撮影現場に入るようになったのは『（大戦隊）ゴーグルV』や『（宇宙刑事）ギャバン』の頃で、『（科学戦隊）ダイナマン』からは怪人をやっていました。ヒーローのキャラクターをレギュラーでやらせていただいたのは、『（超獣戦隊）ライブマン』のブラックバイソンが最初です。その後ずっと「スーパー戦隊」でキャラクターをやりまして、『（特捜戦隊）デカレンジャー』からアクション監督をやらせていただいています。僕はお芝居をやりたかったのでアクションのプレーヤーから離れて役者の勉強をさせていただいていたんですが、再び映像の現場に戻るにあたり、プレーヤーよりスタッフとなることを希望したんです。そのため、尊敬する竹田（道弘）さんに相談して、『（忍風戦隊）ハリケンジャー』あたりから（アクション演出の）勉強をさせていただいています。僕は最初、山岡（淳二）さんにいろいろと教えていただいて、その後もさまざまな作品で金田（治）さんや西本（良治郎）さんたちのアクション演出を見せていただいていました。そのなかで竹田さんとは一番親しかったですし、

■2015年3月取材
■仮面ライダー平成vol.5掲載

個人的にも竹田さんの殺陣が好きだったんです。それでアクション演出を志望するにあたり、竹田さんに教えていただいたんです。

　アクション監督というのは、（台本に）文字で書かれているアクションの描写をどう膨らませていくのかということが仕事なんです。僕は竹田さんから、ひとつのアクションに対し、なぜそれが行われるのかという必然性をきちんと盛り込んでいくことが重要だと教わりました。アクションにも、ストーリーがあるわけです。『デカレンジャー』でアクション監督になってまずたいへんだったことは、そういった、アクションにおけるストーリー作りでしたね。それともうひとつは、盛り上げ方でした。観てくれている子供たちが喜ぶような仕掛けを、どうやって見せていこうかという。脈絡なくやるわけにはいきませんので、アクションのストーリーのなかで動きの仕掛けを見せていく。それが毎回の自分のテーマでした。

　シリーズごとのアクションは、その作品のキャラクターのシチュエーション、テーマによって変わってきます。仲間なのか、家族なのか、何を描くべきなのかによって、必要とされる動きが変わってくるわけですし、変えなくちゃいけないんです。逆に変わらないことは、悪を倒すということくらいでしょうか。その悪ですが、シリーズごとに描き方を変えて、個性的にキャラを立たせることが重要ですね。悪を立たせないと、それを倒すヒーローも活きてきませんから。いろいろとやったなかでは、『（侍戦隊）シンケンジャー』は敵味方のあり方が極めて対照的でしたので、ヒーローサイドと怪人サイドの差をつけやすかったと思っています。

『（海賊戦隊）ゴーカイジャー』には、過去の「スーパー戦隊」が全部登場しました。各作品を大切にしたかったので研究しまして、毎回新作に臨むような気持ちでやっていたんです。それで自分的にも全部出し切ったかなということで、『ゴーカイジャー』が終わったら少し休もうと思っていたんです。そうしたら「仮面ライダー」をやってくれないか、というお話をいただきまして、「仮面ライダー」なら、また違うことができるかなと思いまして、『ウィザ

ード』をやらせていただいたんです。ウィザードは指輪をつけている関係からパンチはしないということでしたので、「足技かな」と漠然と考えていまして、打ち合わせでも「マントの動きを活かせるアクションがいいね」なんていう感じだったんです。そんなとき、後輩がエクストリームマーシャルアーツの試合に出るということを聞いて、ＹｏｕＴｕｂｅでそれを観たり、本人に会ってその動きを見せてもらったりしたんです。その動きが良くて、これを番組で活かすことができたら特色が出るんじゃないのかと考えて提案したら、「それでやってみてください」ということになりました。

ウィザードは「スーパー戦隊」とは違ってヒーローがひとりですので、最初は戸惑いました。ひとりですべての敵を倒すわけですから、プレーヤーへの負担が大きいんですね。その負担をなるべく軽減しながらもカッコよく見せる、その辺のことに気を遣いましたし、たいへんでした。また、アクションシーンの前後のお芝居とのつながりがありますから、そのときのキャラクターの感情のあり方などを含め、監督とも常にやり取りをしながらアクションをつけています。そのシーンそのシーンで、必要なもの、不要なものは何かを相談しつつやっているんです。スタイルチェンジについては、色による能力の違いを高岩（成二）さんとも相談しながら、厳密にではないんですが、中国武術の型の違いなどを取り入れたりして変化をつけています。

『鎧武／ガイム』は仮面ライダーがたくさん登場するので、違いをつけることがたいへんでした。スーツもウィザードに比べると動きづらいので、そのつどプレーヤーと相談しながらアクションを決めていった感じですかね。『ドライブ』は車モチーフのヒーローですから、なるべく動きにスピード感をもたせるように努めています。

登場とインパクト

俳優

岡元次郎

Jiro Okamoto

1965年1月５日生まれ。宮崎県出身。JAC（現・ＪＡＥ）の第14期生で、1987年に仮面ライダーBLACKを担当し、以降BLACK RX、ZO、Ｊを演じた。「平成仮面ライダー」では仮面ライダー王蛇、仮面ライダーレンゲルが代表で、「スーパー戦隊シリーズ」への出演も多い。一般のテレビドラマ、劇場映画へのアクション以外での出演も多数。

後楽園のショーで山岡（淳二）さんに言われてレッドをやっていたんですが、金田（治）さんに呼ばれたんです。ＢＬＡＣＫをやれということでした。おそらく、主役の倉田てつを君との身長のバランスなどで僕とか岩田（時男）君は選ばれたんだと思います。「仮面ライダー」は、子供のとき大好きでした。藤岡（弘、）さんの頃から観ていました。そんな好きな仮面ライダーをやれるんですから、養成所の期間を入れてもまだ5年目くらいで技術的にもどこまでできるかわからなかったんですけど、自分なりの仮面ライダーができればと思い、やらせていただくことにしたんです。

殴ったり、蹴ったり、跳んだり、転がったり、ぶつかったり。ただ、立ち回りをするだけじゃありませんでした。ベンチを壊しながらとか、壁をぶち破って転がったりとか、そういったアクションが多かったですね。怪人と絡むとすぐに離れて、物を壊しながらの横移動とかが多かったので、いまの「スーパー戦隊」のようにバトルの際の手が多いものではありませんでした。金田さんが僕に求めていたもの

■2015年1月取材
■仮面ライダー平成vol.6掲載

は、おそらくアクションよりも立ち姿とか歩く姿だったんじゃないかと思います。物を壊すことそのものよりも、その後の立ち方とかお芝居ですね。BLACKは、いま思えば動きやすいスーツでした。パーツが全部分かれていましたし。

RXは途中怪我をして岩田君に代わったこともありましたが、バイオライダー、ロボライダーを含め、ほとんどやっています。RXはBLACKとはそんなに変えてはいないんですが、光という明るいイメージがあるので、指の形を変えたりはしています。バイオ、ロボの動きは最初、RXと同じ動きでいいと言われたんですが、バイオは液体のイメージなので柔らかい感じと低い姿勢、ロボは力強さと機械っぽさを感じられるようにアレンジしていました。BLACKとRXをやらせていただいた2年間の経験は、僕にとっては大きなものでした。飛び降りにしろ、飛び込みにしろ、エアマットにせよ、なかなかやれることじゃありませんので。

「平成仮面ライダー」で本格的に仮面ライダーを担当したのは、王蛇ですね。悪役のライダーをやるときに気にしたことは、自然体にして力を抜き〝決めずに決まる〟といったことです。そしてそこに、悪さと我慢を加えます。攻撃を受けて痛いんだけど、感情を含めて平気なふりをしているんです。ドラマではその後、変身を解除した萩野（崇）君が思いっきり悔しがるんです。彼は、うまかったですね。萩野君とは『（超光戦士）シャンゼリオン』でも組んでいましたので、彼も僕のことはよくわかっていたんでしょう。次は、レンゲルですね。上城睦月はカードを集めるというオタク気質があるキャラで僕とはだいぶ違うし、演じた北条（隆博）君の身長や体格もかなり違うので、同一人物に見えるかどうかが微妙なところだったかもしれません。

まずは演じるキャラクターに応じて、ひとつかふたつの癖がどこかに出ればいいと考えています。それがうまくいき始めれば、いろいろとつながって、王蛇なら王蛇というキャラクターができ上がっていきます。そうなったら、そのキャラクターは少々のことでは動じないものになりますね。考え過ぎて迷ってはいけませんし、最初から多くをやり過ぎると

修正がきかなくなります。でも、何もないと登場したときのインパクトがない。難しいところですね(笑)。(高岩)成二君たちもシリーズごとにキャラクターを成立させるうえで、最初に立ち姿やポージングのどこに違いを与えるのかというところには悩んでいるんだと思います。

憑依されるライダー

俳優

高岩成二

Seiji Takaiwa

1968年11月３日生まれ。埼玉県出身。JAC(現・JAE)16期生。養成所時代より後楽園ゆうえんち(現・東京ドームシティアトラクションズ)のヒーローショーに出演し、テレビ初出演は『仮面ライダーBLACK RX』のライダーマン役。『恐竜戦隊ジュウレンジャー』のドラゴンレンジャーが初のレギュラーで、『仮面ライダーアギト』より主役ライダーの多くを務めている。

『(未来戦隊）タイムレンジャー』のタイムレッドをやっていたときに事務所から「次はライダーをやってもらうから」と言われまして、「あれっ」っていうのがそもそもでした。なぜ僕になったのかという詳細は、知りません。それでアギトを演じるようになったんですが、「スーパー戦隊」とはだいぶ違いました。当時の「スーパー戦隊」はフィルム撮影でしたから、まずビデオ撮影である点が違いますし、ドラマが重視されるため変身後のキャラクターにも細かい演技が要求されるなど、演出面もかなり違いました。最初は戸惑いましたよ。どうしても、「スーパー戦隊」的なデフォルメした動きになってしまい、「もっとナチュラルに動いて」なんて言われたものです。社長（金田 治）が監督の回なんですが、アギトのアップの撮影で小さく頭を動かすというシーンがあったんです。どんなに動きを小さくしても「まだ大きい」と言われるので、「もう動かない！」と思って動かなかったんです。すると「ハイＯＫ！」で、「動かないのも芝居なのかな？」と思いいたりました。そこから、「スーパー戦隊」的なものが吹

■2014年8月30日取材
■仮面ライダー平成vol.8掲載

っ切れたように思います。キャラクターの癖みたいなものを作るようになったのは、龍騎からです。ファイズの手首を回す動きなんかは、みなさんに認知されていますね。無理して作ろうとは思わないですが、変身前の役者さんの様子を見て、ちょっとした動きを取り入れることで、アクセントになるんじゃないかということなんです。

ブレイドの後、「戦隊」でマジレッドを1年やってからカブトで、続いて電王になります。最初にプロデューサーから、電王像はうっすらと聞いていました。憑依されるライダーであるとかですね。そのとき、いろんな人格を演じることと、イマジンもやってほしいと告げられたんです。デザイン画を見ると赤鬼ですから、「素行が悪いのかな？」と思いまして……。僕の悪い癖なんですけど、様子を見ながらちょっとずつ遊び始めたんですね。監督からも「それ面白いですね」って言っていただけたので、徐々にモモタロスのキャラクターを固めていきました。撮影が始まる前ですが、声優の関（俊彦）さんのオーディションに立ち会わせていただきました。最初はアニメ的な声で台本を読まれていたので、少しナチュラル寄りにとお願いした記憶があります。遊佐（浩二）さんや鈴村（健一）さんらのときも立ち会いまして、声のイメージをお伝えしたんです。イマジンは半分以上声優さんの力ですからね。後から思うと、僕なんかがごちゃごちゃ言わなくても、みなさんお上手にやられたんじゃないかと思います。

イマジンがどんどん増えて、スチール撮影のときには『サザエさん』みたいになりました（笑）。イマジンは、みんな前に出たがるんです。とはいえ、でしゃばりすぎない。だが懐に何かもっている。お互いにお互いを探りながら演じるのが、楽しかったですね。（岡元）次郎さんは先輩なんですが、キンタロスをひっぱたくシーンでは遠慮なくいかせていただきました。遠慮したら、次郎さんがかえってやりにくいんじゃないかと思いまして。電王もフォームごとにキャラが違うので、楽しかったですね。てんこ盛りの登場のときは、どうしようかと思いましたよ（笑）。「とにかくやってみて」ですから。あのときは、動きも台詞も僕任せだったんです（笑）。

動きの「溜め」を作る

俳優

押川善文

Yoshifumi Oshikawa

1977年9月5日生まれ。宮崎県出身。JAEの養成所を経て1998年から多くのドラマに出演後、『未来戦隊タイムレンジャー』より戦闘員、怪人を演じるようになり、『仮面ライダーアギト』からは仮面ライダーを演じつつ「スーパー戦隊」にも出演。『炎神戦隊ゴーオンジャー』以降はスーパー戦隊のヒーロー担当。

ヒーローを初めてやらせていただいたのは『アギト』の仮面ライダーギルスだったんですが、アップ用のスーツがワンピースで、膝が曲がらないほど硬かったんです。アクション監督からは「野性的に」と言われましたし、台本から僕も「正統派じゃないな」と思いましたので、ギルスは姿勢を低くして演じました。これがきつくて、最初は足が腫れました。必殺技はふつうのかかと落としでいいということだったんですが、変化をつけようと両腕で足を抱え込むようにして決めました。動きの「溜め」を作りたかったんです。夏場はたいへんでしたね（笑）。役作りはまず、変身前の役が友井（雄亮）君なら友井君をずっと観察して、その人間性を吸収します。そして、シチュエーション別に、彼はどう動くのかを常にシミュレーションします。そして友井君とヒーローとの間のギャップを埋めていくんです。そんな作り方が好きですね。この方法論は、『（烈車戦隊）トッキュウジャー』のトッキュウ1号でも同じです。『龍騎』のときはゾルダ役で、オープニングのカードを持つ男もやっています。あれは、なぜか監督の

■2014年9月17日取材
■仮面ライダー平成vol.12掲載

田崎（竜太）さんにやってくれと言われまして、振り向いてくれということでそうしたら、（映像では）顔にモザイクがかかっていた（笑）。ゾルダは（小田井）涼平さんが演じた北岡の本質、うわべはクールだけど本当は人間臭いというあり方を表現したいと思っていたんですが……。『龍騎』の世界は変身しても真面目な人間、ずるがしこいやつ、どんな人でもかばおうとする者など、さまざまな人格のキャラがいますが、そんな人間模様を表現するような力がまだなかったと反省しています。

　続いては『555《ファイズ》』の仮面ライダーデルタなんですけど、あれは女の子を含めて9人くらいが変身するんです。あんなにたいへんだったことはありません。オルフェノクが変身した強いデルタに始まり、最終的には精神的に弱い人間が変身したためにデルタ機能を抑え込めるようになるんです。弱さを表現しながらも、ベルトは最強であるというところを見せる。本当に難しかったです。続く『剣《ブレイド》』の仮面ライダーギャレンの立ち位置は正統派でした。でも演技を枠にはめないため、そうは考えないようにし、ほかの仮面ライダーに対するときには先輩という風情を出すことばかりを考えていました。実際に演じているのはみんな先輩なので、そこに気持ちが負けないようにと。『響鬼』における威吹鬼は風のイメージをもって、太極拳の動きを取り入れて流し気味のアクションです。

　『カブト』のドレイクは、いつもゴンという女の子を連れていて、アクションのときもいつも一緒でした。ゴンを含めた立ち回りは新鮮な経験でしたし勉強にもなりましたね。その次にやった『電王』のデネブは楽しくて、後に「スーパー戦隊」を演じるうえでもいい経験になりました。週の半分以上は侑斗（中村優一）と一緒にいるくらいデネブになっていました。『ディケイド』では自分がやった仮面ライダーをちょこちょこやらせてもらい、『オーズ』ではバース・プロトタイプでした。あれは伊達（役の岩永洋昭）さんに性格と体格が似ているからということで、アクション監督の宮崎（剛）さんからお呼びがかかったんです。バース役の永徳より、身長がないといけないということもありました。

人間関係の重要性

俳優

永徳

Eitoku

1978年１月16日生まれ。千葉県出身。JAE養成所の第32期生。2002年に後楽園ゆうえんち（当時）の「忍風戦隊ハリケンジャーショー」の怪人役でデビュー。2004年に『仮面ライダー剣』のアンデッド役を経て『特捜戦隊デカレンジャー』のデカブレイクでヒーローを初担当し、『仮面ライダー響鬼』以降は多くのライダーを演じている。

後楽園ゆうえんちの夏のショーでぎっくり腰をやってしまいまして、復帰したてのときに宮崎（剛）さんに拾っていただいて、『仮面ライダー剣《ブレイド》』からテレビをやらせていただくようになったんです。幹部のアンデッド役でした。それ以前のテレビの経験は、アクションの補助やセーフティ役くらいでした。

後楽園、いまはシアターGロッソですが、そこでのショーにはテレビの撮影で使うような技術を身につける場という要素もありますけど、お客さんを前にしてマスクをつけたアクションができるチャンスという部分も大きく、ショーは毎回飛び降りとかのアクションも要求されるので、技術を磨くのにはいい現場だと思います。自分の解釈なんですが、テレビもショーもどちらも同じくらい重要なものですね。

『剣』の後は『（特捜戦隊）デカレンジャー』のデカブレイクをやらせていただいて、それから『響鬼』のレギュラー怪人です。テレビと舞台ではずいぶん勝手が違いますが、「仮面ライダー」と「スーパー戦隊」でも、また勝手が違いました。当時の「スーパー戦隊」はフィルム撮影でしたので、ビデオ撮影

■2014年11月24日取材
■仮面ライダー平成vol.4掲載

のときのようなカットごとの映像チェックがなく、撮影が猛スピードで進んでいくんです。そのスピードに慣れて、なおかつ自分なりにやりたいアクションを盛り込まないといけませんでした。監督やアクション監督、キャメラマンさんの画《え》の作り方も違いましたので、技術もさることながら、みなさんの意図を読むためには、1年も続く作品ですし、人との関係が大事なんだなあと思いました。

　最初の頃は、自分の仕事はアクションや、マスクをつけた芝居なんだとかたくなだったんです。でもあるとき、人間関係の重要性に気づいたんですね。映像作品ですから、自分がカッコいい演技をしてもキャメラがカッコよく撮ってくれないと意味がない。また自分の演技がカッコ悪くても、撮影でカッコよく見せることはできるんですね。現場でできることは手伝って、助け合うことが必要なんです。そうやっていって人間関係が育まれ、それが仕事にフィードバックされるんです。キャメラを意識して、カッコよく見えるようにしろということは宮崎さんからはずっと注意されていたんですが、その言葉の意味を足りないながらも理解できるようになったのは、ディエンドをやらせていただいた頃ですね。

　担当して心に残るキャラクターは、ウラタロスです。この役を通じて高岩（成二）さんや岡元（次郎）さん、おぐら（としひろ）さんら諸先輩たちと密な交流ができるようになりましたし、『電王』自体も人気がありましたからね。余計に印象的なんです。

　どの作品をやっても「これをやったぞ」という自負と「これをやれば良かったな」という悔いが残ります。それが、年を重ねるごとに大きくなるようで(笑)。欲が出るんですかね。次の作品に役をいただければ、その悔いが残った部分をクリアするようにして、そのためにはどんなトレーニングをしていくかを考えます。年は重ねているわけですから、若いときとは違う部分の補い方も考えています。キャラの仕草なども含めて、芝居としての幅の広さも勉強するように心がけ、変身前の俳優ともなるべく話し合うようにしています。

第6章

『仮面ライダーW《ダブル》』から『仮面ライダー鎧武／ガイム』

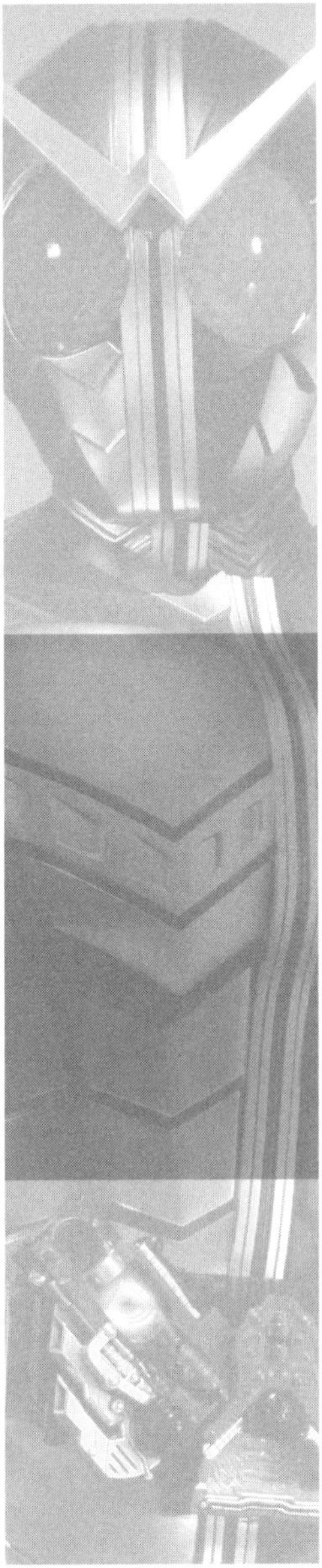

仮面ライダーW

2009年9月6日〜2010年8月29日放送
全49話

『W《ダブル》』のメッセージ

東映株式会社
映像本部
テレビ企画制作部次長代理兼チーフプロデューサー

塚田英明

Hideaki Tsukada

1971年11月20日生まれ。埼玉県出身。1994年に東映入社。東映京都撮影所にて時代劇や推理ドラマのプロデューサー補、プロデューサーを務め、東京に戻り『仮面ライダーアギト』を補佐して以降は「スーパー戦隊シリーズ」に参加。『特捜戦隊デカレンジャー』よりチーフプロデューサーとなり「仮面ライダー」「スーパー戦隊」両シリーズで活躍している。

『W』はチーフとして取り組むことになった初の「仮面ライダー」なので、高いモチベーションで企画に取り組めた作品です。最初は『キバ』の次というつもりで準備にとりかかっていたんですが、『ディケイド』が正式に決まったためその後番組ということになり、ほかの仕事もやりつつではあるんですが、結果的に準備に時間をかけることができた作品になりました。探偵、ハードボイルドという題材は一度やってみたかったことであり、「仮面ライダー」とは何かということを考えたときに、とても親和性が高い題材だとも感じたんです。

ハーフチェンジする仮面ライダーに始まる、いろいろなキャラクター関連のアイディアは、物語的な設定とは関係なく出てきたんですが、それらを物語世界と無理なく馴染ませたい。そんな無茶な連立方程式をなんとかできるのは、以前『(魔法戦隊)マジレンジャー』の魔法などでお世話になった三条(陸)さんしかいない。それが、三条さんに脚本をお願いした理由です。三条さんは引き出しの多い方で、僕がやりたいということに対して、常に正解を

■2014年10月31日取材
■仮面ライダー平成vol.11掲載

用意してくださったような気がします。

探偵事務所のシーンは、当初よりコミカル方向で行くつもりでした。変更したことは初めは2人で考えていた主要メンバーを3人にしたことで、これにより各人の立ち位置がより明確になり、作劇も広がったかなと思っています。俳優のオーディションは、ひとり主役を想定していた時期から始めていました。それが2人になったことでひとりは当初より年齢設定を上とし、一方は下としました。翔太郎が三条さんの発明である「ハーフボイルドな男」になったので、そのへんのバランスも図ってのキャスティングでもありました。

各話においては、フォーマットにこだわりました。依頼人が来て、事件を追う。そのクライマックスで翔太郎はハードボイルドに決意する。そして最後は報告書、という流れです。それを、全エピソードでやりきろうとしたんです。三条さんが一番たいへんだった部分は、おそらくそこじゃないでしょうか。疑似家族である探偵事務所＋風都のみんなvs本当の家族である園咲家という対比も、物語作りのうえで面白かったですね。園咲家は、寺田（農）さんが楽しみながらピシッと締めてくださいました。この園咲家、ドーパントの力はWと同根なんですが、「仮面ライダー」は善悪が表裏一体ですから、そこも狙いではありました。USBメモリというものを子供たちがわかるのかという点は不安でしたね。でも、田﨑（竜太）監督らがうまく演出してくださったので、広く受け入れられたようです。

ドーパントを寺田克也さんにデザインしていただけたことも大きかったです。地球の記憶という概念に基づいた非常に抽象的な怪人を、寺田さんがどう形にしてくださるかが毎回楽しみでした。でき上がったデザインのどれもが素晴らしく、カッコいい。それだけでも、楽しい1年間を過ごさせていただいたと感謝しています。

ハードボイルドな探偵ものは人との関わりを含め、ひとつの街を描くジャンルでもあると思っています。そこで舞台となる街を設定することにし、最初は水の都と考えていたんですけど撮影条件として無理だろうとなったときに、「風の街ならどうか」

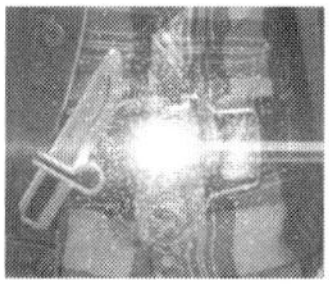

ということになったんです。仮面ライダーといえば「風」ですから、ぴったりでしたね（笑）。またいつか、風都を舞台とした作品が作れればと思っています。

『Ｗ《ダブル》』の物語世界

脚本家

三条　陸

Riku Sanjo

1964年10月３日生まれ。大分県出身。アニメ作品やテレビゲームの脚本、小説、児童向け漫画の原作などを手掛けつつ、雑誌ライターなどを経験。『キューティーハニー　THE LIVE』にて実写作品の脚本を初担当し、以降『仮面ライダーＷ』『仮面ライダーフォーゼ』『獣電戦隊キョウリュウジャー』『仮面ライダードライブ』に参加する。

塚田（英明）さんとの出会いは、バンダイさんの紹介で『（魔法戦隊）マジレンジャー』の呪文の協力をさせていただいたときです。その後も『（獣拳戦隊）ゲキレンジャー』の放送中に何度かお会いしていて、塚田さんが「仮面ライダー」を担当されるときに石森プロさんを含めてのブレインチームを作られて、そこに僕もいたという感じです。塚田さんのプランは最初から「ハードボイルド探偵をやりたい」と明快で、僕らの作業は設定をそこにどう落とし込んでいくかということでした。

　事件ドラマ、探偵ドラマでいく限りは全体のストロークをどう組んでいくにしろ、やはり最重要項目は毎回のエピソードが面白いということにつきると思いました。そこで、横並びに面白いエピソードをつないでいける構造は何かな、というところから考えていったんです。ですから、ガイアメモリを作った敵のほうから発想していきました。（『ロボット刑事』の）バドーみたいなことが、いまできないかと。石ノ森（章太郎）先生の犯罪ものといえば『ロボット刑事』ですし。バドーはロボットをレンタルして

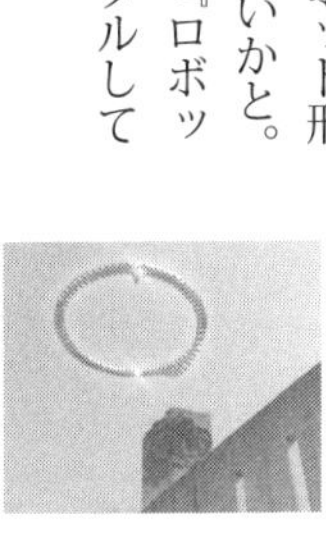

■2014年12月4日取材
■仮面ライダー平成vol.11掲載

悪を幇助するけど、自身は犯罪を行わないんです。そんな、バドーのようなあり方の敵はどうかということでした。探偵ドラマなので、犯人を千差万別にしておかないと、謎を解き明かしても面白くないだろうという部分も大きかったですね。ひとつの組織が悪を行うんじゃ、謎をひとつ解き明かせばそれで終わりですからね。

もともと塚田さんは「仮面ライダーって、そもそもなんですか?」という問いを提示されていまして、ディスカッションしていたんです。そのとき出たことのひとつが、仮面ライダーも敵も同じテクノロジーによる力を振るうということだったんです。それも石ノ森先生らしいねとなりました。敵を悪の家族にすることは、わりと初期から塚田さんがこだわっていたところですね。塚田さんのベースには、人間が普遍的にもつ感情で、視聴者に物事を理解させたいという思想があるんです。善にせよ悪にせよ、気持ちが描ける舞台作りが必要なんです。

最初は探偵はひとりだったんですが、ダブルドライバーとWのデザイン、半身のチェンジなどが決まったとき、テレビ朝日の梶（淳）さんから塚田さんに意見があったんです。内面での設定はあったんですけど、それだと視聴者に伝わりにくいと。半身ずつチェンジするなど、スッキリ理解できる設定はないのかということですね。それでいろいろ話し合ったんですが、やはりコンビでいくしかないだろうということになりました（笑）。それで、2人で変身する仮面ライダーになったんです。ただ、塚田さんのハードボイルドへのこだわりは強く、2人になることで孤高でカッコいい主人公像が崩れることに強い抵抗を示されていました。それで提案したのが、ハーフボイルドというキーワードなんです。到達点には常におやっさんがいて、主人公はハードボイルドに決めたいんだけど、うまくできないんだということです。それで、ハードボイルドになりきれない翔太郎が、各エピソードのラストではビシッと決まるというフォーマットが生まれました。2人が合体するといっても、実際のエピソードでそれを何度もやることには脚本的な困難が予想されました。クライマックスで2人が並んで変身することはできるだろうけど、翔太郎にとっさの変身をさせにくいんですね。そこで、田﨑（竜太）さんからフィリップのほうを幽体離脱にするという案が出てきたんです。そのまま電子化とかして取り憑くと『電王』なので、肉体は残したほうが面白いんじゃないかとおっしゃっていました（笑）。それで魂だけが来れば、翔太郎はいつでも変身できるようになったんですね。

　ほかに誰かライターがいないかというときに、アニメで何度かご一緒した長谷川（圭一）さんを推薦したんです。長谷川さんは僕とは明確に作風が違いますし、僕が以前出したキャラクターをフォローしてくれたり、それまであまり触れられていなかったキャラクターをピックアップして広げてくれたりと、僕とは非常に相性もよく、作品をシリーズとしてとらえたときのエピソードのコントラストもいいんですね。梶さんも長谷川さんをよくご存知でしたので、本井健吾さんと交代されるときも「これで安心して任せられます」とおっしゃってくださいました。

　『W』は、9月にシリーズが開始になった初の「仮面ライダー」でした。なので、時期的にも夏の劇場版は『W』の決定版になるんだろうと考えていました。それならば風都の大ピンチでしょう、という流れで企画が決まっていったんです。で、最初にイメージしたのが『ダイ・ハード』でした（笑）。手だれだらけの敵に立ち向かうアマチュア、という構図ですよね。それで、敵の頭文字を合わせると、「ダイハード」になります（笑）。

　このように『W』というシリーズは、過積載なほどにネタがものすごく詰まっている作品なんです。それらの多様な要素のどれかがさまざまな方面に響いたようで、『W』を好きだとおっしゃる方が広い年齢層にいらっしゃいました。当時、子供がベルトをつけてWごっこをするときにフィリップ役をやりたがる子が多いと聞いたんですが、「おいおい、パタッと倒れるのかよ」ですよね（笑）。当初、変身と同時に倒れてしまうフィリップの人気はあきらめていたんです。変身して活躍する翔太郎のほうが当然人気が出るだろうと思っていたので、倒れるフィリップのほうが面白いというのは予想外の反応では

ありました。

『フォーゼ』のときも企画の当初はブレインとしての参加で、中島かずきさんがメインライターをできそうだという話は聞いていました。あのときは、中島さんをうまくフォローしないといけないと考えていまして、中島さんの作風とうまいコントラストを出すことを第一にしていたんです。そこで、第1話～4話の脚本作りのときは中島さんに同席してお付き合いいたしました。

中島さんの作風の魅力は、主人公がまくしたてるような時代劇っぽいケレン味にあるんです。でも、『フォーゼ』の世界観はアメリカンなんですよね。それで中島さんの持ち味を『フォーゼ』の世界観にうまく馴染ませなきゃと思っていたら、もろにアメリカンなエピソードが僕のほうに振られるようになってきたんです（笑）。プロムのエピソードも、しかりですね。補習の話なんかは、映画の『ブレックファスト・クラブ』をやりたいという塚田さんの意向だったんですよね（笑）。

何度でも演じてみたい

女優
山本ひかる

Hikaru Yamamoto

1991年２月28日生まれ。大阪府出身。2007年にＣＸ『わたしたちの教科書』で女優デビュー。2009年『仮面ライダーW』の鳴海亜樹子役で広く知られる。その後もEX『科捜研の女』にレギュラー出演（2013年～）するなど、多くのテレビドラマ、劇場映画で活躍している。

■2015年1月13日取材
■仮面ライダー平成vol.11掲載

『W《ダブル》』に出演したいきさつなど

「仮面ライダー」に出たいという思いがずっとありまして、オーディションは何回か受けていたんです。『仮面ライダーW』のオーディションのときは当時のマネージャーさんから、これがダメならもう「仮面ライダー」はあきらめようって言われていまして、相当な覚悟で受けたんです。オーディションにはプロデューサーの塚田（英明）さんや監督の田﨑（竜太）さんがいらっしゃって、5~6人の方と一緒に受けました。『W』のものではないんですが台本をいただいて、いろいろと演技をしたんです。勝手になんですけど、塚田さんとは何度も目が合ったような気がしまして手ごたえも感じ（笑）、リラックスして受けられました。たしか、オーディションは2回受けたと思います。その後、最後に自分を含めて3人くらいに絞られていると聞いたんですが、さすがにそのときは「ダメかなあ」と思っていたので、マネージャーさんから「受かったよ」って電話をいただきまして、嬉しかったですね。

桐山（漣）さんや菅田（将暉）君と初めてお会いしたのは、東映撮影所での衣裳合わせのときでした。あのとき菅田君は、私をちょっと年上か年下だと思っていたみたいです。実際は彼が16歳で、私は18か19歳だったんですけど。桐山さんは、たしか24歳でしたね。桐山さんは衣裳合わせのときも積極的にこういうスタイルはどうかとか提案されていて、とても思い入れがあるんだなって感じました。

そのときに、亜樹子がどういった役柄なのかということも伺ったんです。大阪人でおせっかいなところもあり、面白い人物ということでした。亜樹子の髪型もそのときですね、決まったのは。たまたま私が頭の左右でハーフアップに髪をまとめていまして、田﨑監督が「それいいじゃない」っておっしゃって決まりました。元気そうに見えるので、っていうことでした。

撮影が開始されてから

それまでもテレビドラマや映画には出演していた

んですが、『W』の撮影現場でまず感じたことは、人の多さでした。出演者やスタッフさんのほかにも、アクションチームの方々がいらっしゃるので通常のドラマよりかなり大所帯なんですね。アクションのシーンになるとアクションの監督さんが出ていらして演出されるというのも初めてでしたので、とても新鮮でした。嬉しかったことは、おいしいものの差し入れが多かったことですね（笑）。けっこう、差し入れのお菓子を食べていました。

作品内では、フィリップは最初の頃はクールじゃないですか。それが、情に厚い翔太郎と触れ合っていくうちに人間味あふれるキャラクターになっていく様が『W』の見どころのひとつだと思います。逆に翔太郎は、1年間を通じてブレないキャラクターでしたね。おそらく桐山さんも、ものすごく思いを込めて演じていらっしゃったと思います。亜樹子はというと、最初からキャラクターがすごくはっきりしているんです。そのため、台本を読み込んで役作りに悩むといったようなことはあまりありませんでした。台詞の言い回しなども、亜樹子ならこうだろうと、自然に浮かんでくるんです。亜樹子が、私に近づいてきてくれたという感じでしょうか。一番最初は、戸惑うこともあったんです。でも、田﨑監督がお上手なんですよ。褒めるときは、すごく褒めてくださるんです。「それだよ！」って。それで徐々に自信がつきまして、「もっとやってもいいんだ」と思って自分の考えで動きをつけたりとかもするようになっていったんです。そうなると、亜樹子を演じることがどんどん楽しくなっていきました。スリッパで叩くのは、最初は遠慮ぎみにやっていたんです。でも桐山さんが、思いっきりやっていいよっておっしゃって。遠慮すると振りきらないので、かえって痛いらしいんです（笑）。彼は、何回叩かれたんでしょう（笑）。

なだぎ（武）さんとは『W』以前に映画でご一緒していたんです。兄妹の役だったんですよ。「お久しぶりです」という感じでした。なだぎさんは優しくて、本当のお兄さんみたいでした。なすびさんは、健康マニアでした（笑）。食べるものにもたいへん気を遣っていらっしゃって、撮影所からロケ現場ま

で、ハマっているとおっしゃっていた自転車でいらっしゃるんです。タフな方でしたね。私はアイドル好きですので、ＡＫＢ（48）の方と共演できたこともたいへん嬉しかったんです。いちばん最初に桐山さんが板野友美さん、河西智美さんに会うシーンで、遠くから手を振ったりしていました。「ともちんだーっ」って（笑）。

印象に残っていることは？

　塚田プロデューサーは、お父さんみたいでした。さまざまな点でアドバイスをしていただきましたし、撮影現場でふざけていたりすると、「ここは遊び場じゃないですよ」っておっしゃって。とても穏やかな人なので、やんわりとおっしゃるんですよね。塚田さんも高橋（一浩）プロデューサーも、遠い所でのロケも含め、撮影現場によくいらっしゃいました。ほかのドラマなどでは、あまりないことですね。アクションの方々は、俳優としてとても尊敬できると思います。寒いときも暑いときも、すごいアクションをおやりになる。高岩（成二）さんは桐山さんの動きをきちんと見ていらして、桐山さんと一緒に翔太郎の動きを作られるんです。本当にすごいですね。

　亜樹子はというと、魂の抜けたフィリップを抱えての右往左往ですよね（笑）。菅田君って、細いけど男の子ですから、私にはけっこう重いんです（笑）。男の子をおんぶしたのは、あれが初めてでした。菅田君のほうも私につかまっているのはたいへんみたいで、２人ともあそこはけっこう苦労しているんです。画面から下半身が外れているカットだと、わからないように菅田君に歩いてもらったこともあります。

　あと、関西ロケが思い出深いです。私も菅田君も木ノ本（嶺浩）さんも関西人で、桐山さんだけ横浜の人だったんです（笑）。それだけに関西ロケのときは桐山さん、「めっちゃ俺、アウェイじゃん」っておっしゃっていました（笑）。そのとき通天閣でのロケがあったんですが、関西に住んでいると通天閣ってそんなに行くことはないんですよ。私も、15

歳のときに一度行ったきりで。そこでロケができたことは、大阪弁を使うことができたことと合わせて楽しかったですね。お母さんも、撮影を見にきてくれましたし。たこ焼きの被り物をしたり、腹巻きをしたり。斬新でしたね（笑）。夢のなかの設定ですが、変身できたことも嬉しかったです。

テレビシリーズ終了後の劇場版で、亜樹子のお母さんのメリッサを演じたのも新鮮でした。ウエディング場面などのロマンス要素もあって。メリッサは亜樹子とは違うキャラクターなんですが、ちょっとやんちゃな部分は似ていて、微妙に亜樹子っぽさも入れたりしています。とにかく、相手役の吉川（晃司）さんがカッコ良すぎてびっくりしました。脚も長いし。あの人の子供が私じゃ、無理があると思いました（笑）。

テレビシリーズでは亜樹子は木ノ本さんと結婚しますが、台本を読んでいて桐山さんと菅田君が「あやしくね？」と、その後の展開を予感したときも、木ノ本さんは「いや、ないでしょ」と断固拒否の姿勢でした。でも実際にウエディングとなって、彼、

あきらめてましたね（笑）。木ノ本さんは途中からの参加で、最初はものすごく寡黙だったんです。撮影が進むにつれてみんな仲が良くなっていって、明るい人なんだとわかりました。

少し前なんですが、レギュラー出演させていただいている『科捜研の女』でゲストの木ノ本さんにお会いしまして、記念写真を撮りました。彼も「この間、将暉君に会ったよ」なんておっしゃって。楽しかったです。あと、園咲家の猫、ミックに猫まんまを食べさせなくちゃいけないシーンがありまして、私、猫が大好きなんですけど猫アレルギーなんですよ。指先でなでるとかして、なんとか撮り終えたのも思い出深いです。

亜樹子は何度でも演じたい役

私はもともと人見知りがすごいんですが、ずっと亜樹子を演じていて、亜樹子が乗り移ったのか、撮影終盤にはずうずうしくなっていたような気がします（笑）。待ち時間にもみんなを笑わせよう笑わせようとしたりして、変顔なんかをしていたんです。ロケーションでは、亜樹子はほかのみんなより出番が多かったんです。みんなが仮面ライダーに変身するとアクションの場面になりますけど、亜樹子は変身しませんから戦いを近くで見ていたりするんですね。だから、桐山さんたちがいなくて、私だけがアクションの方々と一緒にロケに行くこともけっこうありました。

『仮面ライダー』の影響は大きかったですね。住んでいたマンションでエレベーターに乗ったときに、同じマンションの親子に写真を頼まれたことがありました。ひとりだけでいるときは気づかれないことも多かったんですが、出演者の誰かと帰っていたりするときは、よく声をかけられました。子供が大好きなので、子供たちに声をかけられると特に嬉しかったですね。テンションが上がりました。子供たちに「スリッパ女だ」なんて言われると、面白くて（笑）。

亜樹子は、機会があれば何度でも演じてみたい役柄ですね。

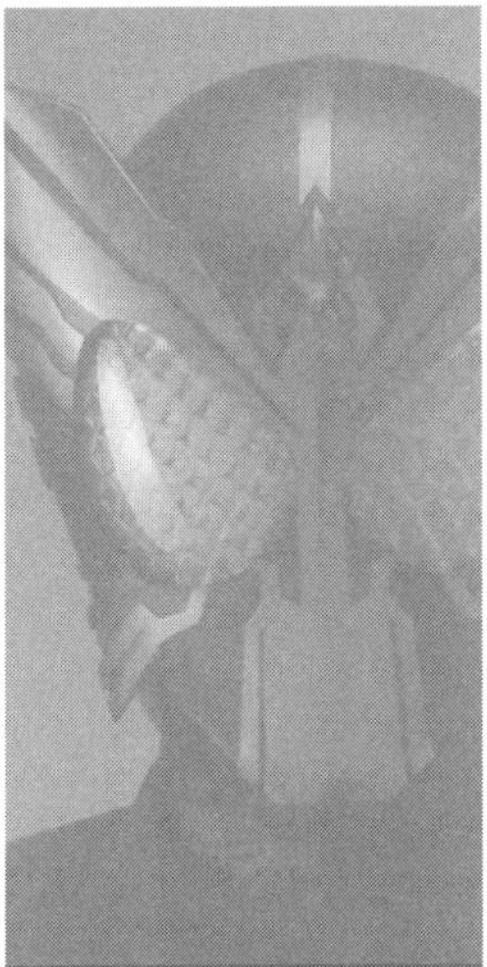

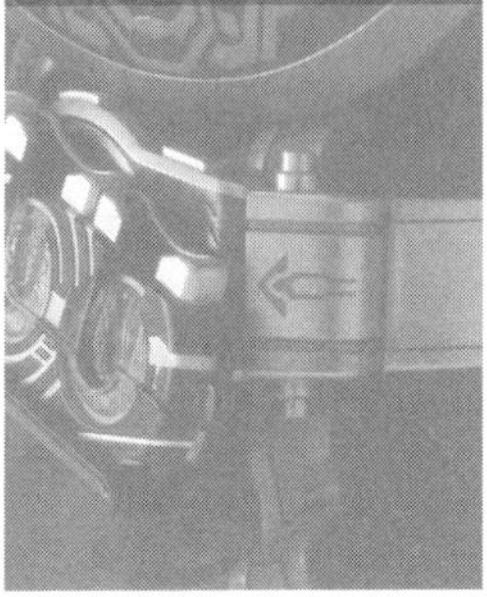

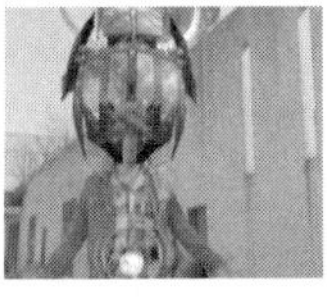

仮面ライダーオーズ／000

2010年9月5日～2011年8月28日放送
全48話

『オーズ／OOO』の誕生

東映株式会社
映像本部テレビ企画制作部プロデューサー

武部直美

Naomi Takebe

1991年東映入社。テレビ商品化権営業部に配属され、1994年にテレビ企画制作部に異動し、多くのテレビ番組のプロデューサー補を経て2001年、『仮面ライダーアギト』から「平成仮面ライダー」のプロデューサー補に。『仮面ライダーキバ』でチーフプロデューサーを務め、『仮面ライダーオーズ／○○○』もプロデュースしている。

企画当初はオーズのベルトのメダル配置が何案も出まして、最終的には信号機のようになったんですが、変身ポーズでワンアクションが欲しいので、それが斜めになるようにしてもらいました。メダルの入れ方もアクション監督の宮崎（剛）さんが、まず左右に入れてから真ん中に入れるというアクションを提案されました。ダイナミックになるので、その動きでやれて良かったです。

画期的だったのは、スーツの胸のマークを貼り替えてマスクと手足を取り替えることで200以上のフォームチェンジができることです。私は人間が演じる実写作品で合成に頼り切ることを良しとしませんので、CGのほうがより効果的になるところ以外はなるべくナマで変化を表現できるようにデザイン、造形を最初から関係者の方にお願いしていたんです。コンボをどう際立たせるかという部分は、常に悩んでいたところです。最初に金田（治）監督がガタキリバの分身をものすごい量にしたので（笑）、あれに負けないインパクトとは何かということをいつも佛田（洋）特撮監督と話していた気がします。

主人公が自分でメダルを選べないようにしようということは、最初から決めていました。そうしないと、強いメダルしか使わなくなりますからね。銀行みたいなメダルの管理人を置くことを早くから話していまして、それが最終的にアンクになったわけです。最初は全身が借金まみれ、頭からつま先まで抵当に入っている主人公なんて案もありましたよ（笑）。メダルを集めて、体を取り戻していくという。転じてそのイメージはメダルが体ということで、グリードになりました。

（渡部）秀君には田﨑（竜太）監督と会ったんですけど、監督も私も素朴なイメージが映司にぴったりだと思いました。彼はものすごく「仮面ライダー」が好きなんですよ。最初に会ったときに、2つほど「仮面ライダー」の企画を提案されたほどです（笑）。彼は人間力があって、監督に何を要求されても「了解です」と明るい様子を崩さない。アクションもうまかったですし、とても頼りになる主役です。アンク役はなかなか決まらなくて、何人かこれはという方をお呼びして三浦（涼介）君に決まりました。よく、引き受けてくださったと思います。アンクの髪型は、準備に時間がかかるんです。そのため彼だけ撮影所に入るのが朝の4時半とか5時とか、女の子より早いんですね。それなのにたいへんな様子も見せず、プロの演技を見せてくださいました。秀君と三浦君は最初の頃はお互い距離もあったようですが、それでも1年を過ぎるころには芝居でお互いを高め合うかけがえのない相棒に見えました。

バースの役も5～6人ほどお会いしましたが、高橋一浩が岩永（洋昭）君を推したんです。彼は体格が良くて存在感もあり、明るい。伊達にぴったりで、コメディもできる、なかなかいない力のある俳優さんですね。真木博士のキャスティングは石川（啓）君なんですが、神尾（佑）さんも良かったです。ラスボスにまでなる予定はなかったんですけど、スタッフがあのキヨちゃんを面白がって遊ぶので、真木博士はよりキャラ立ちしてそうなったんですね。（小林）靖子さんの、キャラ造形の素晴らしさです。癖があっても類型的でなく、深くまで作り込まれているところが良かったです。

メダルとストーリーの制約

脚本家

小林靖子

Yasuko Kobayashi

1965年４月７日生まれ。東京都出身。1993年、『特捜ロボジャンパーソン』第40話でデビュー。以降『ブルースワット』『重甲ビーファイター』『電磁戦隊メガレンジャー』などを担当し、『星獣戦隊ギンガマン』にて初めてメインライターを務める。以降『仮面ライダー龍騎』『仮面ライダー電王』『仮面ライダーオーズ／OOO』を担当。

『仮面ライダーオーズ／OOO』の企画については、いつごろ聞いたかは覚えていないんですが、一番初めに考えたことは、やはりメダルについてでした。最初、メダルを組み合わせて使うということだけは決まっていたんです。じゃあ、それをどう使うのかというところから話し合った記憶がありますね。私にはなんとなく、メダルが大量にあってジャラジャラさせたいというイメージがありました。怪人をやっつけるとテレビゲームみたいにメダルが落ちてきて、それをわしづかみにする画《え》がいいなあというように思っていたんです。「欲望」というキーワードはしばらく後で、最初の段階で主人公に怪人の相棒がいるということは決めたような気がします。相棒が腕だけの存在ということまでは決まっていなくて、不完全であるということだけでしたね。「器」というワードはシリーズのわりと初めの頃からありましたけど、「欲望の器」を重要なテーマにする方向性が固まるのは、夏の劇場版の脚本を進めている時期だったと思います。

出演者のキャスティングは武部（直美）さんが中

■2014年10月8日取材
■仮面ライダー平成vol.12掲載

心になってやられているんですが、映司役の渡部（秀）さんとアンク役の三浦（涼介）さん、あの2人はバランスのいい対照的なキャラクターで、抜群の配役でしたね。ヒロインの泉 比奈ですが、彼女をたいへんな力持ちに設定したわけには「キャラ立ち」という面もあるのですが、アンクを抑える存在でいてほしかったからということがあります。それとアンクは怪人ですけど不完全体ですから、女の子にひねられたりする方が面白いかなあという目論見もありました。そうしないと、比奈はお兄ちゃんを盗られてメソメソしているだけのキャラになってしまいますから。強く出られる要素もあった方が、主要な3人の関係性を面白くできるのではと考えたわけです。1年にわたって3人を描き、テレビシリーズが終わってからの劇場版でアンクは復活しますが、安易に復活させるわけにはいきませんので、未来に復活するかもしれないという程度ならいいのかなということで『MOVIE大戦』はああなりました。

オーズのコンボ形態の出し方が、とてもたいへんでしたね。コンボは特別な組み合わせで、すごい力をもっていると設定してしまいましたので（笑）、そうしょっちゅうは出せないんです。しかもストーリーの展開をメダルのやり取りにしてしまった関係から、いまどこにどのメダルがあるのかでいろいろと制約が出ちゃうんですね（笑）。そのため脚本に、そのエピソードではどのメダルがどこにあるのかという表が常に載っているくらいに事態がややこしくなってしまったんです（笑）。どのあたりでどのコンボを出すということはだいたい決まっていて、その時期に合わせて出していったんですが、亜種形態はエピソードに応じてそのお話のバトルが面白くなるようにと出していきました。せっかくいろいろなメダルがあるので、メダルの交換をしないと意味がありませんしね。『電王』のときは途中までいなかった敵を象徴するカイのような存在、グリードを初めから複数設定したことも、メダルがあったからなんですね。メダルを争奪するためには争奪する相手が必要ですから、幹部的な存在を4人置いたわけなんです。この4人については、まずそのキャラ分け

を考えました。ずるがしこいやつと不良っぽいの、色っぽいお姉ちゃんとちょっとおバカ（笑）といったように、わかりやすさを念頭に置いて分けていったんです。途中から出てきた真木博士（笑）は、トラ（カンドロイド）を登場させるときに開発者を出した方が面白そうだなあということで設定した人物です。彼が人形にしか話をしないということはキャラの特徴として考えたもので、その人形があんなに本格的な小道具になるとは思ってもいませんでした。名前もつけていなかったんですけど、現場で真木清人の名前から「キヨちゃん」ということになったみたいですね。真木は人形が落ちると取り乱してしまうというあたりも「キャラ立ち」の一環で考えたことだったんです。でも、それによって劇中「キヨちゃん」がどんどんひどい目に遭うようになっていきます（笑）。その部分は伊達が出てきてから、さらにエスカレートしていく。伊達があういう真木をいじるキャラですので、余計ですよね。キヨちゃんは伊達にわしづかみにされたりしているうちに、撮影現場のスタッフもノッてきて、ついには鍋に落とされたりするまでになってしまったんです（笑）。真木を演じられた神尾（佑）さんも最初はひとりでボソボソと演じているだけだったのが、（伊達の登場により）相手ができたことで熱演され、どんどん場面が面白くなっていったんですね。

真木は、彼とお姉ちゃんのエピソード（第29〜30話）をもって退場という流れもあったんです。でも真木は生き残ったことで、よりグリード側に転がっていきます。そのあたりから、真木がラスボスになる可能性が大きくなっていったんです。あのお姉ちゃんはあそこまで冷たい人ではなくて、ふつうに結婚すればそうそう弟にだけかまけていられないということなんだと思います。無論、ドラマ的には結婚を優先する姉を真木が心のなかでこのうえなく自分に優しい姉に変換していた、という狙いではあるんですけど。最終的な演出意図は、田﨑（竜太）監督のみぞ知るですね。伊達も楽しいキャラでした。最初は、後藤をそのまま2号ライダーにしようかという案もあったんです。でもそれもストレートすぎるのでツマんないな、ということで伊達が出ることに

なったんです。いずれバースは後藤に引き継がれるんだろうな、というくらいの感じでした。伊達はそのキャラクターと(俳優の)体格の良さが一致して、とても存在感のある登場人物になりました。

これまで東映でいろいろなお仕事をさせていただいて、一番印象的な監督は、亡くなった方ですが、やはり長石（多可男）さんですね。脚本が面白いか面白くないかをズバっとおっしゃる。「これ、面白い？」って。こちらも、監督がノッているかノッていないか、すぐにわかるんですね。なので監督の様子によっては、「なんとかしなくっちゃ」となるわけです。『ギンガマン』のころからずっとそうでした。長石さんはしっかりしたドラマを撮りたいという意識も、作品を面白くしたいという想いもとても強い方でしたので、1か所でも撮りどころのある脚本が上がったときは、ほんとうに嬉しそうに「ありがとう、死に物狂いで撮るよ」っておっしゃってくださるんです。それも主要エピソードではない、なんでもないエピソードでもなんです。ほんとうに、長石さんは素晴らしい監督でした。

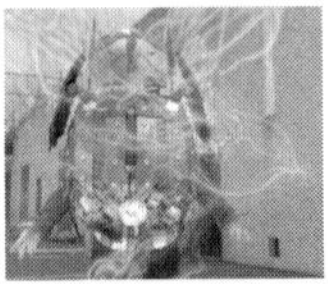

アンクの頃

俳優

三浦涼介

Ryosuke Miura

1987年２月16日生まれ。東京都出身。2002年に劇場映画『おぎゃあ。』で俳優デビュー。多くのテレビドラマや舞台に出演し、『超星艦隊セイザーX』のケイン・ルカーノ役が初のレギュラー出演。2010年、『仮面ライダーオーズ／ＯＯＯ』にてアンクを演じて人気を博す。2012年、「夏だよHONEY!!」でＳＯＮＩＣ ＧＲＯＯＶＥよりソロデビュー。

■2014年10月8日取材
■仮面ライダー平成vol.12掲載

俳優としてデビューして

僕はもともとは、歌をやりたかったんです。小学6年生のときからヒップホップとジャズダンスの教室に通っていまして、この世界に入るきっかけになったのも、歌のオーディションでした。でも歌だけでいくには難しい面があって、お芝居にも力を入れることにしたんです。そうして中学3年生、14歳のときから俳優をやらせていただいているんですが、やはり初めてオーディションに受かって出演させていただいた作品、劇場映画の『おぎゃあ。』は忘れられません。「あれがスタートだったなぁ」って、いまでもときどき思い出します。そして初めて長期間やらせていただいたテレビシリーズが、『(超星艦隊)セイザーX』でした。こちらも、とても印象深い作品ですね。いろいろなことを教えてもらったシリーズだと思っています。

『セイザーX』の頃はまだ若すぎたんでしょうね、せっかく長い期間にわたってひとつの役を演じることができ、大先輩の俳優さんとも共演できる絶好の機会なのに、なんとなく過ごしてしまったような気がしています。演技に対する情熱が、いまほど強くはなかったのかもしれません。いまもあの作品でご一緒させていただいた大先輩や生意気な僕を支えてくださったスタッフさんたちに仕事でお会いすることがあるんですが、「あのときは若かったね」なんて当時のことを話されるんです。そうやって、以前を振り返ることができるというのは幸せですね。なんとかここまでやってこれて、当時のことを笑って話せるということですから。あのとき一緒に役を演じた仲間たちとは、いまでもときどき連絡を取り合ったりして当時の思い出を語るなどの交流があります。

そして『仮面ライダーオーズ／○○○』

正確な時期は忘れましたが、事務所から「仮面ライダー」のオファーがあるという話を聞いたとき、正直悩んだんです。あの頃はもういろいろなことをやらせていただいていたので、1年間という長期間

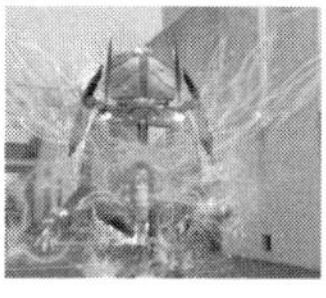

にわたって仕事が「仮面ライダー」だけに固定されてしまうことに、恐れを抱いたんですね。そんなとき、当時のマネージャーさんから言われたんです。「『仮面ライダー』に出れば、歌でもデビューできるから」「結果を残せば、絶対できるから」って。「じゃあ、その言葉を信じて、やらせていただきます」ということで、「仮面ライダー」を引き受けさせていただいたんです（笑）。じつは僕、子供の頃に「仮面ライダー」や「スーパー戦隊」を観ていなくて、その歴史や世界観がまったくわからないままにやってしまったんです（笑）。

　こうして『仮面ライダーオーズ／○○○』の仕事に入ったわけなんですが、アンクは期待されていないキャラクターだったんです（笑）、おそらく。撮影現場では途中で死ぬらしいという噂もあったくらいで、「どこかで消えちゃうんなら、1年間やらなくていいのかな?」なんて思ったりしていました。

　初めてアンクの撮影をしたときのことなんですけど、アンクの衣裳やメイク、髪型などについては東映さんからの注文などは特になく、撮影の当日にロケバスの中でスタイリストさん、メイクさんと僕とで話し合って決めたんです。スタッフのみなさんに「こんな感じでどうでしょう?」ってお伺いしたところ、「そんな感じで、いいんじゃない」って、みなさんのリアクションが軽いんです（笑）。やっぱり途中でいなくなるのかな、という疑惑がより深まってしまいました（笑）。最初の頃に辛かったことは、視聴者の方から「子供が真似するから（悪い素行を）やめてくれ」といった意見が寄せられていたことですね。アンクは、椅子に乗ったりするなど、もの凄く態度が悪いじゃないですか。それも、僕がそういう（演技、キャラクターの）作り方をしてしまったからなんですけど。とはいえ、僕にとってのアンクというキャラクターはああいう行動をする男ですので、自分を信じてアンク像は変えないでやらせていただきました。

　共演させていただいた渡部 秀君はとても純真かつ清潔なイメージの青年で、彼に負けないように、場合によってはスタッフさんにも負けないように、アンクを一生懸命にやらせていただきました。撮影

現場ではＪＡＥさんが、親身になっていろいろなことを一緒に考えてくださったことが印象に残っています。アンクの手を演じられた永徳さんも、「三浦君は、この芝居をどうやろうと思っているの？」なんて聞いてきてくださるんです。僕がどちらの演技にしようか悩んでいるときは、「じゃあ僕がやってみるから、見てて」と、永徳さんの解釈を見せてくださったりしたんです。そういったものを僕が演技に取り入れたこともありましたし、逆に僕の演技を見た永徳さんが手の演技に魂を込めた表現をしてくださったこともありました。「次は、どんなものを見せてくれるんだろう」「次は、どういうものを見せようか」といった応酬で、お互いが向上していったように思っています。とても雰囲気も良く、勉強になった撮影現場でしたね。

最近、劇場映画の『るろうに剣心』にも出させていただきました。僕は、正直言って自分には時代劇のオファーだけはこないだろうと思っていたんですが、やってみると時代劇の殺陣というものは、『オーズ』のアクションとはまた違うんですね。いまや

っています舞台の『ショーシャンクの空に』の稽古をしていて思うことは、ライブである舞台は毎日変わるということです。芝居をしていてもその日の相手のちょっとした受け方の違いによってその後が変わっていく。テレビも映画も舞台も、みんなやるたびに勉強なんだなと思いますね。

台詞の意味づけと出演者とのお付き合い

当初の僕らは、台詞の一言一句から映像のワンカットにまで、すべてに意味をつけまくっていました(笑)。あらゆることに、意味が込められていると思っていたんです。この捨て台詞にはどんな意味があるのか、このアップには意味があるに違いないと思いこみ、僕も渡部君も、常にまわりの方の深読みを誘うような演技をしていたんです。実際にはさほど深い意味のない台詞やカットもあるわけでして、それが僕らの演技で何かあるようになっちゃったんですね。もしかすると、そのために映司とアンクの関係性の着地点も、お互いを思いやるような感じに変わっていったんじゃないかとも思っています。脚本家さんは、僕らの芝居を見たうえで脚本を書いてくださるタイプの方なんじゃないでしょうか。

シリーズの前半では、ほかの出演者の方と食事に行ったりなどという交流をもつことはあまりありませんでした。震災(東日本大震災)があってからですね、キャストのみんなでいろいろなことを話し合って、僕たちにできることはないかと考えるようになったのは。そのことが、出演者間の距離を近くしたような気がしています。みんなが、『オーズ』という多くの視聴者を得ている、子供たちに夢や希望を与える(社会への影響が)大きな作品に出演させていただいているんだから、自分たちも何かが伝えられるんじゃないかという気持ちだったんです。それがヒーロー番組に出ている僕らが、やるべきことではないかと話したり悩んだりしたんですね。シリーズの終盤になりますと、イベントやキャンペーンで地方へ行った機会に、出演者やスタッフさんたちと食事に行ったりしました。

あらゆることをやらせていただきました

劇中に使用される歌として、渡部君とコンビでＣＤとＰＶを出していただきました。松平 健さんが出演される劇場版の主題歌のＰＶにも、出させていただいています。「ヒーロー番組に出演すれば、その勢いで歌も出せちゃうんだ」ってびっくりしました。とにかくあの1年間は、テレビシリーズに劇場映画、イベントから歌、ＰＶまで、「よくこのスケジュールで、ここまでたくさんできるな」というくらい、いろいろなことを凄まじい勢いでやらせていただきました。劇場映画も「仮面ライダーシリーズ」40周年ということで、それまでの「仮面ライダー」より1本多かったんですよね。あらゆることを経験させていただきましたので、おかげさまでいまでは怖いものなしです（笑）。

『オーズ』の実生活への影響には、大なるものがありました。子供が僕を避けて通るんです（笑）。お母さんが来られて「子供がファンなんです」とおっしゃるんですが、連れている子供は明らかに怯えているんですよ（笑）。テレビの影響力は凄いですね。街を歩いていてふとおもちゃ屋さんを見るとオーズ関係の玩具がたくさんあったりするので、そんなときにも「放送されているんだなあ」という実感が湧きました。アンクだった僕を応援してくださった方たちが、放送終了後も僕が出演する番組を観てくださったり、歌をやらせていただけるようになってからのイベントやライブにもたくさん来てくださいます。『オーズ』は、いまの仕事にもつながっているんですね、感謝しています。

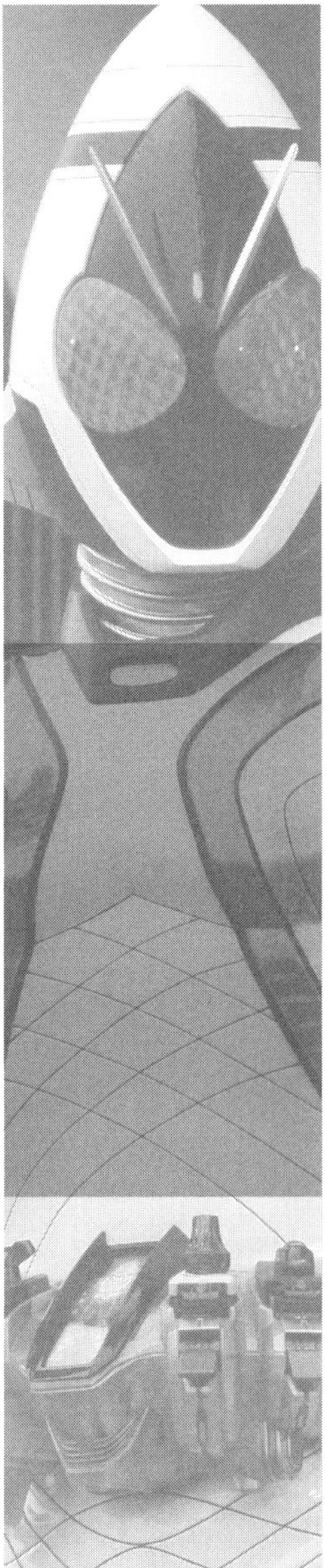

仮面ライダーフォーゼ

2011年9月4日～2012年8月26日放送
全48話

『フォーゼ』の世界とは

東映株式会社
映像本部
テレビ企画制作部次期代理兼チーフプロデューサー

塚田英明

Hideaki Tsukada

1971年11月20日生まれ。埼玉県出身。1994年に東映入社。東映京都撮影所にて時代劇や推理ドラマのプロデューサー補、プロデューサーを務め、東京に戻り『仮面ライダーアギト』を補佐して以降は「スーパー戦隊シリーズ」に参加。『特捜戦隊デカレンジャー』よりチーフプロデューサーとなり『仮面ライダーフォーゼ』でもプロデューサーを務める。

『仮面ライダーフォーゼ』では、「学園ドラマ」と仮面ライダーの両方を成立させたいという想いがまずありました。それまでの「仮面ライダー」であまりやっていないことだし、明るく楽しく、さまざまな展開が可能だろうと選んだ設定でした。とはいえ「学園ドラマ」から仮面ライダーを組み立てようとは考えず、そこには別のお題を据えた方がいいだろうとも思いまして、たどり着いたのが当時話題が何かと多かった「宇宙」、それも現実的な宇宙開発をベースにしたリアルな「宇宙」というアプローチだったんです。さらに、極めて小さな空間である「学園」と、限りなく大きな「宇宙」という対比も面白いんじゃないかということでもあったんですね。

メインライターは、いちど濃密に組んで仕事をしてみたいと思い続けていた中島かずきさんに、引き受けていただけました。そうしてキャスティングになるんですが、いろいろな人にお会いしたなかでも福士(蒼汰)君は群を抜いて光るものがありました。「この子、いけるぞ」っていう。福士君には捉えどころがないというか独特な空気感があり、僕らが弦

■2014年10月31日取材
■仮面ライダー平成vol.13掲載

太朗像としてイメージしていた、どんなものでも呑み込んで許容できるスケールの大きさとでもいうものを感じたんです。「みんなと友達になる」なんてことを言ってもまわりがシラけない弦太朗という人物像は、福士君に作ってもらったと思っています。

　仮面ライダー部を組み立てるにあたって注意したことは、「スーパー戦隊」とは違うということですね。「スーパー戦隊」は集団が主役ですが、「仮面ライダー」では、あくまでもヒーローはひとりなんです。でも主役はひとりでも、それだけでは物語は成立しませんよね。フォーゼのモチーフとなった宇宙飛行士にしたって、ひとりだけでは「宇宙」へ行けません。管制室の人だったり整備する人だったり、バックヤードではさまざまな人たちが働いていて、その力があってこそ、選ばれた宇宙飛行士が「宇宙」へ飛びたてるんです。そのことを部活動ということに置き換えたのが仮面ライダー部であり、部員たちのあり方なんです。人数は5人だと見えざまが「スーパー戦隊」ですし、そのパーソナリティも一目でつかめちゃうものなんです。そこで人数を増やして7人とし、パッと見では個性をつかみにくくして、その一人一人にエピソードを費やすことで理解できるというようにしました。そのことで、視聴者も各キャラクターに愛着がわくんじゃないかと思います。その後（朔田）流星が来て、部員は8人になりましたね。

「学園」の制服ですが、あのビビッドなカラーはNASAの青です。テイストをポップなアメリカンハイスクール的にしたかったので、あの制服は「学園」にぴったりでした。卒業式のプロムはぜひやりたいテーマだったんですが、中島さんも三条（陸）さんも長谷川（圭一）さんも書きたくなかったみたいです（笑）。書いたらしんどい作業になることが、みなさんわかっていらっしゃったんでしょうね（笑）。最終的には三条さんが書かれています。監督が長くアメリカで仕事をしておられた坂本浩一さんだったことは、「学園」をポップに演出するうえでも有効でした。『フォーゼ』をやるにあたりいろいろと宇宙開発の勉強をしましたけど、人間の力や可能性を学ぶことができ、とても面白かったです。講談社さんでは小説も書かせていただきましたし（笑）。

『フォーゼ』の脚本を担当して

脚本家

中島かずき

Kazuki Nakashima

1959年８月19日生まれ。福岡県出身。出版社の編集者と並行して劇団★新感線の座付き作家を務め、戯曲、小説、漫画原作などで活躍する。テレビドラマやアニメシリーズの構成・脚本も多く担当し、『ウルトラマンマックス』が特撮ものでは初脚本となる。東映では『獣拳戦隊ゲキレンジャー』『仮面ライダーW』に参加、『仮面ライダーフォーゼ』ではメインライターを務めた。

子供の頃から特撮ヒーローは好きでして、編集者時代から東映さんとのお付き合いはありました。「スーパーロボット大戦」の本や「仮面ライダー大戦」の本を担当しているんです。ですから、東映の篠原（智士）さんとは、古くから仕事をさせていただいています。『仮面ライダーV３』や『（人造人間）キカイダー』「宇宙刑事」シリーズ、『アクマイザー３』『超神ビビューン』などの本も作っているので、もともとヒーローとの縁は浅からずだったんです。２００４年ですか、『（特捜戦隊）デカレンジャー』を面白いと思って観ていたんです。それで面白いという話を周囲にしていたら、そのことを知ったある演劇雑誌のライターさんが特撮雑誌の仕事もしていて、その流れで『デカレンジャー』のプロデューサーの塚田（英明）さんと僕との対談を企画してくれたんです。それで塚田さんと知り合いになって。「塚田さんの作品で何か書かせてくださいよ」と言っていたら、塚田さんから『（獣拳戦隊）ゲキレンジャー』を１本オーダーされて、その後「仮面ライダーをやるんですよ」ってことで『仮面ライダーW《ダブル》』のお話

■2014年10月22日取材
■仮面ライダー平成vol.13掲載

をいただきました。早めの相談を受けていたんですが、そのときはまだ出版社勤めをしていましたので、ゲストとして前後編の2本だけをやらせていただきました。その少し後に会社を辞めることが決まったので、「これからはたくさんやれますので、よろしく」といったようなことを塚田さんにお伝えしたところ、ちょうど『仮面ライダーフォーゼ』の準備に入られていた時期で、『フォーゼ』のメインライターにというお話をいただいたんです。

『フォーゼ』のオファーは2010年の12月でして、僕が企画に入ったときは、ほぼ基本線は決まっていました。高校生で学園にヒエラルキーがあって、そこに転校生がやって来るというスタートなどはできていました。仮面ライダー部というものが別にあって、月に基地がある。それで、フォーゼっていうのはこういうデザインでドリルキックをやりますなどという、塚田さんがやりたいことはだいたい固まっていたんです。東映さんの場合はプロデューサーが事実上のシリーズ構成者といえる場合が多く、メインライターは一番多くを受けもつ脚本家というイメージですね。もちろん、ミーティングから一緒に作っていくんですけどね。僕が加わったときにはもう三条（陸）さんもいらっしゃったんです。三条さんは、キャラクターと玩具のすり合わせなどがたいへんお上手ですから、早い時期から参加されていたんですね。『フォーゼ』での僕の仕事は、人をどう動かし、物語をどう組み上げていくかというところから始まった感じでした。仮面ライダー部の面々にどういう性格を与えるかなどのキャラクター作りも最初の作業のひとつです。クイーンがいてキングやジョックスがいてといった外回りはあったんですが、じゃあそれが、どういう人間たちなんだろうっていう詳しい設定はなく、実際にそれがどういう人間なのかという中身を作っていったわけです。

高校生が主人公ですから、「仮面ライダー」としては異端になるだろうけど、学園ドラマをちゃんとやろうという意識が強かったですね。フォーゼのデザインも仮面ライダーとしては異色だから、異色作でいいんじゃないかと納得していたんです。あと考えたことは、主人公像ですね。たとえば5歳の小さ

な子供が観るならば、あんなお兄ちゃんになりたいと思えるような男であること。ちょっと古いテイストでも、自分が信じたことを貫いていくような主人公像を真っ向から描くことが、この枠組みでは面白いんじゃないかということでした。これは、みんなで話し合って決めました。キャラクターを一言で言い表せないといけないよねということになって、たしか三条さんから「すべての人間と友達になる男」というくらいの振り切りが必要じゃないかということが出てきたんです。塚田さんは話の読み切り感を重視される方で、エピソードのフォーマットをとても大切にされるんです。『W』では謎の提示があってそれを解いていくということでしたが、『フォーゼ』では三条さんの案を受けて弦太朗が誰かと友達になるということをフォーマットに決めました。

いろいろなキャラクターを描きましたが、一番難しかったのは、やっぱり弦太朗なんですよ。弦太朗は素っ頓狂なことをやりますが、それがこじれた事件の解決のカギになるんです。弦太朗がとる意外な行動で状況が打破されるという、塚田さんが提示されたフォーマットをクリアするのはたいへんでした。弦太朗らしさは、人とズレていないといけないということであり、最後まで観てみるとそのズレがまっとうなことでなくてはいけないということなんです。そのへんが、なかなか考えさせられましたね。弦太朗に対する歌星賢吾は、ちょっと冷めてはいるけれどストレートなキャラクターでしたので、ポジション的にも動かしやすかったです。それでドラマの設定は賢吾に被せちゃって、でも主人公は弦太朗だということで、両者のパワーバランスを按配しながら進めていきました。敵となる理事長サイドは、個人的にはもっと書き込みたかったところです。でも、脚本を書くとどうしても長くなりがちで、尺に収まりきらないときに切られていくのは理事長サイドなんですよね。田中卓志さんが演じた大杉先生は、最初は伝統的な学園ドラマでいうところのイヤミな先生のポジションだったんですが、やがて仮面ライダー部の顧問になります。これはシリーズを進めていくうちに、いっそのこと部に引き入れたほうが動かしやすいんじゃないかとなったからです。

　2号ライダーというのはどうしても主人公ライダーへのカウンターになりますから、フォーゼが「宇宙、キターッ！」と上へあがっていくイメージなのに対し、メテオには空から降ってくるようなイメージが与えられました。それで、朔田流星をどうするのかというときに、よそから来て主人公たちを監視するスパイから始めて、別の目的で動いているということにするほうがわかりやすいんじゃないかということになったんです。対立するけど完全に敵対するキャラクターにはしたくなかったので、弦太朗とは何者なのかがもう一度わかるように、仮面ライダー部を見直すポジションに置くのがいいと思いました。流星が弦太朗に心を開いてからのありようは、塚田さんが言うには義経に対する弁慶です。

　塚田チームの特徴のひとつなんですが、劇場版はテレビシリーズの何話と何話の間の時間軸であるということがきちんと決められているんです。最初の映画の撫子のお話は学園ドラマの王道、弦太朗の初恋をやろうということから始まり、弦太朗にふさわしいスケールの相手は誰だ、というところから、宇宙生命とのファーストコンタクトが初恋なんて弦太朗らしいぞ、という方向になっていきました。夏の映画のキョーダインは、悪役にするならするで、過去のヒーローに対してのリスペクトを配慮したうえで、今回のキョーダインは別ものですよというようなサジェスチョンをすべきだったのかなという部分が反省点ですね。『MOVIE大戦アルティメイタム』は「フォーゼパート」のみが僕の担当で、それ以外はウィザードチームがやっています。その映画で何をやろうかというときに、映画のためにネタをとっておくようなことはしないで、テレビシリーズで卒業式までもやって『フォーゼ』を描き切っていたので、どうしようということになりました。そこで成長した弦太朗をやりたいと思い、学園ドラマの定石、熱血教師ものを提案したのは僕だったと思います。あのお話は、弦太朗先生が生徒同士のいさかいを、生徒を成長させることによって止めるというところからの発想でした。弦太朗がベルトを溶鉱炉に捨てるのは僕のこだわりで、弦太朗はそのくらい徹底しなきゃダメだろうということなんですね。

ヒーローの極意!?

監督

坂本浩一

Koichi Sakamoto

1970年９月29日生まれ。東京都出身。倉田アクションクラブに入門し、高校卒業後に渡米。現地でスタントマンとして活動しながら1992年にはアルファスタントの設立に参加。「パワーレンジャー」シリーズのアクション監督・プロデューサー・制作総指揮を経て2009年に一時帰国し、劇場映画『大怪獣バトル ウルトラ銀河伝説 THE MOVIE』の監督を務めた。以降は、日本で「仮面ライダー」「スーパー戦隊」などの作品の監督をしている。

『大怪獣バトル ウルトラ銀河伝説』のオファーを円谷プロさんから受けて、２００９年の4月に日本に一時帰国しました。その際に塚田（英明）プロデューサーから『仮面ライダーW《ダブル》』を監督してみませんかというお話をいただいたのが「仮面ライダー」に関わったそもそもです。「ウルトラマン」の次にすぐ「仮面ライダー」をやれるなんて、とてもうれしくありがたいお話でした。それ以前から「パワーレンジャー」を撮影していたニュージーランドで、塚田さんとは何度もお会いしていたんです。彼と僕とは、年齢も近いし好きなものも似ていました。そういったいきさつで日本に一時帰国のつもりだったのが、なんだかんだでその後ずっとこちらをメインで活動しています（笑）。

『W』ではテレビシリーズを2本担当してから夏の劇場版をやらせていただいたんですが、塚田さんの狙いは、それまでの「仮面ライダー」とは一味違う映像作りをしたいということだったんです。「『パワーレンジャー』でやっていた、こういったことをできますか？」「できますよ」といった感じで、劇場

■2014年11月1日取材
■仮面ライダー平成vol.13掲載

版を進めていきました。そのときは「パワーレンジャー」でメインにしていた、ワイヤーを多用したバイクアクション推しでいきたくて、東映さんから許可をいただきました。バイクスタントはタケシレーシングさんで、アクションのパフォーマーはＪＡＥさん。そして、コアな場面のワイヤーアクションのセッティング限定で、アルファスタントというタッグチームでした。そして劇場版が終わってからテレビを劇場版の後日談を含めて4本やらせていただき、Ｖシネマとなります。

「仮面ライダー」の場合、夏の劇場版が一番スケジュールに余裕があるんです。全体の尺は60分少々ですが、撮影日数がおよそ1か月とれます。お正月の劇場版は同じくらいのスケジュールですが、尺が90分ほどですからきつくなるわけです。ですので『フォーゼ』の夏の劇場版の例なんですが、ワイヤーなどを使った複雑なカーアクションの撮影に3日間を割くようなスケジュールを組んで、思い切ったアクションを行うことができるんですね。予算をどこに重点的に費やすかということと併せて、時間の使い

方も勝負どころになるわけです。そういう事情から『ＭＯＶＩＥ大戦ＭＥＧＡ ＭＡＸ』は比較的タイトなスケジュールだったんですが、前2作をやられた田﨑（竜太）監督とは違うことができればと、2つの『仮面ライダー』の物語がじつは同じ敵を追い、同じ流れで進んでいて、お祭り感を出すためにWも登場させたうえで、最終的に物語がつながるような構成を考えたんです。翌年の『ＭＯＶＩＥ大戦アルティメイタム』も、どちらのエピソードにもアクマイザーが出てくるようにして、1本の映画だという見心地を追求しています。

『W』のＶシネマの終了後に塚田さんから「『オーズ／ＯＯＯ』の次を相談したいんですが」というお話をいただきました。メインライターは中島かずきさんにオファーをかけていて、まず大丈夫でしょうということでした。そのときの塚田さんの構想は「アメリカンハイスクールっぽい仮面ライダーをやりたい」ということで、アメリカが長い僕ならアメリカンカルチャーの雰囲気を出せるんじゃないかと考えられたそうです。それで『フォーゼ』のテーマのひ

とつが宇宙と決まり、主役のデザインが出始めたくらいの、企画のかなり初めの頃から参加させていただきました。部室の設定、無重力の表現とか40個のモジュールの使い方とそれでできるアクションのアイディアなどを、「パワーレンジャー」での経験と僕のSF的知識の総動員で出していきました。そんなときですね、宇都宮（孝明）さんから「次の番組開始まで時間があるのなら、『(海賊戦隊）ゴーカイジャー』をやりませんか」と声をかけていただいて、『フォーゼ』の撮影開始直前までに4本だけですけど、やらせていただいたんです。

僕は「パワーレンジャー」がディズニーの制作だった時期にプロデューサーを務めていたんですが、「仮面ライダー」を監督するにあたって、そのときの方法論が役に立ちました。どちらのシリーズも撮影スケジュールがタイトであるという条件は同じでして、その少ない時間をどう有効に使うかということが重要になるんです。例えば「パワーレンジャー」では、ワイヤーなどをセッティングしたりアクションチームが練習しているときはその近くでドラマを撮影し、アクションの準備ができたらすぐアクションシーンを撮影するという具合に、並行して作業を進めていたんです。爆破だったら爆破の準備を進めながらドラマやアクションシーンを撮り、爆破の準備が完了したらカメラをそちらに向けて爆破を撮影するという感じです。そういったチームワーク、分担作業で結果が出ましたので、「仮面ライダー」でもそういったやり方をさせていただきました。その結果、派手なカットが撮れたと思っています。

ドラマや映画の撮影というのはたいへんな仕事ですから、僕はどうせやるのなら明るく楽しく現場を進めていきたいと考えています。ピリピリしたり怒鳴ったりせず、冗談を交えたりして、できるだけ楽しい雰囲気でスタッフ、キャストとコミュニケーションをとりつつ仕事をすることを心がけています。『フォーゼ』の出演者は10代の子たちが多かったので、撮影現場はまさに学校みたいにワイワイしていて楽しかったですね。撮影中が授業で、セッティングが休み時間でしょうか。僕自身が、本当に楽しみながら仕事ができました。とくに福士（蒼汰）

君と清水富美加ちゃんが仲良くしてくれまして、僕がモニターのところにいると2人とも隣に来て一緒にワイワイ言いながら仕事をしたりとか、仲間で作品を作っているというムードが生まれて1年間があっという間でした。彼ら若い出演者に対して、僕の立場はときには先生であり、ときには父親であり、仲間であったんです。

　塚田さんは脚本作りのときにご自分の意見を積極的におっしゃる方で、『フォーゼ』の脚本制作は塚田さんの想いと中島さんや三条（陸）さんのやりたいことを考慮した僕なりの意見もフィードバックされ、まとめられていくというスタイルでした。僕は脚本を読むときは、頭のなかでそのシーンを具体的に映像化しながら読むんです。そして脚本のワンシーン、ワンシーンに経験上できることややりたいことを含ませ、ストーリーや展開、テンポがより効果的になるように演出プランを調整したりします。『フォーゼ』の場合なら主人公が弦太朗という突拍子もないキャラクターですから、人とは違う行動をとらせたいということで、例えば第1話での初登場時に川に飛び降りてラブレターを拾わせたり、第2話のときはバイクに乗っている賢吾を自転車で追いかけさせたりしています。冬の劇場版で、空から落ちてきた撫子をキャッチしたのもそうですね。弦太朗ならではのとてつもない行動力の表現を、アクションベースで考えていたんです。僕が崇拝するジャッキー・チェンは映画のなかで、ストーリーとは無関係だし、わざわざこんなことしなくていいだろうというようなことをやってのけるじゃないですか。そんなイメージを、弦太朗にも投影させています。福士君は身体能力がとても高くて、アクションを教えるとドンドン覚えていくんです。シリーズが終わるころには、スタントマンがやるレベルのことをこなせるほどにスキルを上げていました。それほどの潜在能力がある福士君の可能性を最大限引き出せるように、シーンを構成したいとも考えていたんです。それと、仮面ライダー部の部員一人一人の個性やモジュールの特性を活かすようなアクションも心がけて脚本作りには参加していました。

　もともとアクション畑の出身ですので、ＪＡＥ

の方々とは同じ空気感で現場に溶け込めます。僕は高岩（成二）さんよりちょっと年齢は下なんですが、アクション業界としては同期なんですよ。僕が倉田に入った年と高岩さんがJACに入られた年が、同じなんです。高岩さんはヒーローのスーツに入られる俳優として有名ですが、優れたスタントマンでもあるんですね。ヒーローの演技だけではなく、スタントも自分でおやりになるわけです。テレビシリーズでは宮崎（剛）さんがアクション監督でずいぶん助けていただきましたが、『フォーゼ』の劇場版では僕がアクションの演出も見させていただいたので、いろいろなアクションでJAEのみなさんにずいぶん協力していただきました。永徳君や渡辺（淳）君ともさまざまなアクションを構想しまして、そういった面でも楽しくやらせていただきました。

映画を観る場合でも、僕はアクションがなければドラマが進行しないというような作品が好きなんです。「ハイ、ここからアクションね」といったような、アクションでドラマが中断するものではなく、アクションをしながらストーリーが進んでいくとか、アクションの最中にもきちんとした台詞がある作品がいいんですね。ですので、常に僕はアクションがなければドラマが進行しないようなストーリーの展開を目指しているんです。そのためには、必然性のあるアクションや感情移入できるアクションが必要になります。

『宇宙キターッ！』では懐かしいキョーダインが登場しますが、企画的には昔の『宇宙鉄人キョーダイン』ありきというわけではなく、宇宙というテーマつながりなどが膨らんでいって、キョーダインのリメイクになった流れです。とはいえ、僕も特撮の全盛期に育った人間ですので、子供の頃にテレビで観ていた思い入れのあるキャラクターを演出できるということは、相当な醍醐味でした（笑）。『MEGA MAX』では、ずっとやってみたかった7人ライダーをやらせていただけましたし。好きだったキャラクターの演出は、チャレンジのしどころだとも思っています。なによりも楽しいです。あの映画に登場する2号はマスクが黒いんですが、『仮面ライダーストロンガー』の影響ですね。僕にとって7人ライ

ダーにおける2号は、マスクが黒くないといけないんです（笑）。

僕の「仮面ライダー」は、赤い目でライダーキックで、オートバイに乗っていることが必須条件であり、かつて仮面ライダーが好きだった理由はそれでもあるんです（笑）。そのため、僕が監督をした「仮面ライダー」は、比較的オートバイに乗ってのアクションが多いんですね。そして必殺技も、少なくとも基本形態のときは剣などではなく、キックになっているはずです。いろいろな武器を使って戦うということもバリエーションがあっていいんですが、最後の決めはやはり肉体を使ってのキックが仮面ライダーの良さなんです。僕のポリシーとして、最後はライダーキックで終わらないといけないし、それがカッコいいんだと思っています。

ユウキの高校生活

女優

清水富美加

Fumika Shimizu

1994年12月2日生まれ。東京都出身。2008年「レプロガールズオーディション2008」のグッドキャラクター賞を受賞。「ミスマガジン2010」にてミス週刊少年マガジン賞を受賞し、城島ユウキ役で『仮面ライダーフォーゼ』に出演。その後もNHK『まれ』をはじめ多くのテレビドラマ、劇場映画、舞台、バラエティで活躍中。

■2014年9月24日取材
■仮面ライダー平成vol.13掲載

女優へのきっかけ

中学2年生のときに、いまの事務所のレプロで「レプロガールズオーディション」というものがありまして、それに応募して、最終までいって、グッドキャラクター賞をいただいたんです。それで事務所に所属させていただいて、最初は小中学生向けの雑誌のモデルから始めたという流れですね。そして、講談社さんの「ミスマガジン」に選んでいただけました。まさにここ（講談社写真スタジオ）で、カメラテストやオーディションがあったんです。

「ミスマガジン」に選んでいただいて、その1年後に『仮面ライダーフォーゼ』に出演することが決まったんですが、これはオーディションを受けてのことでした。「ミスマガジン」が終わった後は、映画やドラマのオーディションを受けて受けて、落ちて落ちてみたいな状況だったんです。そんななか、『フォーゼ』のヒロインのオーディションを受けて、最後までいくことができたんです。

楽しかったですね。それまでにないオーディションで。台本をいただいて演じることは演じるんですけど、それがほかにはないお題なんです（笑）。「仮面ライダーが怪人と戦っているのを見守っている様子を演じてみてくれ」と言われて、「ズバババババーッ」といったスタッフさんの擬音に合わせて、陰からそれを見守るお芝居をしました。衝撃波を受けたりなどもしながら。で、そのオーディションのときに心がけていたことは、お芝居もそんなにやったことがないし、お芝居のうまい下手ではなく、とにかく審査されるみなさんの印象に残るようにやろうということでした。なので、衝撃波を受けたところで8メートルくらいでんぐり返しをしたんですが、みごとに頭を壁にぶつけてしまいまして、「やりすぎだよ」って言われました（笑）。このことは、特に覚えていますね。あと、「いま受かったとして、ショーとかイベントをやってるときの挨拶をやってくれ」と言われまして。「やあ、こんにちは。今日は一緒に楽しんでいこうね」とかいうようなことも、お芝居とは別にやっています。

私はそれまで、「仮面ライダー」を観たことがな

かったんです。小さい頃も観ていなかったし。大きくなってからも、もちろん朝早いし観ていなかったので、まったく未見の状態でした。「あ、小さな男の子が好きなやつね」くらいの、ほんとうにかなり外枠しか認識していなかったんです。小さな男の子が好きな、勧善懲悪的な番組くらいに思っていました。オーディションを受けることになって初めて、放送中だった『オーズ／ＯＯＯ』を観たんです。それと、ＤＶＤを借りまして『Ｗ《ダブル》』も観ています。いわゆる「ヒーロードラマ」って、小さい子だけが楽しむものだと思っていたんですけど、すごくしっかりしたドラマが描かれているじゃないですか。人間ドラマが。「あ、仮面ライダーって、大人でも十分に楽しめるものなんだ」っていうことを知ったんです。「小さい子供だけのものじゃないんだな」って。

リアルな話なんですけど、あのときは縋《すが》りつくような気持ちでオーディションを受けていました。わけもわからず、「やりたい、やりたい」と思っていたんです。そして合格したんですが、最初は「お仕事が決まった！」という喜びだったんです。でも、

徐々にほかの出演者が決まって台本をいただき、クランクインが近づいてくるにつれて、自分が城島ユウキをやることがリアルに感じられてきました。小さい子供が観てくれて、「あ、『仮面ライダー』のお姉ちゃんだ」って言ってもらえる。そんな、ある種の国民的な作品のヒロインになれるんだっていうことを実感してきたんですね。ちょうど『フォーゼ』が「仮面ライダー40周年」に当たる大きな作品であることも知り、喜びの方向性が「仮面ライダー」に出演できるというものに変わったように思います。

仮面ライダー部の仲間たち

最初に仮面ライダー部だけの顔合わせを兼ねましてホン読みが、ありました。（坂田）梨香子ちゃんと志保ちゃんは前から知り合いだったので、「あーどうも、久しぶりです」って感じで和気あいあいだったんですが、男性陣はみんな人見知りだし、テレもあるようで、最初は距離が限りなく遠かったですね（笑）。喋らない、みたいな（笑）。空気も、どこ

か重かったんです。

撮影は４話分の台本が上がっていて、その４話をバラバラに撮影していました。分量的には２話分くらいを終えた時期なんですが、そのあたりでオープニングを撮っていたんです。筑波の宇宙センターで、１日かけて撮影したときでしたね。台詞がない撮影ですからちょっと気が楽で、空いてる時間に賢吾君役の高橋龍輝さんや弦太朗役の福士（蒼汰）君とお喋りをして、それで打ち解けたっていう感じはありましたね。高橋さんは２コ上なので、私をとにかくすごく可愛がってくれて、なんかほんとうにお兄ちゃんみたいな感じでした。何かことあるごとに「ふうちゃん」って呼んでいつも話しかけてくれて、よく２人でふざけていましたね。福士君は年齢も１コしか違わないので、気が合いました。一番いろいろな話をした気がします。プライベートなこと、学校の勉強の話とか、将来何になりたいかとかいう身の回りの話題ばかりでしたね。

（吉沢）亮君は役の流星とは真逆の人で、明るすぎる（笑）。最後まで、本当はどんな人なんだかわかりませんでした（笑）。逆というと（土屋）シオン君もＪＫ《ジェイク》とは逆で、とても真面目な人でしたよ。シオン君がほんとうにすごいなと思ったのは、どんなときでも、誰よりも元気よく挨拶して現場に入るところで、その姿を私もすごく見習っていたんです。あと、彼は語り屋なんですよ。とにかく移動時間や空いてる時間に、役柄などについて語るんですね。またシオン君は「仮面ライダー」の大ファンでもあるため、仮面ライダーの豆知識を教えてもらったりもしました。シオン君とも、福士君と交わしたような話題をよく話していましたね。（冨森）ジャスティンさんは一番年齢が上で大人ですので、やっぱりどこか落ち着いてました。絶対に遅刻するようなこともありませんし、しっかりした頼りになる方という印象がありますね。梨香子ちゃんとは仲が良すぎて、常にベタベタくっついていました。以前から知っているということもあり、親しいからこそ気軽に喧嘩なんかもしていました(笑)。難しかったですね、バランスのいい距離感をとるのが。撮影現場は、学校みたいな状態でしたよ。

そういえば、1話、2話でオリオン・ゾディアーツになっちゃうアメフト部の男の子の役の水野真典君は、私と梨香子ちゃんが小中学生向けのファッション誌のモデルをやっていた同じ雑誌でメンズモデルをやっていた方なんです。物静かでめちゃめちゃ優しい人で。彼は、のちにゾディアーツスイッチの後遺症で引きこもりがちになっているというエピソードで2話分再登場しますが、絡みが多かったのでゲストのなかではかなり印象的ですね。

大人の出演者たち

大杉先生のお芝居は、とても楽しかったです。大杉先生の撮影はだいたい週に1日くらいなんですが、お芝居が面白いので、現場は田中（卓志）さんがいらっしゃる日は常に笑い声が絶えませんでした。田中さん自身も「みんなとご飯に行きたい」とか、積極的にコミュニケーションをとってくださる方でしたので、お会いするのが毎回楽しかったですね。でも、まさか大杉先生までが仮面ライダー部に入るなんて、誰も思っていなかったので驚きました（笑）。神保（悟志）さんがおやりになった佐竹先生も、印象深いです。なんかもう、漂う俳優としての威厳で現場がピリッと締まりました。最初に神保さんが出演されたエピソードでは、怖い先生という役どころでしたけれど、ふだんは優しい方でしたよ。

校長先生役の天野（浩成）さんはふだんはじつに朗らかな方で、大人なのによく話しかけてくださって。個人的には、天野さんは超カッコいいと思っているんです。その役柄は表向きは人気者の校長だけど裏では悪役というもので、校長先生が生徒に対して接する様子を見ても、ユウキは彼が腹黒いことは知らないんだけど、私は知っている。どこかミステリアスで、面白かったし楽しかったですね。

理事長役の鶴見（辰吾）さんとは、賢吾君がラビットハッチから出られなくなるお話のときに初めてお会いしました。ユウキが理事長室まで「有人探査機を飛ばしてくれ」って直談判に行くシーンですね。終わりのほうの、理事長がゾディアーツに変身するシーンや劇場版などでもご一緒しています。誰よりも怖い役なのに、ふだんは無論そんなことはなくて、トライ（リハーサル）をやったときも、鶴見さんはちょこっとアドバイスをしてくださるんです。

ユウキが泣くシーンでは、画面からは外れていて台詞もないのに予定の場所に立って雰囲気を出してくださる。目線だけで、素晴らしい演技をされていました。鶴見さんの演技には、「作品を作ろう」という意志と姿勢が強く感じられます。

撮影現場のエピソード

『フォーゼ』の撮影を開始するにあたり、最初の4話を担当されたのは坂本（浩一）監督なんです。その坂本監督がおっしゃったことは、「そのままでいてくれ」ということでした。オーディションのときのユウキは、実際のユウキよりもう少し賢くて頼りになるイメージがあったんですが、「富美加ちゃんを見て、ユウキを富美加ちゃんに近づけることにしたから、もうそのままでいてくれ」という坂本監督の意向に従って、自然なままでユウキをやろうと思って演じました。素で、自然に元気にやろう！っていうことしかそのときは考えられませんでした。でも、クランクインしてすぐの時期は、ただ単に弦太朗と賢吾が戦いを終えて帰ってくるところを見ているユウキという場面だけでも20テイクくらい撮影しているんです。そのとき私が「もう一回」って聞い

て、「ええ、またぁ」みたいな反応をしたんです。すると監督が、「それだよ、それ」って。「そう、その感じで。それを本番でやって」とおっしゃる。「本当に素でそのままでいいから」って言われたんです。本当に素でいいと納得するまでは、こんなやり取りを交えつつ撮影が進んでいきました。

30話台を撮影していた時期なんですけど、どこから噂が流れてくるんですよ。「どうやら後半で、仮面ライダー部の誰かがゾディアーツの幹部になってしまうらしい」と。私は、賢吾君が一番濃厚な線だなと予想して、「おいしくていい役だな」と思っていたんです。でも台本が上がってくると、まさかの自分で。しかも、二面性のある役でした。そのときは助監督さんから役作りの参考になる洋画などをいくつか教えていただいて、その作品を撮影の合間に観て参考にしたりしていました。いわゆる悪役を演じるのは初めてでしたので、難しかったですね。顔が変わっちゃっているじゃないですか。あの白い仮面を被ったときは、表情での演技ができないわけですから、表情を作れない分を身振りで表現するしかなかったです。そういう部分はＪＡＥの方に相談して教えていただいたりして頑張りました。濃かったですね、あれを撮っているときは。

私がわりとメインになったお話に宇宙飛行士の試験のエピソードがありまして、それを担当してくださったのが石田（秀範）監督なんです。石田監督は『フォーゼ』の監督のなかでも一番ビシッと厳しいこともおっしゃる方なんですが一生懸命さもすごいんです。そのお話の撮影に入るにあたり、福士君と私と、ゲストで「ＪＪ」のモデルの滝沢カレンさんの3人が石田監督の下でホン読みをして、そこで「これってこうしたほうがいいですか？」なんて意見交換などをしています。石田監督は「はいカット、もう一回」とはおっしゃらないんです。オーケーかダメかを、面白いか面白くないかという基準で判断されることが印象的でした。カットがかかるときに「はいカット、面白くない」と何度も言われますと、けっこうグサッときます。「ううっ」ってなって、辛かったですね（笑）。反面、ああいう風にはっきり言ってくださる監督、ちょっと怖い監督はほかにはいらっしゃらなかったので、勉強になりましたし、じつは楽しみでもあったんです。

メインを担当された坂本監督は、いつも仮面ライダー部員のことを「自分の子供みたい」とおっしゃっていました。こちらも監督のことをすごく明るくてアクティブで、アクションのできるお父さんというように感じていました。おそらく、監督さんのなかでは、一番自分たちと距離感が近い方だったと思います。坂本監督は、とってもお茶目な方じゃないですか。女の子が大好きで（笑）。常に笑いが起こる現場でしたので、元気が出ましたね。坂本監督の日は。

『フォーゼ』は、特撮の多いシリーズでした。最初の頃は特撮自体が初めての経験ですので、とまどったこともありました。見えていないのに見えているお芝居をしなければいけなかったり、背景がグリーンバックで平面なのに、ある空間であるようにふるまったり。なにかと難しかったんですけど、監督が「バーン」といった擬音を交えてイメージが湧くように説明してくださって、特撮についても楽しくやれたんです。『フォーゼ』の撮影現場のあの明るい雰囲気は、坂本監督が作られたんじゃないかなと思っています。

ユウキに引っ張られ

私は運動神経が鈍いので、アクションシーンのほとんどはＪＡＥの方が吹き替えでやってくださっています。ＪＡＥの方で印象的なのは、やはり高岩（成二）さんですね。高岩さんのトライで「宇宙、キターッ！」をやられているときなどに、フォーゼと高岩さんがものすごくシンクロしている気がしていました。その様子は、見ていてとても嬉しく、楽しいものでしたね。学校での撮影のときなんですが、オリオン・ゾディアーツとの初めての戦いの際に、ユウキの動きでベルトの使い方の説明を受けた弦太朗が変身し、私がフォーゼと2人で「宇宙、キターッ！」とか「イェイ！」とかやったりしたことがすごく楽しかったです。この一連は、アクションシーンとの一体感がありました。

あと思い入れがあるのは、最終話における理事長からの卒業式のシーンですね。流星君はいないんですが、一同が体育館の舞台に立ち、理事長の前でそれまで学んだことなどをふり返って、ひとりずつキメ台詞を言うんです。そして、弦太朗と理事長のアクションをみんなで見守るんです。「卒業キック授与」っていう私の台詞が、キメの一撃のシーンに被るというところもすごく嬉しかったです。あのときも坂本監督なんですけど、まさに仮面ライダー部の締め、総まとめと言っていいシーンでした。自分の高校生活をすべて天ノ川学園高校に捧げるつもりでユウキという役に取り組んでいましたので、自分の卒業式はあれだって思っていますし、いまも話しているだけで、こみあげてくるものがあります。

ユウキを演じていたおよそ1年半の間に、2回くらい風邪をひいていたときがありました。ドラマと劇場版の両方を並行して撮ってる時期はもう本当に休みがなくて、あのときはさすがに体調を崩しましたね。体力的にもきついのに、それでも明日はやってくるっていう感じで。お芝居への悩みや進路など

に迷いをもっている時期でもありましたので、ユウキのようなテンションの高い役を1年半も演じきらなければいけないっていうことは、正直言って心身ともに負担はありました（笑）。実際は、いつもあのテンションでいられるわけじゃないですからね。私自身はふつうの人間ですから、「こんなに元気じゃないよ」みたいな感じで、ちょっと落ち込むこともあったんです。でも、結果的には目指すものがはっきりしていて、夢にひたむきなユウキに自分が引っ張られた結果、なんとかユウキを演じきれただけではなく、私がいまこの場にいることができているわけです。とてもいい役との出会いだったと思っています。私の進路は、城島ユウキが切り開いてくれたんだと思っています。ですから『フォーゼ』はいまも、この先もずっと大切な作品なんです。

仮面ライダーウィザード

2012年9月2日～2013年9月29日放送
全53話

魔法の仮面ライダー

東映株式会社
映像本部
テレビ企画制作部プロデューサー

宇都宮 孝明

Takaaki Utsunomiya

1970年10月7日生まれ。愛知県出身。1993年に東映に入社してテレビ商品化権営業部に配属、2001年にテレビ企画制作部に異動して『忍風戦隊ハリケンジャー』のプロデューサー補となる。以降、『仮面ライダー555』にてプロデューサーとなり、『侍戦隊シンケンジャー』ではチーフプロデューサーを務めている。

『ウィザード』が魔法の仮面ライダーになった最大の要因は、前作の『フォーゼ』がメカニカルライダーだったからなんです。前作との違いを明確にするために、僕がメカ要素のほぼない、魔法という題材を選んだんです。以前に担当した『(魔法戦隊)マジレンジャー』と似ることはないだろうという確信はありました。脚本をきだ(つよし)さんにお願いしたのには、きださんは『クウガ』や『響鬼』をやられているので、僕と組んでみることでまた違う味が出るのではないかという興味心があったことも事実です。第1話には通常の2話分でやることを全部詰め込んでいますが、そこには深い理由があったわけではなく、制作スケジュールの都合だったような気がします(笑)。

キャスティングは毎年そういった面はあるんですが、なかなかいい人がいなくて難航しました。ようやく白石(隼也)君が出てきてくれて、「助かった」という感じですね。主人公である晴人が決まらないことにはその周辺の人物も決められませんので、けっこうギリギリまで引っ張ってしまったんですけど、白石君に決まったらあとのキャストの決定は早かったですね。白石君は、想定していた晴人の年齢より若かったんです。でも彼はお芝居も最初からうまかったしムードもある。晴人の役は、白石君で正解だったと思います。そして攻介役が永瀬匡君に決まるときも、かなり難航しました。攻介も、永瀬君で良かったですね。攻介は面白いお兄ちゃんといった役どころでしたが、永瀬君は役の位置をたちどころに理解して一生懸命演じてくれました。演じることが、好きな人でしたね。そしてそんな攻介の役作りに合わせて、今度は白石君が晴人のスカした感じを調整していく。そんな調子で、2人のコントラストのバランスができていきました。

　ウィザードのキャラクターデザインにおける僕の注文は、「コートを着せてくれ」だけでした。とにかく、回るアクションをやりたかったんです。それで、「今回は回るんです」というお話をさせていただいて、「回るから（コートを）つけてください」という流れでした。回るアクションではたなびくコートが動きを強調しますし、立ち姿も視聴者の目を惹きますしね。アクションはたいへんだったかもしれませんが、「（コートを）長くしてください」とさらにお願いしています（笑）。アクション監督は、長く「スーパー戦隊」を担当された石垣（広文）さんでした。「たまには『仮面ライダー』もどうですか？」ということだったんですが、「回って」と言っただけの僕の願いをエクストリームマーシャルアーツを導入した見事なアクションにしてくださいました。ウィザードのアクションは、派手さのなかにもストイックさが常にありましたね。

　中澤（祥次郎）監督の演出は、僕の好みなんです。それで、メイン監督をお願いしました。中澤監督は、たとえばお笑いのシーンなら、「引いた笑い」の演出もされるんです。「押した笑い」ばかりじゃない。「ここは笑いどころですよ」といった、ベタな感じではないんですね。むろん子供番組ですから「押す」感覚も重要で、中澤監督も「押す」ところは押されるんですが、やはり「引く」作業で場面を構成する技術をもたれているということは、凄いと思います。

　夏の劇場版は、脚本の香村（純子）さんや中澤さ

んと「仮面ライダーがみんなの味方になりすぎない方向性」を探るところから始まっています。僕は、仮面ライダーはドメスティックなものを守るほうがいいんじゃないかという思いがあったからです。とはいえ映画ですから（笑）、派手なところは派手にするために、別の世界でのストーリーになったんです。陣内孝則さんの出演は、ひとえに石川（啓）君の優れた交渉力のたまものですね（笑）。陣内さんは、子供向けの映画なので、通常よりさらにテンションを上げたお芝居をしてくださいました。忍成修吾さんは、ニュアンスの芝居をきっちりとされてまして、何気ない表情がほんとうにお上手だと思います。その前の冬の劇場版の『アルティメイタム』では、それまでとは全体の構成を変えることを提案しました。一定の尺で「○○編」「○○編」「ＭＯＶＩＥ大戦」ときっちり分かれていた流れを、「フォーゼ編」と「それ以外」といった感じにさせていただいたんです。敵は、３人のワルということだけが決まっていました。それがアクマイザーになった理由は、坂本浩一監督の強い希望があったからです（笑）。

「平成仮面ライダー」の物語性

劇作家、演出家、脚本家、俳優、絵本作家

きだつよし

Tsuyoshi Kida

1969年８月３日生まれ。大阪府出身。1992年、「劇団TEAM発砲・B・ZIN」を結成。その全作品の作・演出を担当し、役者としても劇団の中核をなす。その後はフリーとなり、「大人が笑って泣けるヒーローもの」をテーマに作品を発表し続けた。俳優としてはアクションからコメディまでをこなし、舞台への出演も多い。東映作品には、脚本家として『星獣戦隊ギンガマン』『仮面ライダークウガ』『仮面ライダー響鬼』『仮面ライダーウィザード』に参加している。

僕が子供の頃は「仮面ライダー」の人気絶頂期で、テレビをつければさまざまなヒーロー作品が流れていて、それにどっぷりとはまっていました。その原体験が、自分の創作のベースになっているのはまず間違いないと思います。ひょんなきっかけで演劇の世界に入り、大学を卒業して劇団を結成したんですが、劇団のコンセプトは「大の大人が笑って泣けるヒーローもの」でしたから（笑）。演劇でヒーローものをやるのは当時かなり珍しかったらしく、おかげさまで好評を博し、その評判を聞いて特撮関係の方も観にいらっしゃるようになって、「（特撮番組の脚本を）やってみないか」というお話をいただいたんです。

最初は、『（星獣戦隊）ギンガマン』でした。本家のヒーローものに関われるということで、当時ものすごく嬉しかったのを覚えています。そのときのプロデューサーが、その後『仮面ライダークウガ』や『響鬼』でご一緒する高寺（成紀）さんで、『ギンガマン』では終盤2話分の脚本を書かせていただきました。その流れで『クウガ』の企画時にお話をいた

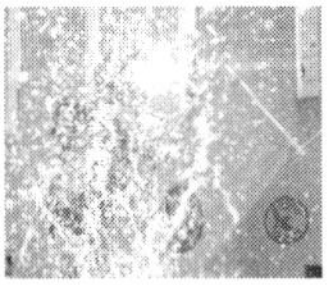

■2015年2月取材
■仮面ライダー平成vol.14掲載

だき、企画会議に参加してプロットをいくつか提出したりしました。『クウガ』はドラマ重視のリアル志向で、「昭和ライダー」とは一線を画す画期的な作品となり、「平成仮面ライダーシリーズ」の始まりにふさわしい新たなスタンダードを作り上げたことは誰もが認めるところだと思います。でもそうした作風だったため、僕の「昭和ライダー」的なアイディアはほとんど採用されず（苦笑）、『クウガ』では総集編を担当するだけにとどまりました。

その後しばらくして、再び髙寺さんから声がかかり、映画の企画をお手伝いしていたのですが、その企画スタッフがそのまま『響鬼』へとつながっていきました。中学生をメインに据えた『響鬼』は、アプローチとしては斬新でとても面白いと思うんですが、脚本を担当しながらずいぶん悩みました。ヒーローもののハネをあえて排する引き算の発想は十分理解できるんですけど、個人的にはそれを楽しみ切れなかった感があります。

『ウィザード』のプロデューサーである宇都宮（孝明）さんは、僕が京都の東映太秦映画村で作・演出を担当したショー『電王VS信長』をご覧になって内容を評価され、声をかけてくださったそうです。晴人のキャラクター作りは、ずいぶん悩みましたね。放送時期が近い『フォーゼ』や『（海賊戦隊）ゴーカイジャー』とは主人公のイメージを変えたいということだったので、僕がやろうとしていたハネた主人公にはできない。じゃ、どうしようということで、ああいった少しハスに構えたキャラクターになりました。

主要キャラクターのなかで思い入れがあるのは、凛子ですね。最初は『宇宙刑事シャイダー』のアニーのような、主人公と共闘する戦うヒロインにするつもりだったんです。ですが、晴人を仮面ライダーらしくロンリーヒーローにしようという方向が決まって、悪と戦う力をもつのは仮面ライダーだけの方がいいだろうということになり、凛子を戦いの場で活躍させることが難しくなってしまいました。個人的には、テレビでは凛子を描き切れなかったという思いがあるので、番組終了後の世界を舞台にした小説（講談社キャラクター文庫刊）では、凛子をメイ

ンにした話を書かせていただきました。

「平成仮面ライダーシリーズ」はドラマを重視するあまり内容が複雑になり、どこか子供を置いてけぼりにしているんじゃないかという思いがずっとあったので、『ウィザード』の企画がスタートしたとき、真っ先に「1話完結に戻しませんか」と提案しました。2話連続のスタイルによってドラマがしっかり描け、ストーリーが濃密になることで大人のファンを獲得できたというのは、「平成仮面ライダーシリーズ」最大の功績だと思うのですが、反面、キャラクターものとして、アクションドラマとしてのよいところが相殺されている気がしていて。

僕にとっての「仮面ライダー」は、観たその日に事件が解決して、翌日その話題で盛り上がるという楽しさだったので、そういったコンパクトでスピーディな面白さを「スーパー戦隊」ではなく「仮面ライダー」で改めてやってみたかったんです。さまざまな制約があり実現しなかったんですが、幸いなことに何本か1話完結のエピソードをやらせていただけることになり、そのときはすごく嬉しかったです。

1話完結のエピソードは、ドラマのテンポも自分に合っていたようで、書いていて気持ちが良かったですね。「ああ、これが仮面ライダーだ」と（笑）。第1話とクリスマスの回はかなり気に入っています。

敵のボスである笛木も、個人的には気に入っています。笛木の目的は、結局のところ自分の娘を甦らせたかっただけなんですけど、悪の根源とは本来そういった個人の業《ごう》だと思うんです。大仰な世界征服より、「自分の娘を助けるために100万人死んでも構わない」という狂気の方がリアリティがある。思い返してみると、笛木の存在のおかげで物語の流れが見え、彼を軸に全体の配置を考えていたような気がします。実際、主人公の晴人ですら笛木に踊らされていたわけですから。

晴人のラストが寂しい（悲しい）という意見がありますが、コヨミへの想いを胸にひとり旅立つという姿は、まさにロンリーヒーローであり、孤独と愛を心に秘めた仮面ライダーにふさわしいラストだと思っています。晴人がバイクで走り去るシーンで終わるというのは、僕の中で早い段階から決まっていました。仮面ライダーといえば、やはりバイクですからね（笑）。


「仮面ライダー」といえば、もうひとつ。これまで3本の「仮面ライダー」に参加させていただいたんですが、じつは一度も劇中で仮面ライダーと呼称する（もしくは名乗る）作品に当たっていなくて（苦笑）。今度は「仮面ライダー○○！」と大声で叫ぶ作品を担当したいです。

脚本家、演出家、俳優、絵本作家とさまざまな肩書をもつ僕ですが、機会があるなら、「仮面ライダー」の監督（演出）をやってみたいです。「仮面ライダー」の舞台（ショー）では演出の経験はありますが、やっぱりテレビや映画の中でライダーを動かしてみたい。「仮面ライダー」に限らず、これからもSFヒーロー作品を撮る機会がないか虎視眈々と狙っていますので、関係者のみなさま、こんな僕でよければ、ぜひ声をかけてください。

会えて嬉しかったわ、真由

女優

中山絵梨奈

Erina Nakayama

1995年６月１日生まれ。千葉県出身。雑誌「ニコラ」の専属モデルを経て、2009年に映画『あとのまつり』で女優デビュー。以降、『ある夜のできごと』『アナザー Another』などの劇場映画やＴＢＳ『ハンマーセッション!』、ＥＸ『相棒』などのテレビドラマやＣＭに出演。『仮面ライダーウィザード』では、ミサと真由、２人の人物を演じた。

■2015年2月取材
■仮面ライダー平成vol.14掲載

『ウィザード』に出演するまで

最初はモデルのお仕事が中心で、演技はＰＶのお仕事やテレビドラマを少しやらせていただいているくらいでした。そして、中学校を卒業する時期に映画のお仕事があったんですが、ヒロイン役に変更になったんです。当初予定されていた役柄でイメージしていたこともあって、私なりにいろいろ考えて臨みはしたんですが、いざ撮影が始まると（監督から）怒られっぱなしでした。そのときから、もっと、ちゃんとお芝居ができるようになりたいと思い始めました。しばらくして「ニコラ」のモデルを卒業する時期になると、マネージャーさんから「区切りの時期だから、モデルを続けるのかお芝居の道へ進むのか、決めようか」って言われたんです。私は、「お芝居を続けていきたい」と答えていました。そんなときに「仮面ライダー」のオーディションを受けさせていただきました。

私には兄と弟がいるものですから、小さい頃は特撮番組を当たり前のように観ていて、馴染みがあって「仮面ライダー」や「スーパー戦隊」、「ウルトラマン」が大好きだったんです。なので、「仮面ライダー」というものがどういう番組なのかということは、当然わかっていました。オーディションは３次審査まであったんですが、１次、２次の審査は怪人が出たときのリアクションのお芝居を見ていただいて、最終オーディションではかけ合いのお芝居を演じました。そのとき、凜子役に選ばれた（高山）侑子ちゃんと組んだりもしています。それでしばらくして、「悪役で決まったよ」ということになったんですが、オーディションでは悪役のお芝居はしていないので、私のどこを見て悪役に選んでくださったんだろうって、正直思いました（笑）。

私の役が具体的にどういったものなのかということを初めて知ったのは、撮影に入るにあたり行われたホン読みのときでした。出演者が集まって、プロデューサーやスタッフさんの前で第１話から第３話までの脚本を読んだんですが、私とユウゴ役の篤海さんが呼ばれた時刻はほかの方よりだいぶ後だったんです。ほかのレギュラーの方たちのホン読みが進んでいるところで悪役側の私たちが途中から入ることに対して、もの凄く緊張したことを覚えています。そのとき私は高校2年生で、学校帰りだったので制服姿でした。ほかのキャストの方に、「女子高生がやるんだ」って驚かれました（笑）。変身後のメデューサのデザインを見せていただいたのがこのときで、「ミサはユウゴより落ち着いていて、立ち位置も少し上と考えていい」ということなども伺いました。どうやって、そういう威厳を出せばいいのかなど、いろいろ考えました。

ファントムのイメージ作り

　ミサの衣裳は、衣裳合わせの時にいくつも用意されていたもののなかから選ばれています。形はどれもロングのワンピースでしたが、オレンジとか水色とか、南国系の派手な色のものでした。そして最後に、候補から外されていたものを一応って感じで着たんです。大人っぽい色彩は、私には似合わないとみなさん考えられて除外されていたようです。ですが、すぐに、「それでいこう」となりました。撮影が始まったころは問題なかったんですが、秋以降はあの衣裳だとすごく寒かったです。サンダル履きですし。でも、ファントムって人間的な思いやりなどの感情がなく、設定上は五感も超越しているんです。ですから、寒さを感じることがなく、冬服はあり得ないんです。とはいえ、さすがにかわいそうに思われたのか、途中から1枚羽織るものが追加されました（笑）。すると今度は、夏場になってもその羽織を脱げなくなりました（笑）。ファントムに、季節感があってはいけないので。

　ミサを演じるにあたって、神話のメデューサとはどういうものなのかを調べたりしました。けだるさとは違うんですが、動きもはつらつとはしないというか、ヘビのような感じを出したつもりです。あとは表情です。監督さんからも「目つきは大事だよ」「ミサは怪人より華奢だけど、堂々としていなさい」と言われていましたので、そこは気をつけていました。いま思うとやはり目つきを含め、ヘビというイメージを第一に演技をしていたような気がします。ウィ

ザードやビーストと対峙するときも、「絶対に負けない」という自信、意識をもって演じさせていただきました。

最初からコンビだった篤海さんには、すごく助けていただきました。若手キャストでは彼が一番年上で、私が一番年下だったんです。私が撮影現場に馴染めるように雑談の輪に入れてくれたり、コンビで演じるうえでのプランをロケバスの中で語ってくださいました。私の役作りを、ほんとうに助けてくださったんです。ミサの冷静さが崩れないようにと、アドリブをするときも事前に何をするかを教えてくれましたし。

二役を演じることになって

シリーズ前半は面影堂チームと一緒になることはほとんどなく、同じ日にロケがあっても出演場面が入れ替わりで撮影だったりして、なかなかお話しする機会がなかったんです。最初のホン読みの後、「1年間頑張ろう」ということで、スタッフさんやキャ

スト一同で焼き肉へ行きました。その場で親睦を深める意味もあって、みんなであだ名を決めたんですが、私がそのあだ名を使うことはありませんでした（笑）。ミサはほとんど篤海さんとの場面ばかりでしたので真由の役もやるようになって、面影堂チームに馴染むと、ようやく『ウィザード』という番組の仲間になれたような気がして、ほんとうに嬉しかったんです。そうなると今度は、（白石）隼也さんの凄さが見えてきました。彼はどのキャストよりも『ウィザード』を愛していて、良くしようと考えていたんです。みんなに（演技の）アドバイスをくれて、彼のこうしたいっていう気持ちがそこから伝わってくるんです。主演俳優って、座長みたいで凄いなあと思いました。

真由役もできることを知ったのは、クリスマスの日でした。メデューサとフェニックスが初めて戦うシーンの撮影のときです。中澤（祥次郎）監督から「二役になるんだってね」って、さらっと言われて（笑）。もう、びっくりでした。それから何日か後に第26、27話の台本を読むと本当に二役になっていて、

将来的に魔法使いになる含みもあって「どうなるんだろう？」という感じでした。このエピソードに入る前に、諸田（敏）監督が私のホン読みを半日くらいやってくださいました。監督は、「このホンが良くなるのも悪くなるのも、君にかかっているから」とおっしゃるんです。そして、「不安だ」とも（笑）。それまでにない、プレッシャーでした。でも撮影に入ると、監督もスタッフさんももの凄く助けてくださいました。ミサのときと真由のときのそれぞれに、丁寧な演技指導をしてくださるし、雰囲気作りもしてくださったんです。

真由の変身は、テレビで観ていた「仮面ライダー」の変身ポーズをカッコよく決めることが、あんなに難しいことだとは思いもしませんでした。真由の最初の変身シーンなんて、20テイクくらい撮影しているんです。あのときは、「みんな、なんであんなに簡単に指輪をはめられるんだろう」って思いました。アクション監督の石垣（広文）さんは丁寧に教えてくださるんですが、「女の子らしい可憐さも残してね」と言われても、なかなかそうはできません（笑）。

真由のキャラクター作りと初のおふざけ

どちらかというと、真由の方が演じやすかったですね。まず人間ですし（笑）、高校生ですし、自分との共通点がとても多かったんです。ですからキャラを決めることはやめて、ふだんの自分でいこうと思って素の感じで臨んでいました。それから、真由が出てきたことによって、自分の中のミサ像もよりはっきりとしてきました。それまでのメデューサは成り行きしだいな面もあったんですが、真由との対比によりそのキャラクターがブレることはなくなりました。この時期になると、ファントムのコンビはソラになっています。篤海さんは「先輩」という感じでしたが、前山（剛久）さんは「お兄ちゃん」という感じでした。前山さんは関西出身の方で、すごく親しみをもてるタイプなんです。撮影の合間に勉強を教えてもらったり、進路の相談に乗っていただいたりしています。前山さんとは夏の劇場版に合わせたインターネットドラマもやっていますが、ファントムがふざけたことをしたのはあのときだけですので、思い出深いですね。侑子ちゃんたち面影堂チームはこういったギャグは普段からやっていますけど、私は初めてだったので、インした時は戸惑いました。けれど、「これは、やりたいことをやったもん勝ちだから」とスタッフさんから言われまして、前山さんの関西パワーもあって、自分たちでもどんどんアイディアを出して一日で全エピソードの撮影を楽しくやらせていただきました。

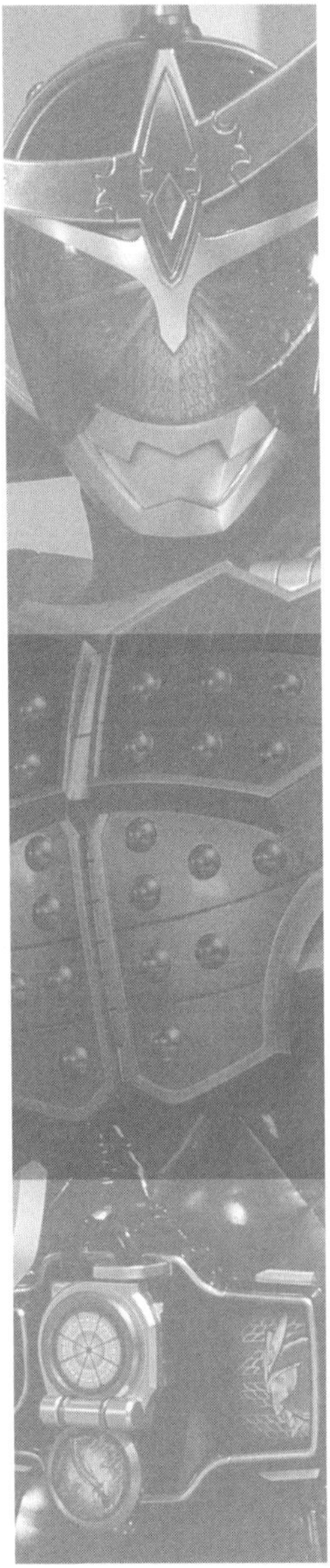

仮面ライダー鎧武／ガイム

2013年10月6日～2014年9月28日放送
全47話

『鎧武／ガイム』、その物語

東映株式会社
映像本部
テレビ企画制作部プロデューサー

武部直美

Naomi Takebe

1991年に東映入社。テレビ商品化権営業部に配属され、1994年にテレビ企画制作部に異動し、多くのテレビ番組のプロデューサー補を経て2001年、『仮面ライダーアギト』から「平成仮面ライダー」のプロデューサー補に。『仮面ライダーキバ』でチーフプロデューサーを務めて以降、「仮面ライダー」や「スーパー戦隊」の企画で活躍している。

プロスポーツではチームのものがなにかと話題で、AKB（48）の人気もあって、多人数ライダーのシリーズでいくことになりました。最初はチームで戦うライダーという案もあったんですが、「スーパー戦隊」ではないからとそれは見送り、多人数いるのなら戦国時代の武将のイメージでということになったんです。でも、ただの武将だとカッコいいだけなので、何かモチーフがないかというときに、デザインチームから各ライダーを強く差別化する素材としてフルーツ（笑）が出てきたんです。最初は違和感も感じましたが、やってみようということで、女の子っぽくならないことを念頭に置いて、実際の形に落とし込んでいったんです。錠前やフルーツを切るベルト、ジュースを搾るベルトなどは、前提が決まったことで自然にできてきました。錠前はものを開けたり閉じたりするものですし、フルーツには「禁断の果実」という言葉もありますので、これらのアイテムをドラマに融合させていくことはできるだろうという読みはありました。

シリーズの当初は裏ではたいへんなことが起こっ

■2014年10月15日取材
■仮面ライダー平成vol.15掲載

てはいるんですが、表面的にはダンスチーム同士の子供のつばぜり合いが展開されます。やってみて感じたことなんですが、「仮面ライダー」でのお客さんに伝わりやすいフィクションのルールは、それ自身が素っ頓狂なんですが、怪人が出てきてそれをライダーが倒すということなんですね。このフォーマットは、怪人が鏡から出てこようが人間が怪人化しようが関係なく視聴者に受け入れられやすいんです。それが、今回はダンスチームがいます、そしてインベスゲームがあって、それに勝つと勝ちなんです。というルールをドラマで自然に説明してなおかつ受け入れてもらうことは、ハードルが高いということがわかりました。アニメだと未来都市も描けるので表現の自由度が高いんでしょうが、実写は風景なども含め、本当にあるもので処理しなければいけない要素が多いですからね。脚本の虚淵（玄）さんはもともとアニメの方ですのでこういった諸設定を作られたんですが、その世界観を理解してもらいやすいように各チームのユニフォームを作って色分けをしたり、出演者には本格的なダンスを頑張ってもらったりして、ダンスが注目される世界の雰囲気を醸成できるように気を配ったつもりです。ダンスチームが戦うと聞いたときに、私も田﨑（竜太）監督も「たいへんそうだな」とは当然思ったんですが、たいへんだからやめようじゃなく、それをやってみることで勉強ができ、スキルが上がるんです。

　キャスティングについては、私は最初のあたりだけで、サブの望月（卓）君が多いです。初瀬、城乃内、凰蓮、ザックなんかは望月君です。もちろんダメ出しもしてはいますが。登場期間が短いキャラこそ演技力のある人、役に合う人を探してもらいました。貴虎も望月君ですね。ストーリーの流れが最初からがっちり決まっていましたので、光実は悪役になることを前提にキャスティングしました。ただ、初め光実は1クールを残すあたりで退場するはずだったんですが、「仮面ライダー」で殺してはいけないんじゃないかということになったんです。そこには、高杉（真宙）君のがんばりもあったと思います。虚淵さんも子供たちへのメッセージについてはいつも考えてくれていて、第40話のいかなる姿になって

も想いは変わらないとか、素晴らしいですよね。仮面ライダーって、声高に「正義」とは言わず、「人類の味方」を標榜するじゃないですか。紘汰たちもまさにそうで、『鎧武／ガイム』は本当に仮面ライダースピリッツのある作品だと思います。

シャルモンの憂鬱な日々

俳優

吉田メタル

Metal Yoshida

1971年11月１日生まれ。石川県出身。1992年に劇団☆新感線に入団し、『ゴローにおまかせ』より新感線の多くの舞台に出演。1993年からは新感線以外の舞台の客演でも活躍し1997年『タイムキーパーズ』よりテレビドラマにも出演。ヴィジュアル系ロックバンド「ＮＩＮＪＡＭＡＮ ＪＡＰＡＮ」のベーシストとしても活動している。『仮面ライダー鎧武』では、一流パティシエの凰蓮を演じた。

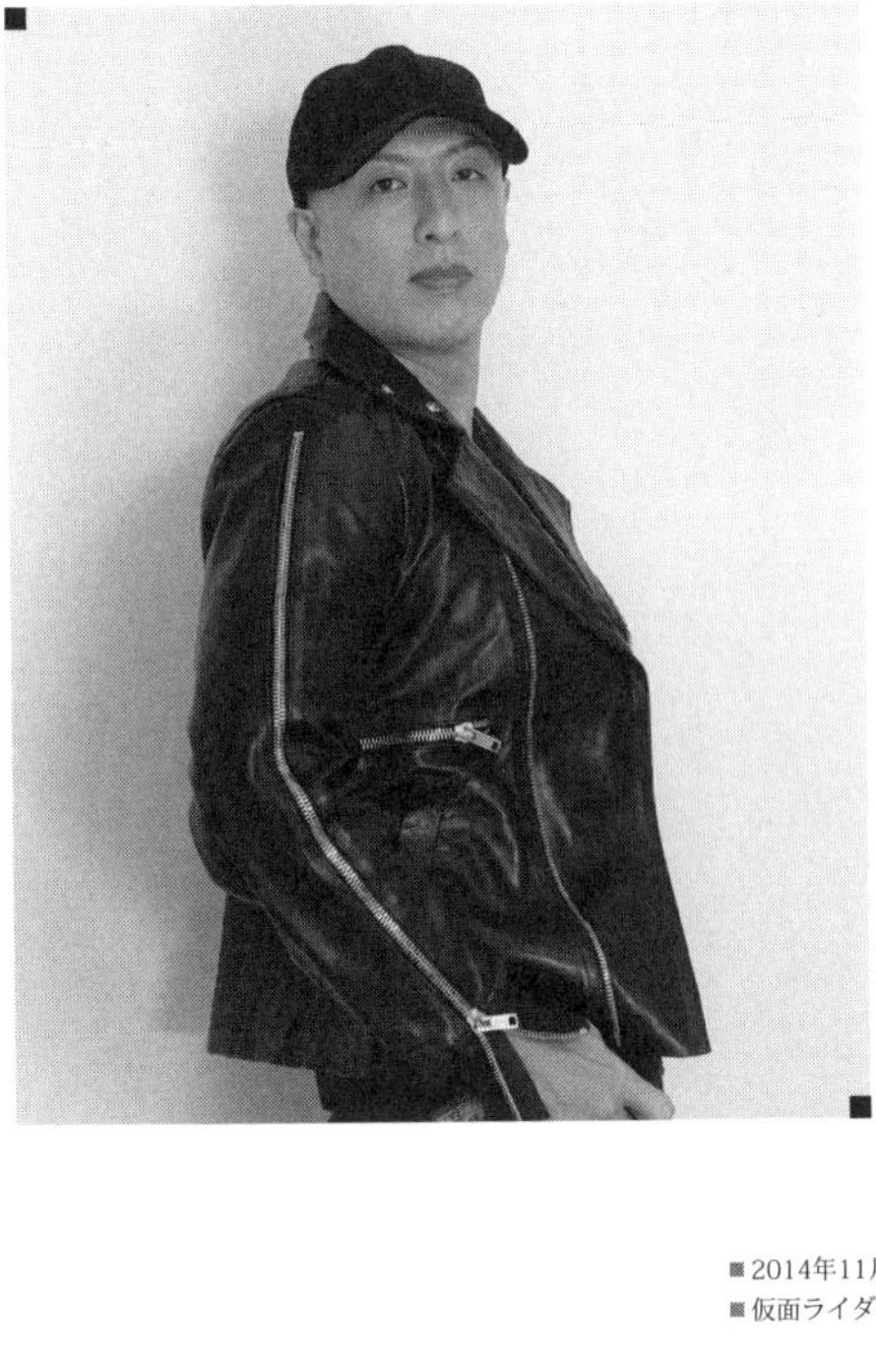

■2014年11月19日取材
■仮面ライダー平成vol.15掲載

劇団☆新感線に入団したわけは

僕はもともとミュージシャンになりたかったんですけど、日本の現状では年をとってから音楽だけでやっていくのはなかなか厳しいんですね。とくに海外でいう「ＫＩＳＳ」とか「ザ・ローリング・ストーンズ」「エアロスミス」といったハードロックのジャンルで活躍する場合は、さらに難しいのではないかと考えたんです。それで、役者ならばと。石橋凌さんとか陣内孝則さん、的場浩司さんみたいにふだんは俳優として活動し、空いた時間でバンド活動をするのがいいのではないかと思ったんです。役者なら、お爺さんになっても仕事ができるかなあとも(笑)。それだけの理由で始めたんです(笑)。それで、役者の修業をするならやはり劇団だろうということで、探した劇団がたまたま新感線だったんです。それでその舞台を観てみたんですが、それがオープニングから「ジューダス・プリースト」というバリバリのヘヴィメタルバンドの曲で始まる内容で。「なんだこれは」と。これは、僕の趣味ととても合致する集団ではないかと、１９９2年にオーディションを受けまして2月22日に合格したんです。新感線は完全なエンタテインメント志向の劇団で、いまでこそみなさんのおかげで大きくなりましたが、いまだに僕が若手でぺーぺーなのは変わっていません(笑)。以前は僕よりも若い人たちがいたんですが、一度人数を絞ったんですね。

「仮面ライダー」のオファーがあって

『鎧武／ガイム』の凰蓮・ピエール・アルフォンゾ役が僕にきた理由は、ひとえにプロデューサーの望月（卓）さんのおかげです（笑）。望月さんが、僕の舞台を観てくれていたんだそうです。凰蓮の条件、ほかのライダーより大人で、パティシエでオネエ系。オネエ系なら大きくてゴッツイほうがいいね、なんて言っていたら僕のことが頭に浮かんだらしく(笑)……。ありがたいことに、ご指名いただきました。

その話を初めて聞かされたのが、ちょうど実家に帰省中のときで。家内と娘2人と車に乗っていたんですね。マネージャーから携帯に電話がかかってきたので車を止めて電話をとりますと、「『仮面ライダー』の新作の話がきています」ということで。それであわてて場所を変えまして、落ち着いて電話に出直したんです。敵役のゲストとかだろうと思っていたんですが、「変身する」ということだったんです。最初はメインチームのライバルとして出てきて悪役っぽいんだけど、最後は大きな敵に向かって一致団結して戦うという概要も聞きました。「なんだとっ」ですよね。思いもかけない役で、びっくりしました。ただ、その役には「条件があるんです」ってことで、それがフランスの傭兵部隊帰りのオネエ系のパティシエ。「けっこう条件多いなぁ」って（笑）。でも、即答しましたよ。「条件はなんでもいいので、変身できるなら、何がなんでもとってきてください」と。「この情報は極秘にしてください」ということだったんですが、あまりにもワクワクしましてね。堪《こら》えきれず、家内にはしゃべってしまいました（笑）。それからはドキドキの日々で、「ほぼ決まりそうですよ」という話は聞いたんですが、ぬかよろこびはしたくないので、完全に決まったら教えてくださいと言っていたんです。それで「決まりました」ということになって、初めて東映撮影所に衣裳合わせのために行ったんです。

「仮面ライダー」体験とバンド活動

『仮面ライダー』が始まった年に生まれたので、僕の1号、2号の記憶は再放送でして、リアルタイムで観ていたのはV3、ライダーマンあたりからだと思います。一番好きな仮面ライダーはストロンガーで、次はアマゾンですかね。いま思うと、ストロンガーのビルドアップされたかのようなボディラインと、手をこすって火花が出るといった動きや映像、そういった力強さが好きだったんだと思います。昨今の「仮面ライダー」にも注目してはいたんですが、イケメンが変身するものだと思っていましたし、まさか自分が、41歳のオジサンが変身できるとは思ってもいなかったので（笑）。出演なんて、想像もしていませんでした。

もともとヒーローへのあこがれは強いほうでして、僕のバンドは「スーパー戦隊」がモチーフなんです。メンバーが色分けされていて、ステージでちゃんと戦います。子供の頃によくヒーローショーを観ていたんですが、田舎なので変身前の人がいないんです。僕なんかはほんとうは、変身前から変身解除までの流れをちゃんと見て、ヒーローの強さを実感したいんですね。なので僕がバンドを組んだときは、本当に激しいヘヴィメタルを演奏して、さらにちゃんとアクションもこなすというものをやりたいと思ったんです。僕以外のメンバーはミュージシャン専門ですので、無理やりやってもらっている感じですが（笑）。本当はライブハウスだけじゃなくて、子供にも観てもらえるようなショッピングセンターなどでもやりたいんですが、僕らが選んでしまった音楽がハードロックなので、なかなかそうはできません（笑）。

劇団へ入ったころは金髪ロン毛で、いまより20kgほど痩せていたんですよ。でもそれだと、舞台映えしないんです。それで元来のプロレス好きで体を動かすことが好きなのも手伝って、2000年ごろから鍛え始めて、いまでも育ちざかりなもので体が大きくなっています（笑）。ストロンガー体型になりました（笑）。

凰蓮というキャラクター作り

撮影に入るにあたり、テレビでの経験が少ないこともあって、凰蓮の条件の多さには正直戸惑っていました。僕にはゲイの友人もいますし、変にやりすぎたりふざけたりせず、きちんとオネエ系に取り組まないといけないというプレッシャーがあったんです。それは、多くの方に支持され、愛される「仮面ライダー」という作品にあって、自分に何ができるんだろうかというプレッシャーでもありました。僕なりにさまざまなことを考えに考え抜き、最後には、舞台で培ってきたもので思いっきり表現してみようと決めたんです。舞台のように声が大きかったり、表現が大げさでもいいんじゃないかと。そう腹を括《くく》って現場に臨んだんですが、監督さんたちにも面白

いと言っていただいて、ずいぶん助けていただきました。本当はストーリーがどう転がっていくかはまだ不確定で、最初に聞かされた通りの流れでいくかどうかはわからなかったんですけど、最初に聞いた話を信じて演じました。初登場で（葛葉）紘汰に面接で冷たく当たったり、大人のライダーとして主人公たちと対立するわけなんですが、ただの悪い奴じゃないだろうと。嫌な奴かもしれないけど最後に合致するためには、どこかに気持ちの余地がないといけない。大人ということもキーワードにしてそのへんを手さぐりしながら、凰蓮を作っていった感じですね。最終的にドラマの流れが変わらなくて、良かったです（笑）。凰蓮って、家でブラーボに変身したままワインを飲んでいたり、選挙カーに乗って演説したりしているんですけど、なんでですかね。あの時期は劇団の公演もなかったので、現場にいたはずなんですが。演出の意図なんでしょうか。サッカーのエピソードのときは、僕だけブラーボの状態でユニフォームを着ているんですが（笑）、あれは舞台の大阪公演のためでした。

　撮影現場のうわさで、城乃内（秀保）役の松田凌君から「弟子入りするみたいです」と言われて「よろしくね」なんて返していたんですが、『鎧武／ガイム』の放送が始まって観てみると、城乃内って策士といったイメージなんですね。なので、どこかで

裏切られるか足をすくわれるんだろうなって思ってやっていたんですが、まったくその気配がない。城乃内がどんどん松田君が本来もっている、天然な部分に任せたキャラになっていくんですね。そうなるとこちらも、手間がかかるけどかわいい弟子、みたいに思えてきました。実際に年齢差が20歳くらいですから、息子のように(笑)、つきあえました。2人の特訓があるエピソード（第25話）は「僕らの回」ができるって、嬉しかったですね。頑張ってきて良かったというのと同時に、プレッシャーでもありましたけど。あのときも松田君とはずいぶんいろいろと相談したんですが、最後にはそれまで積み重ねたものを感情優先で表現して、出てきたものを信じようということで演じていました。城乃内をおんぶして河原の土手を歩くシーンがあるんですが、あの日は無茶苦茶寒かったんです。それを何テイクも撮影しまして、僕は露出の多い衣裳で、彼はワンピースですから。素肌同士の触れ合いが多くて、あと30分撮影が長びいていたら、松田君を好きになっていたかもしれません(笑)。

撮影中の悪ノリエピソード

撮影初期のことなんですが、河原で松田君と初瀬（亮二）役の白又 敦君と僕がからむシーンがあったんです。スタッフの方が僕のことを、「見かけ通りで、演技にとても厳しくて怖い役者だ」と言っておいたのでお願いしますとおっしゃるんですね。

じゃあちょっとやってみるかと悪ノリしまして、まず挨拶に来てくれた松田君と白又君には横柄な受け答えをして、撮影中の佐野（岳）君のほうへ行って撮影中の佐野君の芝居をカメラに映らないギリギリのポイントで腕組みをしながら厳しい視線で見ていたんです。そしてカットの合間に佐野君に寄っていって、怒っている体《てい》を装って小声で「あいつらが見てるから、悪く思わんといてや」とお尻をバァンと叩いたんです。そして、また佐野君の演技をじっと見る。それで彼らがどうなっているかと思ったら、「岳君は、あんなに真剣に見てもらえていいですね。メタルさんは、面倒見のいい方なんだ。僕らも、見てもらいたいです」って、逆効果になっているんですよ（笑）。

その日は松田君が川に落ちるシーンがあって、彼が川にいるときに白又君にはネタばらしをしたんです。その後、松田君の誕生会があって僕も呼ばれていたんですが、松田君だけが僕を怖い人だと思っているので、一同で「オチをつけませんか」ということになってしまいました。松田君だけ撮影で少し遅れるのをいいことに、来たところで松田君を白又君と僕の間に座らせる。そのタイミングで、白又君が僕に失礼なことを言う、という段取りになりました。冗談っぽく「ハゲ」とか言ってくれれば、僕がキレそうになるからって。それでうまくいって、白又君の一言に「ハァ？」って返して、僕の怒りの貧乏ゆすりが松田君にダイレクトに伝わる。みんなは、笑いをこらえてムービーを撮っています。とくに佐野君が笑っているので、まずいと思って「なに笑ってるんじゃい」とそっちにも流れ弾を振って、「そもそもはお前だろうが」と再び白又君のほうを向いて立ち上がりました。松田君は泣きそうになりながらも、僕を止めようとはしているんですね。かわいそうになって、そこで種明かしをしました（笑）。最初からそんなパーティがあるくらい、和気あいあいとしたチームでしたね。たぶん、佐野君の人柄ですね。小林 豊君や久保田（悠来）君もいて。久保田君たちユグドラシルとは共演は少ないんですが、メイクルームやロケバスで一緒になるうちにいいムードができていきました。

『鎧武／ガイム』の撮影が終わったときに、みんなで話したんです。これからは『鎧武／ガイム』の看板を背負うんだから、どんな仕事をしても観た人から『鎧武／ガイム』に出ていた人だといつまでも言われるように、これからも責任感をもって仕事をしていこうって。こういう話ができるような関係性をみんなと築けたことが何より嬉しいですね。おかげさまでシリーズが好評ということで、バロンと斬月をフィーチャーしたVシネ、『鎧武外伝』も撮影が終わりましたが、その後はぜひブラーボも（笑）。ほかにも龍玄やグリドンなど、いろいろな仮面ライダーがいます。僕も彼らのその後が観たいので、読者の方々にもぜひ応援をお願いいたします（笑）。

斬月 vs 龍玄

俳優

渡辺淳

Jun Watanabe

1982年6月21日生まれ。兵庫県出身。アクション俳優を目指してＪＡＥの養成所に入り、2002年より「仮面ライダー」の撮影現場に出る。『仮面ライダー555』のオルフェノクを皮切りに怪人を多く担当し、『獣拳戦隊ゲキレンジャー』のゲキチョッパー、『炎神戦隊ゴーオンジャー』のゴーオンゴールドよりヒーローも担当。『ウィザード』では仮面ライダービースト、『鎧武／ガイム』では斬月、斬月・真役。

俳優

佐藤太輔

Daisuke Sato

1982年９月13日生まれ。大阪府出身。東京ドームシティのヒーローショーを志向し、ＪＡＥに入る。2005年の『魔法戦隊マジレンジャー』のショーより３年間「スーパー戦隊」のショーに出演。以降、「仮面ライダー」「スーパー戦隊」の両方で怪人や戦闘員を務め、『海賊戦隊ゴーカイジャー』のゴーカイシルバーや『特命戦隊ゴーバスターズ』のスタッグバスターを経て『鎧武／ガイム』で龍玄を演じた。

兄弟の仮面ライダー

渡辺　斬月をやれと会社から言われたのは、いつごろだったかなあ？

佐藤　クランクインの1か月くらい前でしたよ。

渡辺　『ウィザード』でのビーストの終わりの頃と、ダブってやっていた気がします（笑）。はじめ、斬月はあまり登場していないんで、ビーストをちゃんと最後までできたんです。

佐藤　僕は『（獣電戦隊）キョウリュウジャー』でプテライデンオーをやっていて（笑）、その途中で龍玄役に移ってきた感じです。

渡辺　「スーパー戦隊」って、基本的にチームで動いているので、誰の主役話かで変動はあるものの、各人の動きのバランスがだいたい決まっているんです。でも「仮面ライダー」の場合は2号ライダー、3号ライダーが出てきても、あくまでも個人で動くんです。だから仮面ライダーのほうが、出番が多い感じですね。両シリーズで撮影の手法も微妙に違いますし、「スーパー戦隊」みたいに5人で怪人にか

■2014年11月21日取材
■仮面ライダー平成vol.15掲載

かるみたいな状況になると、アクションの手を見せる時間がない人も出てくるんです（笑）。

佐藤　常に全体として演じるか、あくまでも個人として演じるかという違いがあって、やってみるとけっこう違いがありますね。

渡辺　斬月はあんまり出番がなかったんですが、出てきたときはチーム鎧武やチームバロンなんかとつるむわけでもなく、常にひとりで行動するキャラクターでした。ですから、出てくると、いろいろやらなきゃいけないことが多いんです。

佐藤　そして、出ないときは、徹底して出番がない（笑）。第5話で龍玄が登場して、最初の頃はわりと出るんですが……。

渡辺　そのころは、斬月はあまり出ない。森を調べていて、ビートライダーズを懲らしめるくらいで。

佐藤　龍玄と斬月の組み合わせで一緒になったことは、一度しかないんですよね。森で斬月が何人ものライダーを懲らしめるときですね。龍玄は斬月を兄さんじゃないかと思っていて、相まみえる。あのときだけなんじゃないですか？

渡辺　ブラーボが、斬月と初めて会ったときね。一番最初の合戦シーンで、斬月が龍玄を従えているようなシーンがあるじゃないですか。そういう風になっていくのかなと思っていたら、全然そういったことはなく（笑）。

佐藤　全部で3回ですね、兄弟が一緒だったのは。第1話と、兄ちゃんにしばかれたときと斬月対斬月・真の兄弟対決のときです。

渡辺　映画では、兄弟で一緒になれました。

佐藤　そうでしたね。

渡辺　夏の映画で少し共演できて、冬の『MOVIE大戦』でしっかり一緒に演じられた感じですかね。

佐藤　この1年間のいろんなモヤモヤが、払拭されたかのような映画でしたね。

渡辺　スポットを当ててもらっているなあ、という気がしました。兄が弟に「いけ！」というような流れで、テレビシリーズにはなかった展開なので、とても新鮮だったよね（笑）。

佐藤　テレビのパイロットから、それをやりたかったなあ（笑）。

アーマードライダーの演技

佐藤　光実は途中からだんだん悪くなっていきますが、龍玄に変身するときは仲間の前で変身して、いい光実を演じているんですね。そして変身を解除して光実に戻ると悪い敵になるって感じだったんで、光実の変身するライダーの演技に変更を加えていくイメージはなかったです。後半で光実の悪さがあからさまになっていくんですが、そのあたりからの光実は斬月・真の淳さんにバトンタッチしています。

渡辺　そうでしたね（笑）。

佐藤　ヨモツヘグリのときなんですけど、あのときはこれが龍玄の最後になると思っていたので、高杉（真宙）君とは、ここまで言うかというくらい話し合いました。台詞のひとつひとつの調子まで、事細かに確認したんです。そうしてやりきったと思ったら、最終回で龍玄の登場です。戻ってきたので、びっくりしました（笑）。

渡辺　僕は、変身前の人とはわりと話し合うタイプなんですが、今回はそれをしていないんです。現場

で久保田（悠来）さんに斬月をやって見せて、「これでいいですか?」って感じでした（笑）。僕、現場で久保田さんのことを「お兄さん」って呼んでいるんですが（笑）、たわいもない話で盛り上がることのほうが多かったですね（笑）。久保田さんも僕の演技を見て合わせてくれている感じもあったので、自然に任せたんです。貴虎と僕の人間性が似ていたことも、役作りをそれほど気にしなかった原因かもしれません。

たくさんのライダーとの戦い

渡辺　高岩（成二）さんも永徳も、ずっと一緒にやっている仲間ですので、ほかのライダーたちとの演技もとくに悩むことはなかったですね。仮面ライダー役が初めての太輔や、グリドンの岡田（和也）やマリカの佃井（皆美）、マリカと邪武の藤田（慧）たちのような若い人、先輩だけど初めてからむデュークの富永（研司）さん、それまでは「スーパー戦隊」だったブラーボの今井（靖彦）さんなど、いろんな人とやれたことが楽しくて新鮮でした。

佐藤　そうですね。いつもの高岩さんたち以外に先輩から後輩まで、いろいろな人が集まって作り上げているという現場の様子には凄いものがありました。『ドライブ』になってふつうのシフトに戻ったので、ちょっとさみしいですね（笑）。

渡辺　『鎧武／ガイム』では、佃井ががんばったと思います。たいへんなのに、顔出しとアクションの両方をやっていますからね。このことで、両方やってもいけるんじゃないかとプロデューサーさんやスタッフの方に認識していただければ、僕もぜひ……。

佐藤　僕は大丈夫ですから、顔出しのほうは（笑）。

渡辺　『フォーゼ』のときも横山（一敏）さんが役者としてやられていますからね。確かに両方やるというのは、撮り順を含めて、準備などがたいへんなのは事実なんですけど。

佐藤　僕は後輩では、神前元という男を推します（笑）。夏の劇場版で、黒影・真をやっています。ふだんからすごく練習をしているんですが、そのこと

が現場で何ひとつ活かされていないのが、あいつのいいところです（笑）。

渡辺　最終回のイナゴ怪人も彼だよね。『鎧武』はライダー役がたくさん必要だったので怪人役が回ってくるなど、若手にもチャンスを与えた作品だと思います。

アクション監督と本編監督

佐藤　アクション監督の石垣（広文）さんは、肉弾戦を大事にされるんです。武器もチャージして、ここ一番の必殺技の場面で使って印象的にするわけです。ヨモツヘグリのときのアクション監督は竹田（道弘）さんだったんですが、これでもかと銃を使う使う（笑）。武器を印象的に使おうとする石垣さんと、武器なんだからどんどん使えという竹田さん。お互いに真逆の方向性で、たいへん面白かったです。

渡辺　「スーパー戦隊」で石垣さんとはやっていたんですが、『ウィザード』にいらした石垣さんはそれまでの「仮面ライダー」とは違うものを目指されていたようで、初めて石垣さんとやるような感覚になっていました。それ以前にやられていた宮崎（剛）さんは画《え》を決めて、その流れのなかで1～2か所ポイントを決めて、そこをしっかりやってくれという感じだし、石垣さんは大きな手を決めてから細部を決め込むときにキャッチボールがある感じで、似ているようで違うんですね。

佐藤　本編監督もさまざまです。

渡辺　石田（秀範）監督や柴﨑（貴行）監督はキャッチボールで演技を決め込んでいく感じですし、諸田（敏）監督は流れのなかで一度やってから、「こうしたいんだよなー」っておっしゃるので、「じゃあこうしましょうか」となったり。各監督の演技プランを、こちらがどう受け止めていくかということは重要です。場合によっては画の流れが優先だったりもしますし、山口（恭平）監督のように派手さが重要という場合もあります。山口監督は、プレーヤー側に気持ちを置いてくださる感じがします。

佐藤　『（特命戦隊）ゴーバスターズ』での柴﨑監督の撮り方は、まず通しで自分たちの思うように芝居

をやらせてくれて、そのうえで話し合って演技に修正を加えたり、演技を変えない場合は撮り方の変更で対応されるというものでした。まず人の芝居を見るというところが、凄いですね。『鎧武／ガイム』の現場も、こちらの想いを尊重してくれるスタンスの現場でしたね。方向性が違った場合は、ちゃんと納得させてくださるんです。戦いながらの台詞が多いというのも、特徴ですね。各ライダーが独立した個人ですから台詞が長かったり、弾着シーンでの台詞だったり。難しくてもそれをワンカットでやろうというムードがあって、こちらの気概を受け止めてくれる現場だなあと思いました。

to be continued……

監　　修　東映、石森プロ

取材・構成　岩畠寿明（エープロダクション）
写　　真　大島康嗣、杉山勝巳、神谷美寛（講談社写真部）
装　　幀　平井一人（ダイアートプランニング）
本文デザイン　平井一人、吉川層通（ダイアートプランニング）

Character　キャラクター大全《たいぜん》ノンフィクション

証《しょう》言《げん》! 仮《か》面《めん》ライダー 平《へい》成《せい》

2017年2月28日　第1刷発行

講談社　編

発行者　清水保雅
発行所　株式会社講談社
〒112-8001　東京都文京区音羽2-12-21
電話　編集　03-5395-4021
　　　販売　03-5395-3625
　　　業務　03-5395-3615

本文データ制作　株式会社ダイアートプランニング
印刷所　共同印刷株式会社
製本所　株式会社国宝社

ISBN 978-4-06-220351-7

熱い夢が牙をむく
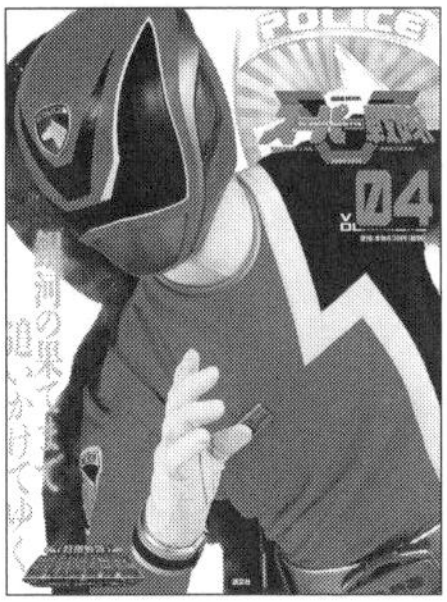

目覚める夢の鼓動

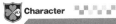

巨大ヒーローの原点。すべての怪獣事件を徹底研究した調査報告書。追随を許さぬ完全記録集。

キャラクター大全
ウルトラマン
全調査報告
定価:本体3800円(税別)

放送開始50周年のメカ特撮とＳＦドラマの傑作を各話ごとに徹底解説。永久保存版。

キャラクター大全
ウルトラセブン
定価:本体3800円(税別)

濃密な人間ドラマで今なお多くのファンを抱える名作の激闘の全記録。団時朗×西田健の特別対談も収録。

キャラクター大全
帰ってきたウルトラマン
パーフェクトファイル
定価:本体3800円(税別)

ゴジラと東宝特撮映画の歴史が、この一冊に。資料性抜群のファンならぜひ持っていたい必読書。

キャラクター大全
ゴジラ
東宝特撮映画全史
定価:本体3800円(税別)

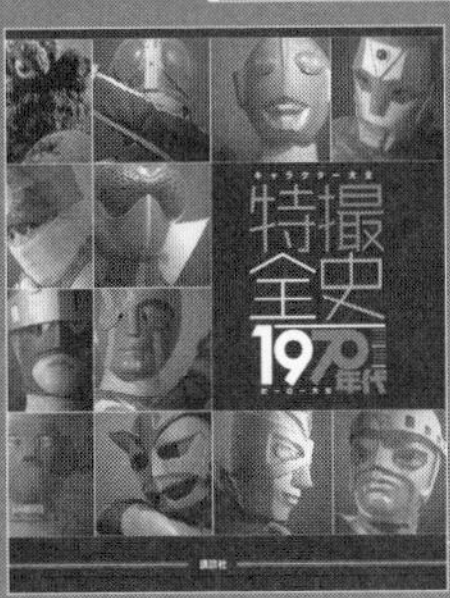

『仮面ライダー』『秘密戦隊ゴレンジャー』ほか、1970年代のテレビ・映画の「特撮」作品集結!

キャラクター大全
特撮全史
1970年代ヒーロー大全
定価:本体3800円(税別)

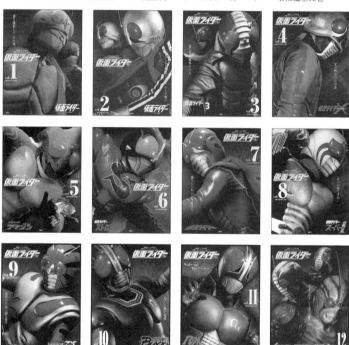

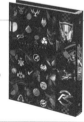

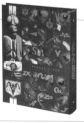

講談社シリーズMOOK

仮面ライダー 平成

KAMEN RIDER HEISEI

**2000年の『仮面ライダークウガ』から2014年の『仮面ライダー鎧武』までを
1作品一冊で特集した平成仮面ライダー大全集。**

各巻 ■定価602円(税別) ■A4変型判 ■オールカラー36ページ ■平成編全16巻

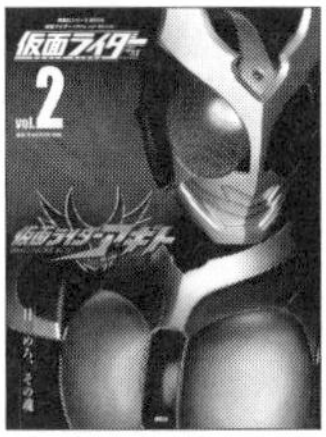

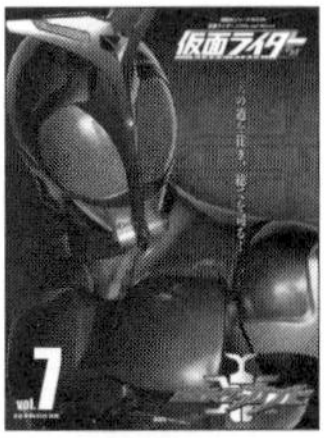

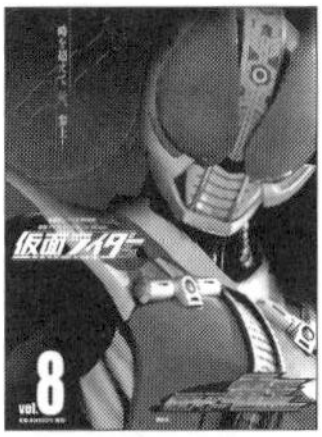

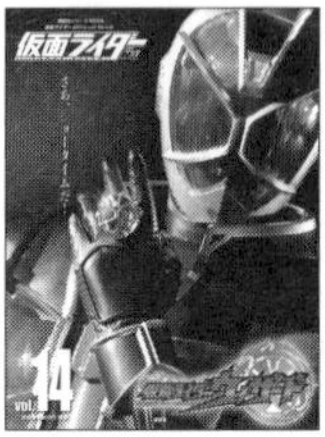

「31大仮面ライダー集結」創刊特大号、「仮面ライダークウガ」、「仮面ライダーアギト」、
「仮面ライダー龍騎」、「仮面ライダー555」、「仮面ライダー剣」、「仮面ライダー響鬼」、
「仮面ライダーカブト」、「仮面ライダー電王」、「仮面ライダーキバ」、「仮面ライダーディケイド」、
「仮面ライダーW」、「仮面ライダーオーズ/OOO」、「仮面ライダーフォーゼ」、
「仮面ライダーウィザード」、「仮面ライダー鎧武/ガイム」